教材・テスト作成 のための

CEFR-J
リソースブック

投野由紀夫 編著
根岸　雅史

大修館書店

はじめに—— CEFR-J プロジェクトと本書の概要

　ヨーロッパ言語共通参照枠（CEFR）は2001年に欧州評議会外国語政策部門が発表した言語共通の学習・教育・評価のための枠組みである。2003年，当時明海大学大学院応用言語学研究科の科長だった小池生夫氏から私（投野）に「日本の英語教育の到達すべき目標をもっと明確にしたい。世界の英語教育はどう目標設定を考えているのか，第二言語習得などの応用言語学の知見はどう活かせるのか，といったことを総合的に研究して，日本の英語教育の到達目標を明確に示せないか」というような提案があり，私が小池氏の要望を組み込みながら大規模科研の申請書を書いたことが始まりだった。2004年〜2007年度の基盤研究（A）によって，我々は国内における小中高大＋社会人の到達目標に関する実態調査を広く実施し，かつヨーロッパ，アジア，オセアニア，米国などの主要各国の英語到達度指標などの資料類の収集と実際の視察を行った。

　その中で我々が注目したのが CEFR の可能性であった。2008-2011年度の科研基盤研究（A）（代表：投野由紀夫）は CEFR 準拠の枠組み作りを通して，単にそれに盲従するのではなく，CEFR のような汎用枠のあり方や構築手法も含めて追試し，かつ日本の英語教育の実態に即した適用を行うべく「CEFR-J」と命名して出発した。CEFR 完全上位互換で，かつより細分化した CEFR-J レベルを設定。それに合わせた CAN-DO ディスクリプタをヨーロッパの専門家の研修を受けて独自に執筆し，それらの難易度検証を本家 CEFR と同様，大量 CAN-DO アンケート・データをもとに項目応答理論を用いて実施し，2012年３月に CEFR-J 本体を一般公開した。そこまでの成果をまとめたのが，『CAN-DO リスト作成・活用 英語到達度指標 CEFR-J ガイドブック』（投野由紀夫編，2013，大修館書店）であった。CEFR-J は「到達度指標」そのものではなく広く「参照枠」として利用できるものであるが，我々のプロジェクトを船出させた小池生夫氏のビジョンに敬意を表して「到達度指標」を書名に冠した。

　CEFR-J は科研チームの共同作業の結晶であるが，チームの構成員は研究目的に応じて動的に変化する。そのため２期８年の科研を推進した投野がプ

ロジェクトの実質的な統括役を務め，専用 web サイトの開設・運営，研究資源の集約・管理，CEFR-J 利用の促進，国際連携などを多面的に企画しつつ，CEFR-J の活用研究を行う方向へシフトしていった。プロジェクト出発時から言語テスト論の専門家として根岸が CEFR-J ディスクリプタ整備面で中心的に仕事をし，投野は CEFR-J プロジェクトの全体的な方向性及び活用資源の構築をコーパス言語学の手法を活かして進めた。CEFR-J 公開後は，目的に応じて新しい研究メンバーに加わってもらい，CEFR-J を研究プラットフォーム的に利用してもらいつつ，利用環境を改善していくというアプローチをとった。

　CEFR-J 活用研究の中心的な研究テーマは以下の点である。

1）「参照レベル記述（Reference Level Description, RLD）」：個別言語で汎用枠を活用するための CEFR レベル別言語特徴の同定と関連資源の整備
2）「CEFR-J レベル別プロファイリング研究」：RLD を利用した学習材および学習者産出データに基づくレベル別基準特性の同定
3）「CEFR-J レベル別 CAN-DO パフォーマンス・テスト」：CAN-DO を出発点にした体系的なパフォーマンス・テストの構築方法とサンプル作成
4）「CEFR-J レベル別 CAN-DO 学習タスク設計」：CAN-DO を目標とし，パフォーマンス・テストで評価するための言語活動の特徴と具体例提案

　1）および 2）の参照レベル記述とプロファイリング研究を投野が中心になって基盤研究（A）（2012-15年度）で行い，3）および 4）のテスト・タスク作成を根岸が中心に基盤研究（A）（2016-2019年度）を指揮して行った。

　本書は投野（2013）の続編であるが，この参照レベル記述とテスト・タスク作成の 2 本柱からなっている。CEFR-J が発表されてから 7 年の間に，CEFR 本家では Companion Volume（2018）が発表され，そこでは CEFR-J のように細分化されたレベル区分の例示が数多くなされ，基礎レベル Pre-A1 の設定が行われた。特に CEFR-J のディスクリプタは初級レベルのディスクリプタの補充のため，CEFR 本体のディスクリプタにもかなりの数が採用された。プロファイリング研究においては，Brian North（CEFR 開発者の 1 人），Paula Buttery（English Profile のデータ分析の中心メンバーの 1 人）と

いった専門家に助言を得つつ，コーパスを駆使した独自の手法で，海外の RLD プロジェクトからも注目を集めるようになり，国際的な視野での情報交換や研究協力も行ってきた。

　CEFR と様々な言語テストとの関連付けも行われてきている。CEFR と独立して開発された既存の言語テストは，様々なスタンダード・セッティング（基準設定）が行われている。それに対して，CEFR が公開されてからは，CEFR に基づいてテストを開発する手法が可能となった。CEFR–J は，この後者のアプローチを採用し，CAN–DO ディスクリプタからそれぞれのレベルに対応するテスト・タスクの作成を行った。これらのテスト・タスクから成るテストセットを実際の英語学習者に実施し，テスト項目の困難度を検証した。CEFR–J に基づくテストのもう 1 つの特徴は，参照レベル記述とプロファイリング研究の成果をテスト開発に活かしている点である。これらのリソースは，リーディングやリスニングに用いるテキストのレベル判定に用いられたり，ライティングやスピーキングのアウトプット・テキストのレベル判定に用いられたりしている。本書は以上のように CEFR–J を活用するためのレベル別言語教育資源およびレベル別パフォーマンス・テストの開発成果を紹介する「リソースブック」の性格を持っている。

　本書の概要は以下である。まず Part 1では「CEFR–J の基礎知識」と題して，本家 CEFR の歴史的発達，Companion Volume の情報，CEFR–J 開発経緯を大まかに振り返る。投野（2013）を読んでいなくても，概要がわかるように書かれている。Part 2は参照レベル記述（RLD）の全容である。特に国際的な他の RLD プロジェクトの解説，それらと我々のプロファイリング方法の違いを説明し，その後，文法，テキスト，学習者のエラーといった観点からのプロファイリング研究の成果を報告する。Part 3は参照レベル記述が具体的に整備されると，どのようなメリットがあるかを文法指導，4技能指導，教科書・教材作りなどに関して解説を行う。Part 4は第４次科研で行われたテスト・タスク開発の成果を報告したものである。

　本書の刊行に当たっては，多くの方々にお世話になった。４期の科研に参加されたすべての研究分担者・研究協力者の方々に厚く御礼申し上げる。特に草創期の科研を率いた小池生夫氏に特別な感謝を申し上げる。CEFR–J プ

ロジェクトにさまざまなアドバイスをしてくれた海外の研究者，特に Tony Green, Nick Saville, Neil Jones, Brian North, Paula Buttery, Batia Laufer, Barry O'Sullivan, Stefan Evert の各氏に謝意を表したい。また投野が Pearson GSE の Technical Advisory Board として参加した際，CEFR–J に関して有益なコメントを得た John de Jong, Peter Brown, Mark Reckase, David Nunan, Norbert Schmitt, Diane Schmitt, Mike Mayor に感謝する。また，国内では東京外国語大学の科研教務補佐の押領司智子氏，科研の研究補助だった三浦愛香，高橋有加，川本渚凡の各氏，また多くの院生や学部生などが協力してくれ，煩雑なデータ整理や資料類の作成，またプロジェクトの議事録作成やその他のフィードバックをくださった。厚く御礼申し上げる。最後に，大修館書店編集部の小林奈苗氏には科研プロジェクト起ち上げ時からその意義を理解し応援していただき，今回も編集作業に携わっていただいた。この場を借りて深く感謝の意を表したい。

2020年3月

投野 由紀夫・根岸 雅史

目　次

付録

執筆者一覧（五十音順，＊は編者，【　】内は執筆箇所）

相川真佐夫（京都外国語短期大学教授）【Q21】

荒瀬由紀（大阪大学准教授）【Q14】

石井康毅（成城大学教授）【Q12, 16】

和泉絵美（京都外国語大学非常勤講師）【Q8, 18, 24】

印南　洋（中央大学教授）【Q27】

内田　諭（九州大学准教授）【Q14, 17】

奥村　学（東京工業大学教授）【Q13, 15】

金子恵美子（会津大学教授）【Q18, 29】

工藤洋路（玉川大学准教授）【Q19, 26】

小泉利恵（順天堂大学准教授）【Q23】

酒井英樹（信州大学教授）【Q32】

篠﨑隆宏（東京工業大学准教授）【Q25】

高田智子（明海大学教授）【Q30】

寺内　一（高千穂大学学長）【Q20】

＊投野由紀夫（東京外国語大学大学院教授）【Q5, 6, 7, 10, 11】

中谷安男（法政大学教授）【Q26】

長沼君主（東海大学教授）【Q3, 28】

＊根岸雅史（東京外国語大学大学院教授）【Q1, 2, 4, 9, 22】

能登原祥之（同志社大学教授）【Q31】

村越亮治（神奈川県立国際言語文化アカデミア専任講師）【Q33】

教材・テスト作成のための
CEFR-J リソースブック

Part 1

CEFR-J の基礎知識

Q1 CEFR の開発の経緯と世界的な影響は どのようなものか？

※ CEFR の開発の経緯

欧州評議会（Council of Europe）のウェブサイト（https://www.coe.int/en/web/common-european-framework-reference-languages/history）によれば，CEFR（Common European Framework of Reference for Languages）の歴史はおよそ以下のようにまとめられている。CEFR の開発は1960年代まで遡ることができる。Article 2 of the European Cultural Convention（ヨーロッパ文化条約第2条）によれば，欧州評議会の加盟国は相互の言語の指導と学習促進を通じて，市民間のコミュニケーションを促進することを確約している。この時代は，コミュニカティブ・ランゲージ・ティーチングやニーズ分析などの萌芽が見られ，これが後に生まれる CEFR の言語能力観の醸成に大きな影響を与えたと言える。

　1970年代と80年代において，最も重要なプロジェクトは *Threshold Level* である。*Threshold Level* では，言語学習の目標を言語ごとに明確にしたもので，英語から始まり，その後フランス語を含む30ほどの言語に広がった。その後，その1つ上のレベルである *Vantage*，下の *Waystage* および *Breakthrough* が開発された。今日の CEFR のレベルで言えば，Breakthrough が A1，Waystage が A2，Threshold が B1，Vantage が B2に対応する。

　1991年にスイスのチューリッヒにあるルシュリコンにて，Transparency and coherence in language learning in Europe. Objectives, evaluation, certification と題するシンポジウムが開催された。これをきっかけに，研究グループが結成され，Joe Shiels, John Trim, Brian North, Daniel Coste らが中心となり，CEFR という参照枠を執筆することになった。CEFR の中心的な理念は，行動指向アプローチ（Action-oriented Approach）であり，これについて，CEFR（Council of Europe, 2001, p. 9）では，"The approach adopted here, generally speaking, is an action-oriented one in so far as it views users and learners of a language primarily as 'social agents', i.e. members of society who have tasks (not exclusively language-related) to accomplish in a given set of circumstances, in a specific environment and within a particular field of action." と述べられている。

　こうした考えに基づいているために，言語学習者の能力は「（現実の生活において）何ができるか」を表すCAN-DOディスクリプタ（能力記述文）によって表されることになっている。「できること」についての記述をさまざまなソースから収集したCAN-DOディスクリプタごとに，教師に，自身が指導する学習者について「できる・できない」を判断してもらい，その結果を項目応答理論を使って，尺度化した（この詳細については，North（1995）を参照）。それが，CEFRのレベル分けされたCAN-DOディスクリプタの元になっている。その後何度かの草案の検討を経て，2001年にCEFRが公開された。CAN-DOディスクリプタの作り方については，肯定性（Positiveness），明白性（Definiteness），明瞭性（Clarity），簡潔性（Brevity），独立性（Independence）という原則が，CEFRの付録に掲載されている（Council of Europe, 2001 ; pp.205-207）。

　その後，2001年版では具体化が見送られていたMediation（媒介）などに関するCAN-DOディスクリプタの大規模調査を経て，2018年に *CEFR Companion Volume with new descriptors* が公開され，今日に至っている。

※ CEFR の世界的な影響

　CEFRの影響は，ヨーロッパにとどまらない。ヨーロッパの共通の枠組みであるということは，特定の言語に依存しない枠組みということを意味している。それゆえ，ヨーロッパ圏外の言語に適用できると考えても不思議ではないだろう。CEFRが影響を及ぼしている代表的な地域として，アジア，北米，中南米などが挙げられる。日本ではCEFR-Jが開発され，世界でも注目を浴びている。カナダにおいては，Canadian Language Benchmarks という枠組みがあったが，CEFRもかなり浸透しつつある。また，中国では，2018年にChina's Standards of English Language Ability（CSE）という枠組みが開発されているが，これもCEFRに触発された枠組みと言っていいだろう。

CEFRの影響と一口にいっても，CEFRはその2001年版のサブタイトル
にもあるとおり，learning, teaching, assessment（学習，指導，評価）に関
わっているために，その影響もさまざまである。例えば，assessmentひと
つとっても，テスト開発機関による大規模テストから，教師が教室で作成し
ている定期試験までを，CEFRの視点からとらえることができる。
　学習者の外国語能力評価調査としては，代表的なものに2011年にヨーロッ
パで実施されたSurveyLang（http://www.surveylang.org/About-SurveyLang/
About-the-survey.html）という調査がある。この調査では，中等教育の最終
年度の生徒の代表サンプルに対し，各国で最も広く教えられている2つの
ヨーロッパ言語（英語，フランス語，ドイツ語，イタリア語，スペイン語から選
択）をテストしている。そこでは，生徒のリスニング，リーディング，ライ
ティングの習熟度を評価した。テストされた言語，国ごとに約1,500人の生
徒のサンプルが使用された。このテスト結果は，CEFRに関連づけられている。
　なお，この調査結果の概要は，First European Survey on Language Com-
petences Executive Summary（http://www.surveylang.org/media/Execu-
tivesummaryoftheESLC_210612.pdf）で知ることができる。教育機関によっ
て提供される言語能力は，国によりかなり異なっており，依然として大幅に
改善される必要がある，としている。以下の図からわかるように，英語の到
達レベルは65％がA2以上となっている（European Commission, 2012；p.9）。
　CEFRと個別の言語テストとの関連づけは，基本的にはそれぞれのテスト
開発機関が独自に行っている。CEFRの性格上，ケンブリッジ英語検定

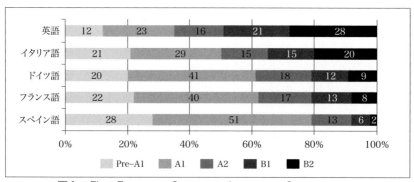

図1：First European Survey on Language Competences
による言語別CEFRレベル到達割合（抜能平均）

（Cambridge English Qualifications）や IELTS（International English Language Testing System）などのヨーロッパの中の代表的な言語テストがこの枠組みとの関連づけを行ったのは当然であるが，それ以外の地域でも，言語テストとの関連づけは広がっている。アメリカ合衆国では，TOEFL iBT や TOEIC®，また日本では，実用英語技能検定，GTEC，TEAP などが関連づけを行っている。さらに，Pearson は CEFR に関連づけられた Global Scale of English（GSE）という尺度を開発している。これは50か国6,000人以上の英語教師の協力を得て，4技能について CEFR に準拠しつつも，より細密化した10から90までの尺度で英語力を表すというものである。

　教材に関しても，世界で今日出版されている多くのコースブックには CEFR のレベルが表示されている。また，ヨーロッパの大学においては，外国語の授業のシラバスの多くに CEFR のレベルが記載されるようになってきている。

　さらに，東京外国語大学では，CEFR のアジア言語への適応可能性も研究され始めている。これまでのところ，大枠としての利用は可能であるが，言語的特徴や社会・文化的な特徴のために，このヨーロッパの枠組みがそのまま機能しない事例などが報告されている（富盛伸夫，ソ，2014）。

【 まとめ 】

　CEFR の開発は1960年代まで遡ることができる。その流れは，1990年代に本格化し，2001年に正式に文書として公開に至る。CEFR の世界的な影響は，学習・指導・評価という面において，欧州圏内にとどまらず，世界各地に広がっている。

【 もっと知りたい方へ 】

　CEFR についてさまざまな情報を得たい場合は，欧州評議会のサイトを閲覧するのが一番いいだろう。このサイトは，順次最新情報がアップされているため，一度参照してそれで終わりということではなく，定期的に参照するとよい。

Q2 日本の外国語教育における CEFR の普及はどの程度進んでいるか？

※ 学習到達目標の指標としての CEFR

　CEFR は公開当初，日本ではほとんど知られていなかったと言っていいだろう。それは一般の人々のみならず，言語教育界の人々においても，同じであった。そこから，徐々に言語教育学研究者の中で CEFR という名称は知られるようになったが，レベル以外の詳細はあまり知られておらず，ABCのレベルの理解も，「初級・中級・上級」とさして変わらないこともあった。

　国のレベルでは，「CAN-DO リスト」の作成が各学校に求められたことが CEFR が広まる１つのきっかけとなったと言えるだろう。平成25 (2013)年３月に公開された「各中・高等学校の外国語教育における『CAN-DO リスト』の形での学習到達目標設定のための手引き」(http://www.mext.go.jp/a_menu/kokusai/gaikokugo/__icsFiles/afieldfile/2013/05/08/1332306_4.pdf)では，CEFR は以下のように言及されている。

(学年ごとの学習到達目標の設定)

　卒業時の学習到達目標を達成するため，各学年段階における指導や評価に資するよう，学習指導要領の外国語科及び外国語科の各科目の目標に基づく学年ごとの目標として，４技能を用いて「〜することができる」という形（「CAN-DO リスト」の形）で設定することが望ましい。その際，例えば，能力記述文の書き方や各目標の難易度に基づいた配置について，全体的な能力発達段階を示している「外国語の学習，教授，評価のためのヨーロッパ共通参照枠（CEFR）」や CEFR を踏まえた国内における取組，外部検定試験の実施団体が開発した「CAN-DO リスト」等を参照することが可能である。既存の取組を参照するなどにより，学年の進行に応じて学習到達目標も生徒の発達段階に応じたものとなるように作成することが重要である。

（文部科学省初等中等教育局，2013, p. 6 ）

この段階では，CEFRはCAN-DOリストの作成のための参照ツールの1つとして紹介されており，言及の仕方は抑制的である。

その後，平成26(2014)年度から平成29(2017)年度まで毎年行われた「英語教育改善のための英語力調査事業」では，英語に関する4技能（「聞くこと」，「読むこと」，「話すこと」，「書くこと」）がバランスよく育成されているかという観点から，中学校3年生と高等学校3年生の英語力や学習状況を把握・分析し，英語教育の成果と課題を検証しているが，その結果はCEFRのレベルによって示されている。この4年間においては，そのレベルの分布に大きな変化はなかった。直近の平成29年度の「英語教育改善のための英語力調査」(http://www.mext.go.jp/a_menu/kokusai/gaikokugo/1403470.htm)によれば，高校3年生は「聞くこと」「読むこと」では6～7割がA1レベル，「話すこと」「書くこと」では8割以上がA1となっており，国の目標には遠く及んでいない。

こうした結果を受けて，CEFRは国の英語の学習到達目標としても用いられるようになった。「教育振興基本計画」（平成30(2018)年6月15日閣議決定）では，「測定指標」を「英語力について，中学校卒業段階でCEFRのA1レベル相当以上，高等学校卒業段階でCEFRのA2レベル相当以上を達成した中高生の割合を5割以上にする」としている。

※ 大学入試でのCEFRの利用

日本では，CEFRは大学入試をきっかけとして広く知られるようになった。平成29年10月の「大学入学共通テスト実施方針」では，大学入学者選抜においても，「読む」「聞く」「話す」「書く」の4技能を適切に評価することが必要であるとされ，大学入学共通テストの枠組みにおいて，大学入試センターが「話す」「書く」のテストを作成・実施・採点するのではなく，（複数の）民間の事業者のテストをそのまま利用することに一旦は決定した。こうした状況の中，CEFRは，これらの異なるテスト結果の比較を行うために用いられることになったのである。そこで，CEFRのレベルとそれぞれのテストの結果との関係を示す対照表が作られた。結果的には，大学入学共通テストへの民間試験の導入が延期となったが，こうした一連の経緯により，CEFRのおよそのレベル感を多くの人々が持つようになったのも事実であろう。

さらに，大学入試センター試験に取って代わる大学入学共通テストの試行テストでは，出題方針が公開されているが，「英語」は，問題と CEFR のレベルとの対応関係が示されている。たとえば，平成30（2018）年6月18日に独立行政法人大学入試センターから出された「『大学入学共通テスト』における問題作成の方向性等と本年11月に実施する試行調査（プレテスト）の趣旨について」を見れば，「CEFR を参考に，A1から B1までの問題を組み合わせて出題します」（p. 9）とある。さらに，「【英語（リーディング）】作問のねらいとする資質・能力についてのイメージ（素案）」（p.19）及び「【英語（リスニング）】作問のねらいとする資質・能力についてのイメージ（素案）」（p.20）の表では，CEFR 自己評価表の CAN–DO ディスクリプタがレベルごとに示されている。

　大学入学共通テストの枠組みでの民間試験の導入は延期となったものの，個別大学での民間試験の結果の入試利用は残っており，そこでは複数の外部試験が指定されることが多く，その際にも，CEFR のレベルに言及されている。

❋ 英語以外の言語への CEFR の活用

　CEFR は元々言語に中立的な枠組みであり，日本でも，英語以外の言語にも利用されつつある。

　東京外国語大学では，指導している28言語に CEFR–J を適応するプロジェクト CEFR–J×28（https://tufs-sgu.com/cefr-jx28/）が進行中である。CEFR–J×28とは，CEFR–J に基づいて設定される各国言語の達成度の指標だ。東京外国語大学の学生が学ぶ28の言語についてその達成度を可視化し，学生各自の言語能力の向上に資することをその目標としている。

　また，CEFR は日本語教育でも参照されている。その代表的なものが JF 日本語教育スタンダード（JF スタンダード）と呼ばれている（https://jfstandard.jp/summary/ja/render.do）。JF スタンダードは，日本語教育のために CEFR の考え方にもとづいて開発され，これを用いることで，CEFR に準じて日本語の熟達度を知ることができるとされている。

まとめ

日本では，平成25（2013）年3月「各中・高等学校の外国語教育における『CAN–DOリスト』の形での学習到達目標設定のための手引き」の中でCEFRは言及された。「教育振興基本計画」（平成30年6月15日 閣議決定）では，CEFRによって，中学卒業段階と高等学校卒業段階の「測定指標」を設定し，「英語教育改善のための英語力調査」でその到達状況を調査している。また，大学入試改革に伴って，CEFRのレベルに言及されるようになっている。

もっと知りたい方へ

基本的に国から出されている文書は，ネット上で検索することができる。また，これらの文書も含めた日本のCEFRの入試利用に関する情報は，「英語4技能情報サイト」（http://4skills.jp/）に，随時掲載されている（2020年2月現在）。

Q3 CEFR の改訂のポイントは？

☀ CEFR/Compaion Volume（CV）における大きな変更点

　CEFR 本体の改訂ではなく，その能力記述尺度（illustrative descriptors/scales）を見直し，拡充する形で，CEFR の補遺版である CEFR Companion Volume with new descriptors（CEFR/CV）が2018年2月に公開された。共通参照枠としての自己評価表（self-assessment grid）が技能ごとの全体的な能力発達の見通しを示しているとすれば，能力記述尺度は個々の言語活動（activities）における発達段階をレベルごとに記述した尺度となる，活動の背後の言語能力（competences）に関する能力記述も尺度化され，コミュニケーション上，何をどの程度できるか（WHAT）だけでなく，どうできるか（HOW well）といった言語の質も示しており，産出能力の評価基準表（ルーブリック）の観点としてもまとめられている。

　今回の CEFR/CV における改訂では，Pre-A1レベルの新設およびディスクリプタの追加や，新たに検証された C2レベルのディスクリプタの修正がなされたほか，さまざまな見直しがなされている。例えば，「持続的モノローグ：意見陳述（sustained monologue: putting a case）」では，B1と B2のディスクリプタしかなかったところに A2や C1が加えられ，既存のレベルでもディスクリプタが追記されている。CEFR–J の A2.2などにあたるプラスレベルのディスクリプタの強化もその1つであり，口頭能力であれば，A2＋では支援や条件付きでの活動へのより主体的な参加やより持続的な発話が見られ，B1＋ではコミュニケーションの情報量が増えるなどしている。

　中でも特徴的なのは「発音（phonology）」の修正であり，CEFR の理念にそぐわない母語話者（native speakers）の記述が削除され，目標言語話者（speakers of the target language）とされた。発音は従来の口頭能力評価基準表（oral assessment criteria grid）での「範囲（range）」，「正確さ（accuracy）」，「流暢さ（fluency）」，「やり取り（interaction）」，「一貫性（coherence）」

に加えて，6つ目の評価観点としても追加されている。

　他にも個々の能力記述尺度がどのような観点から記述されているかの説明が明示的に示されるなど大幅に利便性が高まったが，さらに，CEFR/CV では時代の要請に合わせて大きく2つの変更がなされている。1つは自己評価グリッドの5技能に Written and Online Interaction が追加されたことであり，もう1つは5技能を分類する Reception（受容），Production（発表），Interaction（やり取り）のモードに Mediation（媒介）が加わったことである。

※ CEFR/CV における新しい能力観

　ヨーロッパ言語ポートフォリオ（ELP）では，5技能とレベルのグリッドに基づく言語パスポートが用意され，各言語での全般的能力を示すようになっていた。レベルからは水平な発達がイメージされ，当該レベルの言語活動がすべてできることが期待されるように誤解されがちだが，実際の能力は起伏のあるプロファイル（profile）と呼ぶべきものであり，CEFR/CV ではニーズに基づいた一連の能力記述尺度に基づき，能力発達のバランスをレーダーチャートのような形で示すことが試みられている。このことは CEFR のもともとの理念であった個別の技能やタスクにおける部分的能力（partial competence）を肯定する姿勢とつながっていると思われる。

　レベルに基づいた能力観と同様に，CEFR は5技能モデルに基づいているといった認知が広まっていることから，CEFR/CV では，下図に示すような4つのコミュニケーションモードによるモデルを強調している。自己評価グリッドも Understanding（理解），Speaking（話すこと），Writing（書くこと）の技能の分け方から，4つのモードからの切り口に変えて刷新された。

　これまでは話すことが発表とやり取りに分かれるイメージであったが，産

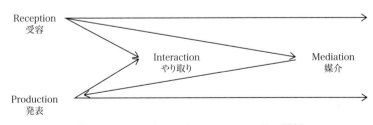

図1：4つのコミュニケーションモードの関係

出が話すことと書くことに分けられ，やり取りに新たに書くことも加わることとなった。CEFR開発当初は書き言葉でのやり取りも入っていたようだが，時代的にまだ尚早であるとして見送られた。CEFR/CVでは，先述のとおりWrittenだけでなくOnline Interactionとされているのが特徴であり，例えばA1には，"I can react simply to other posts, images and media."と，SNS上等での返信についての記述が入っている。

　能力記述尺度におけるコミュニケーション活動の分類にあたっては，こうしたモードだけでなく，マクロ機能による分類も示されており，「創造・対人言語使用（creative, interpersonal language use）」，「取引・交渉言語使用（transactional language use）」，「評価・問題解決言語使用（evaluative, problem-solving language use）」の３つのマクロ機能（縦軸）と４つのモード（横軸）から整理した表が記述文の例示とともに示されている。

　今回のCEFR/CVでは，いくつかの尺度が新規に追加されているが，例えば，受容において追加された「楽しみのための読み（reading as a leisure activity）」は，創造・対人言語使用にあたり，これまでの読みの尺度からは欠けていた。また，産出で加わった「持続的モノローグ：情報提示（sustained monologue: giving information）」は，従来の持続的モノローグ尺度の「経験描写（describing experience）と「意見陳述（presenting a case）」が対人・創造と評価・問題解決の言語使用であったことから，取引・交渉のマクロ機能が補完されていることがわかる。マクロ機能の視点から整理することで，能力発達のバランスをより立体的に見取ることができるようになる。

　能力記述尺度は，言語活動と言語能力から主に構成されていたが，今回，さらに各技能におけるコミュニケーション上の方略（strategies）を大きく取り上げて，再整理がされている。４つのモードと方略のPlanning（計画），Execution（実施），Evaluation & Repair（評価と修復）といった３つの段階からの表も示されており，Mediationにおける方略も追加されている。

※ CEFR/CVにおけるMediation（媒介）スキルの追加

　４つのモードによるコミュニケーションモデルで，これまでディスクリプタによる記述が欠けていたもう１つの要素が，Mediationである。2001年版でも説明はされていたものの具体的な尺度は示されておらず，通訳や翻訳のような特別な技能として捉えられがちであった。CEFR/CVでは，テキス

トとの媒介行為や協働的やり取りでの考えの形成なども含む多面的な媒介活動が尺度化されており，mediating communication（コミュニケーションの媒介），mediating a text（テキストの媒介），mediating concepts（概念の媒介）から整理されている。

　通訳や翻訳はこのうちの mediating a text に含まれるが，それ以外にも従来の尺度で working with text（テキストの取り扱い）のカテゴリーで，やや位置づけがあいまいであった processing text（テキストの処理）や note-taking（メモ）が含まれたほか，relaying specific information（具体的情報の伝達）や explaining data（データの説明）などの尺度も設けられている。processing text は必要な情報を抜き出したり，まとめたり，チャートなどに整理する活動が想定され，relaying specific information（グループで協力する）としては，必要な情報の受け渡しをする活動が考えられる。

　mediating concepts では，協働的な学びを collaborating in a group（グリープで協働する）と leading group work（グループワークをリードする）に分けて，それぞれで establishing conditions（条件を決める）と developing ideas（考えを深める）の尺度を設けている。前者には facilitating collaborative interaction with peers（仲間と協働したやり取りの促進）と managing interaction（やり取りを調整する）の2つの尺度があり，対話的学びの中で，どのように対話を促進し，管理するかを考える参考となる。また，後者としては collaborating to construct meaning（協力して意味を形成する）と encouraging conceptual talk（概念的な話を促す）の2つの尺度があり，対話的な学びの中で考えを形成していく過程が記述されている。

　CRFR/CV では，技能や言語面だけでなく，資質・能力面とも関連した尺度が追加されており，CEFR の行動指向アプローチ（action-oriented approach）をさらに促進し，新たな学びのモデルを提案するものとなっている。

まとめ

　CEFR/CV における改訂では，能力記述尺度の修正と拡充が行われ，新たに Written and Online Interaction が技能に加わった。またコミュニケーションモードの1つとして，従来の CEFR での通訳や翻訳の枠を超えた概念としての medication（媒介）が追加された。

Q4 CEFRのCAN-DOリストと学習指導要領との関係は？

※ 学習指導要領の5領域

これまでの学習指導要領では、「目標」は「聞くこと」、「話すこと」、「読むこと」、「書くこと」の4技能ごとに記述されていた。それに対して、「小学校学習指導要領」（2017年告示）「中学校学習指導要領」（2017年告示）および「高等学校学習指導要領」（2018年告示）では、「目標」は「聞くこと」、「読むこと」、「話すこと（やり取り）」、「話すこと（発表）」、「書くこと」という5つの「領域」ごとに記述された。「中学校学習指導要領解説」（2017年告示）（p. 8）によると、「国際的な基準であるCEFRを参考に、『聞くこと』、『読むこと』、『話すこと（やり取り）』、『話すこと（発表）』、『書くこと』の五つの領域で英語の目標を設定している」としている。

ちなみに、従来「技能」とされていたものが、「領域」となったのは、学習指導要領において、「⑴ 知識及び技能が習得されるようにすること。」という形で評価の規準が示されており、「技能」という用語が統一的にこの意味で用いられることになったためである。

※ CAN-DOディスクリプタ形式の記述

CAN-DOディスクリプタとは、「言葉を用いて自立的に何ができるか（行動）を記述したもの」で、通常、何らかの尺度（レベル、学年等）上で提示される。CEFRでは言語使用者・学習者（user/learner）のためのCAN-DOディスクリプタと呼ぶのは、言語は「学ぶ」だけのものでなく、「使う」ものという考えがあるからだ。

平成23（2011）年6月30日に出された「国際共通語としての英語力向上のための5つの提言と具体的施策」（http://www.mext.go.jp/component/b_menu/shingi/toushin/__icsFiles/afieldfile/2011/07/13/1308401_1.pdf）では次のような提言がなされている。

提言1．生徒に求められる英語力について，その達成状況を把握・検証する。
　　――国は，国として学習到達目標を CAN-DO リストの形で設定すること
　　　　に向けて検討
　　――学校は，学習到達目標を CAN-DO リストの形で設定・公表し，達成
　　　　状況を把握

　これを受けて，「各中・高等学校の外国語教育における『CAN-DO リスト』
の形での学習到達目標設定のための手引き」が平成25（2013）年３月に公
開された。これは，上の提言1のうちの2点目の「学校」による CAN-DO
リストの設定・公表に対応するものであった。

　これに対して，提言1の1点目の国による CAN-DO リストの設定・公表
が待たれていたところである。そこに，前述の学習指導要領が告示され，そ
こで初めて「目標」に CAN-DO 的な記述がなされた。教科としての「外国
語」では，「～できるようにする」という表現が用いられた。CEFR の自己
評価表（Council of Europe, 2001, pp.26-27）では，CAN-DO ディスクリプ
タは "I can …." で始まっているが，その他の CAN-DO ディスクリプタは
すべて can で始まっている。学習指導要領が CEFR の CAN-DO ディスク
リプタのように「～できる」ではなく，「～できるようにする」となってい
るのは，CAN-DO ディスクリプタが教師の視点で書かれているためである。

※ 学習指導要領におけるレベルごとの書き分け

　小学校の外国語活動では，「目標」は「～するようにすること」というよ
うに記述された。「教科」ではない「外国語活動」では，「～できるようにす
る」ことではなく，「～するようにすること」が示すような「経験」そのも
のが重要であるということだ。もちろん，その「経験」の結果，「できる」
ようになってもかまわないが，それが必修ではない。以下が，学習指導要領
における，話すこと［やり取り］のアの記述の例である（http://www.mext.
go.jp/a_menu/shotou/new-cs/1384661.htm）。

小学校「外国語活動」：ア　基本的な表現を用いて挨拶，感謝，簡単な指示
　をしたり，それらに応じたりするようにする。
小学校「外国語」：ア　基本的な表現を用いて指示，依頼をしたり，それら
　に応じたりすることができるようにする。

中学校「外国語」：ア　関心のある事柄について，簡単な語句や文を用いて即興で伝え合うことができるようにする。

　ただし，学習指導要領における「目標」は，CEFR の CAN-DO ディスクリプタのようにレベル分けされているわけではない。例えば，中学校の「外国語」では，それぞれの観点に 1 つの「目標」しかない。これは，学年ごとの「目標」が書かれている「国語」などとは異なっている。

　これに対して，高等学校の「外国語」は科目数が多く，その書き分けはきわめて複雑である。以下は，「話すこと［やり取り］」の例である（下線筆者）。

英語コミュニケーション I：ア　日常的な話題について，使用する語句や文，対話の展開などにおいて，<u>多くの支援を活用すれば</u>，<u>基本的な語句や文</u>を用いて，情報や考え，気持ちなどを話して伝え合うやり取りを続けることができるようにする。

英語コミュニケーション II：ア　日常的な話題について，使用する語句や文，対話の展開などにおいて，<u>一定の支援を活用すれば</u>，<u>多様な語句や文</u>を用いて，情報や考え，気持ちなどを<u>詳しく</u>話して伝え合うやり取りを続けることができるようにする。

英語コミュニケーション III：ア　日常的な話題について，使用する語句や文，対話の展開などにおいて，<u>支援をほとんど活用しなくても</u>，<u>多様な語句や文を目的や場面，状況などに応じて適切に用いて</u>，情報や考え，気持ちなどを<u>詳しく</u>話して伝え合うやり取りを続け，<u>会話を発展させる</u>ことができるようにする。

　これらのディスクリプタは，基本的には，同じ枠組みを持ちつつ，さまざまな書き分けを行っている。その 1 つが支援に関する「条件」で，支援の有無・程度で書き分けている。もう 1 つが，語句や文の「質」で，「基本的な」と「多様な」との対比や「目的や場面，状況などに応じて適切に」用いられるかどうかの観点である。最後は，「やり取り」の仕方に関するものである。ただ単に「情報や考え，気持ちなどを話して伝え合うやり取りを続けることができるようにする。」のではなく，「詳しさ」や「会話の発展」といった要素が「英語コミュニケーション」の I 〜 III に上がるにつれて加わっている。こうした表現は教科の目標の書き分けとしては整理されたものとなっている

が，実際にこのような順番で学習していくのかは，今後の検証が待たれる。

　これらは，CEFR の発表技能のディスクリプタに含まれる要素である「条件」「質」「タスク」に対応している（ちなみに，受容技能は「条件」「テキスト」「タスク」）。ただし，CEFR のディスクリプタは，このような高度にシステマティックで，包括的な記述を行っていない。それは，CEFR には次のような原則があるからである（Council of Europe, 2001, p.37）。

Not every element or aspect in a descriptor is repeated at the following level. That is to say that entries at each level describe selectively what is seen as salient or new at that level. They do not systematically repeat all the elements mentioned at the level below with a minor change of formulation to indicate increased difficulty.

　CEFR は異なるタイプの CAN-DO ディスクリプタによって，あるレベルの能力の総体を記述しようとしているが，学習指導要領の目標はそれぞれが独立に解釈可能なように包括的な記述となっている。

まとめ

　CEFR は日本の学習指導要領の改訂にも影響を与えたと言える。まず，学習指導要領の目標は，CEFR にならって5領域で記述され，「～できるようにする」という CAN-DO ディスクリプタを意識した形式で書かれている。CEFR は異なるタイプの CAN-DO ディスクリプタによって，あるレベルの能力の総体を記述しようとしているのに対して，学習指導要領の目標はそれぞれが独立に解釈可能なように包括的な記述となっている。

もっと知りたい方へ

　学習指導要領解説は注の中で CEFR に言及しており，これを確認するとよいだろう。また，「各中・高等学校の外国語教育における『CAN-DO リスト』の形での学習到達目標設定のための手引き」に関しては，根岸（2017）で詳しく解説されている。

Q5　CEFR-Jの開発はどのような経緯で行われたか？

❋ CEFR 研究前夜（2004-2007年度）

　CEFR-J の開発の経緯は，日本の英語教育における到達目標の設定をいかに行うべきかという問いから始まっている。2004-2008年度にかけて小池生夫氏（慶應義塾大学名誉教授）を研究代表として，約20名の第二言語習得や言語教育の専門家が集まり，科学研究費基盤研究(A)が採択された。「第二言語習得研究を基盤とする小，中，高，大の連携をはかる英語教育の先導的基礎研究」（課題番号16202010）と題したその科研プロジェクトは，日本の英語教育における小中高大および社会人の各段階における英語到達目標がどのように設定されているかの現状分析をし，それを踏まえた上で明確な到達目標が第二言語習得研究の知見などを踏まえて設定可能かを検討することが目的であった。

　2004-2005年度はまず「到達すべき英語力指標」に関する実態調査を小学校，中高一貫校，SEL-Hi，「特色のある大学支援プログラム」対象の大学，そして企業などで大規模実施するために計画を練り，かつ海外の英語教育政策と具体的な教育方法の実態調査，外部テスト機関の can do 調査，日本・韓国・中国・台湾の指導要領・教科書調査等を行った。この予備的調査の結果は中間報告書として文科省に提出された。

　続く2006-2007年度に行ったのが，具体的な調査とその分析である。7,354名のビジネスパーソンへの英語力調査（小池他2010），100校に及ぶSEL-Hi 調査，中高一貫校（連携型93校，併設校46校，中等教育学校11校）への実態調査，354校の小学校アンケートなどの一連の大規模調査であった。さらに，最初の2年間で収集吟味した韓国，中国，台湾の英語教科書の語彙調査をさらにコーパス分析の手法を用いて詳細に実施，また文法要素の習得に関する熟達度分析等を行った。その中で2001年に CEFR が公表されてからのヨーロッパの動向を調査した結果, European Language Portfolio (ELP)

の活用と共に CEFR の言語共通の汎用枠としての影響力の拡大は看過できないという結論に達した。これらの結果は2008年3月に文部科学省に提出された最終報告書にまとめられ，後の中央教育審議会専門部会等でも参照された。

※ CEFR-J プロジェクトの始まり（2008-2011年度）

　2008年度より「基盤研究(A)：小，中，高，大の一貫する英語コミュニケーション能力の到達基準の策定とその検証」（課題番号：20242011，研究代表者：投野由紀夫）がスタートし，プロジェクト名を CEFR-J と命名した。独自に到達基準を作成するよりも，いずれ国際標準になると予想される CEFR を日本の英語教育に効果的に導入する手法や課題を研究する方が実り多いという判断である。特に CEFR のような言語共通参照枠を構築する客観的な手法に関しても研究が必要であるという判断もあった。

　4年間の研究期間で CEFR への上位互換性があり，かつ日本の英語教育の現状に鑑みて，A1レベルの前に入門レベルを設計（これを Pre-A1 と命名した），A1レベルの細分化，A2〜B2の各レベルに大きく前半と後半の下位レベルを設けるという設計方針が提案された。これは当時，フィンランドの CEFR レベル準拠の学年別英語カリキュラムで類似の細分化が行われたことにヒントを得た。2008-09年度で，CEFR-J α版と称して，細分化したレベルごとに CEFR を参考にしながら CAN-DO ディスクリプタを執筆した。これに Tony Green 氏（Bedfordshire 大学）などの専門家の指導により修正を施したものがβ版として大規模検証に用いられることになる。

　2010-11年度に，約150名の小中高大の英語教員へのディスクリプタ並べ替え調査とその結果のレベル間相関分析，中高大5,468名（中学1,685名，高校2,538名，大学1,245名）の英語学習者を対象とした「CAN-DO 調査」とその結果の項目応答理論による分析を経て，β版を修正公開したものが CEFR-J version 1（2012年3月発表）であった。この最終報告書は CEFR-J の web サイトからダウンロードできる（後述）。

※ CEFR-J RLD 科研（2012-2015年度）

　CEFR-J 公開の後，すぐに着手したのが利用環境の整備に関する研究である。このために3度目の基盤研究(A)の科研費（代表：投野由紀夫）が採択

され，Reference Level Description（RLD, 参照レベル記述：Q7参照）といわれる正式な研究領域を冠して「CEFR-J RLD 科研」という名前で研究を進めた。当時，英語に関する CEFR 関連の RLD 研究が盛んになりつつあり，British Council/EAQUALS Core Inventory for General English（Q8参照），English Profile Programme（Q9参照），Global Scale of English（Q10参照）などがそれぞれの手法で RLD の資料類を開発・発表していた。

　筆者らの科研チームは CEFR-J の CAN-DO リスト構築に際しても，CEFR の CAN-DO ディスクリプタの執筆方法，難易度の規定のための統計手法などを実際に追体験してその課題や有効性などを検証したが，RLD においてもこのことは同様のことが言える。海外の主要 RLD の研究手法がプロジェクトによって異なるため，参照されるべき資料類にはそのプロファイリング手法による違いが生じる（詳しくはQ7参照）。このような手法の利点・欠点の理解と，より総合的な RLD 研究のために統計・言語処理の最前線の知見を組み込むべく，科研チームには，コーパス言語学，テスト理論，自然言語処理の専門家を新たに迎えて取り組むことにした。

　このプロジェクトを通して，RLD 関連の主要な言語教育資源が整備されていく。その大きな柱となるのは次の5つである。

　① 補足 CAN-DO リスト：ELP Can Do Descriptor Database
　② 語彙：CEFR-J Wordlist
　③ 文法：CEFR-J Grammar Profile（本書 Q12, 13参照）
　④ テキスト：CEFR-J Text Profile（本書 Q14参照）
　⑤ 誤り：CEFR-J Error Profile（本書 Q15参照）

　このうち① ELP CAN-DO Descriptor Database と② CEFR-J Wordlist については，CEFR-J の version 1公開の直後に，投野研究室で整備し公開した資料であり，投野（2013）ですでに解説を行っている。Descriptor Database の作成意図は，CEFR-J 本体の CAN-DO が12レベルで110個のディスクリプタしかないので，単元ベースのきめ細かい目標設定をするにはより多くのディスクリプタを閲覧する必要があった。そのため，European Language Portfolio（ELP）の各国版に搭載されたさまざまな CAN-DO を技能別・レベル別に収集して日本語訳を付したものである。

　② CEFR-J Wordlist は CEFR-J 科研の初期の頃に行ったアジア圏の英語

教科書分析の際に作成した CEFR レベル別コーパスの分析結果と English Profile Programme（EPP）の English Vocabulary Profile（EVP）を合成したものである。A1から B2まで約7,500語を収録している。

③④ CEFR–J Grammar & Text Profile は，RLD 科研の中心的な仕事というべきもので，それぞれコーパス言語学・自然言語処理の専門家が知恵を絞って CEFR–J レベル判別に有効な文法特性とテキスト特性の抽出に取り組んだ成果である。詳細は Q12などの各セクションの解説に譲りたい。

また⑤ CEFR–J Error Profile は 1 万件の中高生の英作文コーパス Japanese EFL Learner（JEFLL）Corpus（投野，2007）を CEFR レベル別に再分類し，それに母語話者による添削データを付与した版をもとに，レベル別のエラー特徴でレベル判別に有効な指標を探ったものである。

これらの成果は Brian North 氏（Eurocentres），Paula Buttery 氏（ケンブリッジ大学）を招いて行われた2016年 3 月の国際シンポジウムで発表された。地域に密着した CEFR RLD の組織的なプロジェクトとして海外の研究者からも高い評価を得ている。

※ テスト・タスク開発プロジェクト（2016-2019年度）

RLD に続くプロジェクトとして，2016年から「CEFR–J 準拠テスト・タスク開発」をテーマに 4 年間の基盤研究（A）（代表：根岸雅史）が開始。Pre-A1から B2レベルまでの各 CAN–DO ディスクリプタに対応するテストのひな形を作成，実施した項目応答理論などの資料データを添えてテスト・タスクを一般公開する。本書の後半でそのテスト開発の詳細を解説する。

> **【 まとめ 】**
>
> CEFR–J は通算 4 期の科研費により総勢50名以上の各分野の専門家が結集した成果である。国際的にも通用する成果物・研究手法の公開を進めており，国内外で CEFR の普及および具体化に大きく貢献している。

【 もっと知りたい方へ 】

具体的な報告書類は CEFR–J web サイト（https://www.cefr-j.org），Negishi, Takada, & Tono (2013), Negishi & Tono (2014), Tono (2019) を参照。

Q6 CEFR-J は日本の英語教育において どのように活用されているか？

※ CEFR の国際的影響力と CEFR-J の貢献

2001年に EU 圏内の外国語教育の統一枠組みとして使用が義務づけられた CEFR は，2010年前後から急速に欧州圏外に参照枠として影響力を拡大していく。理由の１つには，応用言語学の諸分野で外国語学習者の運用能力レベルを定義する際に，CEFR を利用することが一般化した点にある。同時に British Council や Eurocentres のような国際的な語学学校を有する機関が，世界規模で英語教員研修や途上国の語学教育支援を行う際に，CEFR を「国際標準」として使用するようになったことも大きい。さらに，世界中の外国語能力検定試験に CEFR 基準でスコアの対応づけがなされるようになり，外国語能力の到達度を示す用途においても，CEFR は世界の類似の尺度を包含するような形で利用が進みつつある。

日本では CEFR-J プロジェクトが2000年代半ばから CEFR の適用に関する研究を行ってきたため，その語学教育への影響が CEFR の国際利用の好例として受け止められている。その証左として，CEFR の改訂版 Companion Volume（以下 CEFR/CV, 2018）では，筆者らの科研チームが設計した Pre-A1レベルと同様のレベルが新設され，入門・初級レベルのディスクリプタには CEFR-J で開発されたディスクリプタが多数採用され，その貢献に言及されている。English Profile のような RLD プロジェクトでは，学習者の産出データに基づくプロファイリング方式に対して，CEFR-J で採用した CEFR 準拠コースブック・コーパスに基づくインプット中心のプロファイリング方式を提案して，その両面が重要であることを示唆している

※ CEFR-J の学習指導要領への貢献

2020年度から実施される学習指導要領の改定作業においても，CEFR への関心を受けて CEFR-J の研究成果がさまざまな形で貢献している。たと

えば，欧州での CEFR レベルによる大学入学時の英語力は B2 を想定している国が多い。一方，日本における現状は高校卒業時の平均的発信能力が A1 レベルであることを受けて，高校卒業時の目標を B1 程度を設定しているのは中央教育審議会専門部会における議論がベースとなっているが，この際に CEFR-J の一連の研究報告が参照された。高校卒業時の学習語彙を約5,000語と規定したのも，B1 レベルまでの語彙数を CEFR-J Wordlist が 5,000語と設定していることなどが根拠にある。

　またディスクリプタの表記方法は，本家の CEFR の全体構成と学習指導要領では異なる点があるが，個々のディスクリプタが「条件」「質・テキスト」「行為・タスク」といった成立要件を満たした形で記述されたのは，CEFR-J での CAN-DO リスト作成時の知見を学習指導要領の作成委員会で共有したことが大きい。

※ 出版社・企業の CEFR-J 活用

　日本の外国語教育政策が CEFR の影響を考慮するようになり，学習指導要領が4技能5領域，また大学入試改革が2技能から4技能試験に向かって方向転換を図ろうとする中，国内の出版社・企業などでも CEFR-J を活用する動きが徐々に拡大しつつある。CEFR 一般に関して言えば，NHK の語学講座は2015年度から英語を中心に CEFR レベルの表示を行い，今ではすべての語学講座を CEFR レベルで統一している。

　CEFR-J の適用例をすべては把握できていないが，主要な活用事例を以下に示す。

① 辞書・単語集への CEFR-J Wordlist の活用

　語彙の CEFR レベルを日本で最初に示したのは三省堂の『エースクラウン英和辞典第2版』(2014, 投野由紀夫編) である。その後，単語集では『チャンクで英単語』シリーズ (2015, 三省堂)，『フェイバリット英単語・熟語〈テーマ別〉コーパス1800/3000/4500』(2019, 東京書籍) など筆者が関わる単語集で CEFR-J の単語レベルを採用しているほか，『必修英単語LEAP』(2018, 数研出版, 竹岡広信著) などでも CEFR-J Wordlist がレベル設定の参考にされている。また筆者が担当した NHK ラジオ「基礎英語3」でも新出単語・語句に CEFR レベルを付した。

② CEFR-J 準拠の通信添削講座

　Z会ソリューションズが開発した「Asteria（アステリア）英語4技能講座」は全体カリキュラムが CEFR-J に基づいて開発された通信添削講座である。CEFR-J レベルの4技能5領域の各 CAN–DO ディスクリプタの内容に沿ったコミュニケーション能力を4技能バランスよく鍛えるプログラムがタブレット端末でマルチメディア学習できるように工夫されており，理解度のチェックおよび学習の進捗管理はアダプティブ学習になっている（詳細はhttps://www.zkai.co.jp/z-asteria/class-english/ 参照）。

③ オンライン英会話プログラムの CEFR-J を利用した改善

　この数年でインターネットを介して安価なコストで海外講師に個人レッスンが受けられるオンライン英会話システムが数多く登場した。しかし，多くが学習レベルの適切な設定や質保証に課題があり，そのプログラム評価にCEFR を用いる利点が注目されつつある。業界最大手の1つ，レアジョブ社では企業用英語研修プログラムとして「レアジョブ英会話スマートメソッド・コース」を開発，自社内のビジネス英会話プログラムに CEFR-J レベルと対応づけを行い，短期集中型プログラムで事前事後の上達を CEFR-J レベルでチェックするプログラムの開発を試みている。さらにレアジョブ英会話のレベル設定全体を CEFR-J に基づいて行っている（https://www.rarejob.com/experiences/level/）。同様な試みとして，RIZAP English も「英会話スキルアップコース」のレベル設定に CEFR-J レベルを採用しており，教材・テスト開発も準拠する計画である（https://www.rizap-english.jp/plan/course_speaking.php）。

✳ CEFR-J の4技能試験開発への貢献

　CEFR の影響力拡大によって，国内で開発される英語検定試験も CEFR との対応づけが要求されるようになった。この場合，CEFR のレベルは A1〜C2 と1つのバンド幅が比較的広く，日本人英語学習者のほとんどが A1 または A2 レベルに入ってしまい，検定試験ではもう少し狭い幅でのレベル認定を行う必要があるという課題があった。そこで英検，ベネッセ GTEC など各社の検定試験は内部の研究調査で CEFR-J との対応づけを行っている（詳細は内部資料のため，正式公開は現状ではされていない）。

同様の試みとして Z 会ソリューションズでは，「基礎学力アセスメントシリーズ LIPHARL」の一環で，英語 CAN–DO テストを CEFR–J 準拠で開発している（https://www.zkai.co.jp/assess/liphare/）。CEFR–J の A1.1〜B2.2 までの 4 技能 5 領域の CAN–DO をそれぞれテスト・タスクに具体化したもので，CEFR–J の CAN–DO 内容を練習する授業タスクと連携して活用することで効果を上げる工夫がされている。

※ 国・自治体などの CAN-DO リスト活用支援

日本英語検定協会が2014年度に実施報告した「外国語教育における『CAN DO リスト』の形での学習到達目標設定に関する現状調査」では，各学校での CAN–DO リスト作成に際しては，学習指導要領，文科省の提示したガイドラインおよび他校の事例を参考にしたというのが大多数だった。実際の CAN–DO リストでは英検 CAN–DO リストの参照が最も多く，CEFR そのものや CEFR–J を参照したと答えた学校は15％程度だった。

その後の 5 年間で，CEFR という用語の浸透は 4 技能入試の影響もあって格段に進んだ。福井県は県の CAN–DO リストを CEFR–J を参考に作成し，県内の多数の自治体が CEFR–J を参考にして自分たちの作成した CAN–DO リストの検証を行うようになってきている。

【 まとめ 】
　CEFR–J は国際的には本家 CEFR の改訂に貢献し，海外の外国語教育政策に日本でのローカライゼーション事例として注目を集めている。国内では，CEFR–J 活用事例がこの 4〜5 年で増大しており，CEFR–J を通じて着実に CEFR への理解が深まっていることを感じさせる。

【 もっと知りたい方へ 】

　CEFR–J の web サイト（https://www.cefr-j.org）で公開シンポジウムや自治体・学校・企業などの公募発表等，最新情報を見ることができる。

Part 2

CEFR-J RLD
（参照レベル記述）
プロジェクトの概要

Q7 Reference Level Description （RLD，参照レベル記述）とは何か？

※ CEFR の成り立ちと参照レベル記述（RLD）

　本書 Q1 で見たように，欧州評議会の現代語部門（Modern Languages Section，現在の外国語教育政策部門）は，英語圏で生活および仕事をする移民が持つべき英語力の最低基準について，ことばの機能と概念のインベントリー（一覧表）で記述した *Threshold Level* を 1975 年に発表した。これが後にCEFR で B1 レベルとして受け継がれることになる言語能力記述の枠組みの萌芽である。その後，欧州各国で Threshold Level と同様の趣旨で各言語版を作るという試みがなされ，原本の翻訳あるいは独自調査などを経て 30近くの言語で Threshold Level が作成されるようになる。

　その後，Threshold Level より上位（Vantage）・下位（Waystage, Breakthrough）の作成など英語を中心に整備が進んでいったものを，EU 全体で1 つの枠組みとして共有するために，1991 年のスイスでの会議で，「ことばでできること」つまり CAN–DO ディスクリプタの集合体として抽象化したのである。これらの CAN–DO ディスクリプタを Production（産出），Reception（受容）という大きな側面ごとに整理し，技能別に分類してから，項目応答理論（具体的にはラッシュ分析（Rasch analysis））により統計的に難易度特定をして 6 つのレベルに分類・公開したものが CEFR 本体の中心となった。

　これにより言語間での CAN–DO ディスクリプタの共有化は容易になったが，一方で各言語の CEFR レベル別の語彙・文法・表現などは CEFR の統一的枠組みに合わせて具体的に詳細情報を提供する必要が出てきた。そこで欧州評議会ではこれらの具体化作業の総称を Reference Level Description（RLD，参照レベル記述）と呼び，そのやり方に関しても統一的に実施しようと試みたのである。

✳ CEFR と RLD の関係

2005年に欧州評議会によって公表された Reference Level Descriptions for National and Regional Languages: Draft Guide for the Production of RLD[1]（以下 RLD Guide）によると，CEFR が T-series の後継として登場したことを認めつつも，T-series とは独立してなされるべきことが明記されている。そして各個別言語の RLD は本質的に以下のような理由で共通点を有すると論じている。

1) 各言語の各レベルの記述は CEFR という共通文書に依拠している。
2) CEFR，既存の試験を CEFR に対応づけるための Manual，そしてこの RLD の 3 点セットで，欧州評議会の外国語教育政策が示す基準点（anchor point）の役割を果たす。
3) 具体的な言語項目をレベルに張り付ける作業であるため，完全に科学的な方法で行われるというのは無理で，言語教育の専門家の経験や知見が反映される必要がある。

上記の関係を図示したのが図 1 である（RLD Guide, p. 3 に基づく）。
つまり，個別言語で CEFR 利用のスペックを確定するのに必要なのが，CEFR 本体と，既存のテストの内容分析を行って CEFR レベルに紐づける通

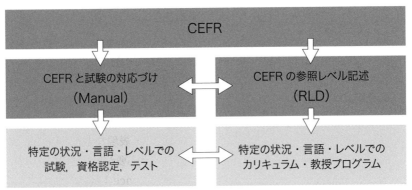

図1：言語教授・学習を支える3点セット（CEFR，Manual と RLD）

［注］1 https://rm.coe.int/090000168077c574

称 Manual（Relating Language Examinations to the Common European Framework of Reference for Languages: Learning, Teaching, Assessment (CEFR)）[2]，そしてこの RLD の資料というわけである。そして RLD は主として教授プログラムの骨格を決める資料の役割を果たす。

※ RLD の構築条件

上述 RLD Guide の 4～6 ページには RLD の持つべき条件としてさまざまな観点が記述されている。ここでは特に重要な点を抜粋しておく。

- 他の言語で既に利用可能な RLD 資料を参照するのはよいが，その単純な翻訳作業とならないようにする。
- RLD は本質的にカリキュラム・教授プログラム作成のための資料でありそれ自体が教授法ではないので，ユーザーに資料の目的等を明確に示しておく。
- RLD は，CEFR のディスクリプタとインベントリーの相互関係を明示的に示すように作成する。
- ディスクリプタが表す談話行為と，具体的な概念＝語彙の関係（例：誰かを招待する行為＋招待する余暇にする活動の単語），あるいは文法項目と一般概念の関係（例：There is ... で「人・ものの存在」など）等を明確に示すような形式にする。
- 1つの言語の RLD は異なるレベルであっても統一した文法用語を用いて記述を行う。
- RLD では変更を許されない閉じた項目と，自由にユーザーが追加変更できる項目を分けて明示しておく。
- RLD は通例，当該レベルよりも下位のレベルの項目をすべて包含したインベントリーとなるように作成する（例：B2のインベントリーはA1～B1をすべて含む）。

［注］2 https://www.coe.int/en/web/common-european-framework-reference-languages/relating-examinations-to-the-cefr

※ RLD の手法

　参照レベル記述を具体的に行う際に，以下のような手法や知見を併用して項目の選定や記述がなされるとよい（RLD Guide, pp. 6 – 7）。

- ・統計的な頻度情報のインベントリー(話し言葉の用法の頻度を含む)
- ・大量のテキスト（言語使用データ）
- ・言語習得の知見（教室内外，特に習得順序）
- ・学習者の産出データ（特に試験データ）
- ・談話分析・会話分析の方法や知識
- ・話し言葉の語法や社会階層ごとの使用域などに関する知識
- ・当該言語に堪能な話者による直観や使用に関する内省的な知見

　これらの項目を満たすような作成チームを編成する場合，以下のような分野の専門家集団を集めるように提案されている。

① 言語学，社会言語学，話し言葉分析，語彙論
② 言語と文化の教授法
③ 言語技能の認定や評価
④ 言語処理，情報処理

　これらの作業を複数の異なるチームで行う際には，全体を統括する責任母体（大学や官公庁など）があることが望ましい。また RLD 作業は国や自治体の支援などがあって，しっかりとしたバックアップのもとに，作成されたものを皆で共有して利用するような環境が提供されていることが理想的である。
　この種の記述は RLD が「国や自治体の言語教育政策の具体化」的な側面を強く持ち，記述が上記のように精密にできたのであれば，その権威づけや周知徹底がいかに重要かということを強調したものと言えよう。

※ 欧州評議会が認定している RLD プロジェクト

　以下，参照レベル記述が実際にどのように行われているのか，欧州評議会の英語以外の RLD の動向を簡単に整理してみたい。欧州評議会の RLD 関連のサイトでは，RLD Guide に沿って行われている公認の RLD プロジェク

トは，クロアチア語，チェコ語，英語，フランス語，グルジア語，ドイツ語，イタリア語，リトアニア語，ポルトガル語，スペイン語，トルコ語の11言語である（2020年1月現在）[3]。CEFR 公開の数年後には RLD が完結した言語もあれば，トルコ語のように始まったばかりのところもあるようだ。

　多くの国で RLD を担当しているのは政府機関，大学，言語教育普及を担当する文化機関（ドイツのゲーテ・インスティテュートや英国のブリティッシュ・カウンシルなど）などである。やはり欧州ではそれなりに責任ある機関が作業を行っている印象である。

　英語に関しては欧州評議会と歴史的に深いつながりがあるケンブリッジ大学の関係機関が主となる English Profile Programme が代表している（詳細は Q9参照）。

※ 英語の複数の RLD プロジェクトの特徴

　英語に関して言うと，実は RLD プロジェクトはケンブリッジ大学等が中心の English Profile programme のみではない。本書で紹介する主要 RLD プロジェクトとして，British Council/EAQUALS Core Inventory for General English, Global Scale of English (GSE)，そして筆者らのチームの CEFR–J RLD Project がある。これらの RLD プロジェクトはそれぞれ RLD 構築手法が異なる。この点に関しては，一般にあまり認知されていないので，これらの資料を参照する際に注意が必要であるという点を明記しておきたい（表1の対照表を参照）。

　詳細は各節に譲るが，Core Inventory は主として専門家の意見と教材分析から作られている。English Profile と CEFR–J はコーパス資源を多用しているが，前者はアウトプット中心，CEFR–J はインプット／アウトプット両面を見ている。GSE は全項目を教員に意見聴取をして項目難易度をラッシュ分析（Rasch analysis）で出して，10–90の尺度上に付置する。これらのプロファイリング手法の違いを知っておくと，資料によるレベルの違いが作成目的・意図などの違いによるものだとわかる。

[注] 3 https://www.coe.int/en/web/common-european-framework-reference-languages/reference-level-descriptions-rlds-developed-so-far

表1：英語の主要 RLD プロジェクトの対照表

名称（略称）	inventory 項目	データソース	留意点
Core Inventory	・文法 ・語彙 ・機能 ・トピック ・テキスト・タイプ	・コースブック ・語学学校のシラバス ・専門家の意見	・言語処理などの客観的な分析データはほぼ用いていない。 ・教員の経験知と教科書・教材分析が主体
English Profile	・文法 ・語彙 ・エラー	・ケンブリッジ学習者コーパス ・ケンブリッジ英語コーパス ・文法書・辞書	・コーパスの計量分析を多用 ・学習者の産出データを中心にプロファイリング ・既存の辞典情報なども多用
Global Scale of English (GSE)	・文法 ・語彙 ・機能	・教員による各項目の重要度評価 ・ロングマンの文法書・辞書	・項目選定はコーパス使用 ・重要度は教員評定をラッシュモデルで尺度化
CEFR–J	・文法 ・語彙 ・テキスト ・エラー	・CEFR 準拠コースブック ・学習者コーパス	・コーパス分析 ・インプット／アウトプット両面からのプロファイリング

【まとめ】

　参照レベル記述は CEFR の利用における最重要のステップである。英語関連の複数の RLD プロジェクトはその手法（データソースや分析方法）に違いがあることを理解しておく必要がある。

【もっと知りたい方へ】

　RLD のガイド，具体的な RLD の情報は欧州評議会のサイトを参照するとよい。各言語の RLD プロジェクトは書籍になっているものも多い。英語については，本書 Q8 以降の解説が国内では最も詳しい RLD 関連の手引きとなるだろう。

Q8 英語の代表的な RLD プロジェクトは何か？(1)：Core Inventory

　英語教育研究が主に指導法を検討するものとその結果を検証するものに大別されるように，CEFR の参照レベル記述（RLD, Q 7 参照）にも指導の実態とその結果としての学習者言語の実態を記述したものがある。Core Inventory for General English（North, Ortega, and Sheehan, 2010, 以 下 Core Inventory と呼ぶ）は前者にあたり，CEFR 本体や CEFR 準拠のシラバス・教科書などを分析して共通性を洗い出すことにより，CEFR ベースの英語教育の実態を映した RLD である。

※ Core Inventory の目的

　CEFR はストラテジー（strategy），領域（domain），文脈（context），基準（criteria）などの概念語と共に語られることが多い。Core Inventory は「（概念的な）CEFR を具現化する（"make the CEFR tangible"）」というコンセプトのもと，英語教育現場に CEFR を適用しようとする教師へのサポートを目的として開発された。教師は Core Inventory を参照しながら自分の指導の目的を定義し，シラバスを書き，コースを設計することができる。また，教師と学習者が Core Inventory を共有することにより，学習者が個別の活動・レッスン・コースの目的を理解し，それらと実世界での言語行為とのつながりを認識する一助となる。

※ Core Inventory の作成プロセス

　Core Inventory は，British Council と EAQUALS（European Association for Quality Language Services）の主導のもと，専門家，教師，英語試験提供機関が協力して作成された。

　作成にあたり，まず CEFR の CAN–DO ディスクリプタ，CEFR 準拠のシラバスや主要コースブック，教師へのアンケート調査などの資料が収集され

た。それらの80％以上で共通して扱われている項目が洗い出され，"core"な指導ポイントとして認定された。ここでいう「ポイント」とは，CEFRベースの指導で対象となっている言語機能，トピック，具体的な言語項目（文法，談話標識，語彙）を指す。それらがCEFRレベル別（A1からC1まで）に"inventory"としてリスト化され，Core Inventoryが完成した。さらに，利用者（主に教師）がinventoryから項目を適切に選択しながら具体的なレッスンなどを計画できるよう，いくつかの補助資料が付録として同時公開された。

✳ Core Inventory の内容

　Core Inventory のうち，A2のリストの一部を表1に示す。A2レベルの指導でよく取り上げられている言語機能（Functions）として，「日常の習慣や過去の経験について描写する」「要求する」「提案する」などが挙げられている。また，文法項目（Grammar）として動名詞，助動詞（*can, could, have to, should*），仮定法現在などが，談話標識（Discourse Markers）として過去の時間順序を示すつなぎ言葉が，語彙項目（Vocabulary）として性格や感情を表す形容詞などが，そして話題（Topics）としては教育，趣味，レジャー，仕事などが，それぞれリストアップされている。

表1：A2の Core Inventory の一部

Functions	Describing habits and routines, past experiences, people, places, things/Obligation and necessity/Requests/Suggestions
Grammar	Countables and Uncountables (*much* & *many*) /Gerunds/*going to*/Modals — *can, could, have to, should*/Wh-questions in past/Zero and 1st conditional
Discourse Markers	Linkers: sequential — past time
Vocabulary	Adjectives: personality, description, feelings/Food and drink/Things in the town, shops, and shopping/Travel and services
Topics	Education/Hobbies and pastimes/Holidays/Leisure activities/Shopping/Work and jobs

　さらに，Core Inventory にはその使い方を間接的に指南してくれるさまざまな補助資料が添付されている。次ページの表2は，inventoryで示されている言語機能に関連する実例集（exponents）の一部である。表1でA2の

言語機能として示されていた「日常の習慣や過去の経験について描写する」に関連する実例として，"On Sundays I visit my mother" など 3 例が示されている。これは，英語教師たちが inventory を参照しながら挙げた表現例の数々を，プロジェクトの中心メンバーが話し合いを重ねて精査し，仕上げたリストである。つまり，教師や専門家の経験からくる直感に基づいて作成されたということである。表現内容が具体的，個別的であること，1 つの機能に対する例の数がそれほど多くないことからも，これは網羅性や一般性を目指したリストではなく，現場からの聞き取りを基にした実例集と捉えて参照するのがよい。したがって，利用者はこれら少数の実例からイメージをつかみ，自分が知る学習者の実態に合わせてリストの数や使う表現の内容を調整する，固有名詞部分を一般化するなど，リストを自分の指導目的に最適化した上で教室での活動に取り入れればよい。

表 2：言語機能と関連する実例集

```
A2
2    Functions/Notions
9    Describing habits and routines
■    On Sundays I visit my mother.
■    I phone my family at the weekend.
■    The director comes to our office every Tuesday.
```

（付録 E Exponents for Language Content より引用）

別の付録として，特定のテキスト・タイプとそれが扱われる CEFR レベルをマッピングした表もある（表 3）。これは，プロジェクトの中心人物である Brian North 氏が各 CEFR レベルの能力記述文を精査し，その中で取り上げ

表 3：テキスト・タイプと CEFR レベルのマッピングの一例

	A1	A2	B1	B2	C1
Spoken Sources					
Interlocutor					
Discussions and debates			everyday	modified	complex
Technical discussions					complex

（付録 C Mapping Text Types より引用）

られているテキスト・タイプを読み取ることによりリスト化したものである。

　例えば，対話（Interlocutor）はすべてのレベルで扱われるが，話し合いや討論（Discussions and debates）はB1からC1のみである。セルの色の濃さはそのテキスト・タイプが各CEFRレベルで扱われる度合いの高さを示す。例えば，話し合いや討論はB2とC1では高い頻度で扱われ，その度合いは低くなるもののB1でもある程度扱われているということを意味する。また，その内容についても，日常的な（everyday）ものから複雑な（modified, complex）ものまで，CEFRレベルにより異なるということが示されている。

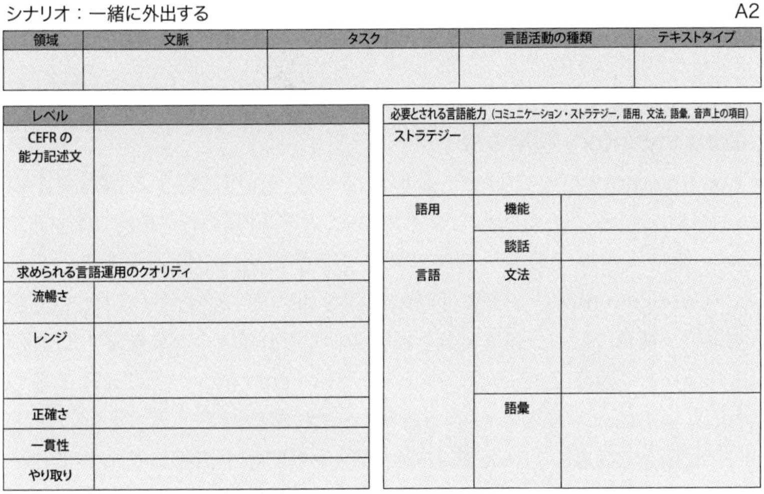

図1：CEFRベースのシナリオのフォーマット

（付録B CEFR-based Scenarios より引用。
各領域への日本語でのラベル付けは本節筆者による）

　さらに，CEFRの行動指向アプローチを具現化した資料としての価値があるのが，付録BのCEFRベースの「シナリオ」である（図1）。シナリオでは，実世界で行われる活動（例：誰かと一緒に出かける）を取り上げ，その過程で行われる一連の細かい言語行為（例：どこに行くか調べる，計画案を説明する，一緒に行く人たちと合意する），扱われるテキスト・タイプ（例：パンフレット，カレンダー，インフォーマルな話し合い），必要とされる言語能力（例：関連文書の要点をつかむ，場所や活動を描写する）などをフレームワーク化したものであ

る。付録Bでは、「休日を過ごす (A1)」「誰かと出かける (A2)」「オンライン・フォーラムに参加する (B1)」「ビジネスなどで新しい企画を提案する (B2)」「大学で研究する (C1)」といった言語活動のシナリオが示されている。

　これらのシナリオの詳しい作成手法は明らかにされていないが、取り扱われている言語活動が限られていることから、表2の表現集と同じく網羅性を目指すものではなく、あくまでも一部の言語活動における手続きや必要な能力を実例として示したものと捉えるのが妥当である。しかし、このようなシナリオの枠組みを利用すると、実世界での言語活動とのつながりを意識しながら授業計画を立てる一助になる。またプロジェクト・チームの解説によると、シナリオは言語教育での利用だけを目的としておらず、実世界での活動における一言語モデルとして参照してもよいとされている。

※ Core Inventory 利用のポイント

　Core Inventory ブックレットの解説部には、利用に際する留意点がいくつか示されている。その内容をまとめると、「(CEFR の行動指向アプローチに則って) 常に実世界でのニーズから教室での学習活動を計画することを基本とし、Core Inventory 本体や付録の情報を目の前の学習者に合わせて調整 (取捨選択、補足、他の資料や自分の経験からくる直感との合成など) しながら利用する」ということである。つまり、Core Inventory は CEFR に基づく教育実践をサポートするものであるが、「これを教えるべき」ということを規定するものではなく、また基本的に教師や専門家の直感に基づいて作成されているため、包括的な資料でもないということである。CEFR 本体と同様、あくまでも参照する対象であり、目の前の学習者に合わせて最適化しながら選択的に利用されるべきものであることが強調されている。Core Inventory (とその付録) を無選択または無批判に導入する、教室での活動をあたかも実世界での言語行為であるかのように飾り立てる (“dress up”)、付録の表現集を学習者に暗記させることなどは、「すべきでないこと」とされている。

※ Core Inventory 利用のアイデア

　Core Inventory は、授業計画以外にも活用され得る。例えば、指導内容の実態を映す Core Inventory と、同じく CEFR の RLD であり、指導の結果としての学習者言語の実態をまとめた English Profile を対比することに

より，（一部擬似的ではあるが）教えた・学んだことが身につくまでの時差を検証することができる。また，Core Inventory のリストにある CEFR レベル別の文法・語彙項目や言語機能，トピックが，日本の学習指導要領や検定教科書ではどのタイミング（学校種や学年）で扱われているか調べることにより，日本の英語教育への CEFR（もしくはその理念）導入の妥当性や実現可能性を検証することができる。

　また，多様な使い方も模索されるべきであろう。Core Inventory が規範的・包括的なものではなく，参照対象であり選択的なものであることを考えると，利用者は，異なる資料と組み合わせながら多様な視点で参照することにより，Core Inventory を有効活用できるようになる。

［まとめ］

　Core Inventory は，CEFR ベースの優れた指導実践をまとめたもの（"a documentation of good practice"）である。CEFR 導入を試みる教師にとって，Core Inventory は自分の指導の方向性や具体的な授業内容を考える一助となる。Core Inventory が教師や専門家の直感に基づく資料であることを念頭に置き，自分の直感や他の資料との共通点と相違点を検証しながら参照すると，一層有効に活用できる。

［もっと知りたい方へ］

　Core Inventory for General English は，British Council のサイトからダウンロードできる。また，フランス語指導のための Core Inventory for French が EAQUALS のサイト（https://www.eaquals.org/2015/06/15/eaquals-core-inventory-for-french/）で公開されており，二者を対比しながら参照すれば，言語共通の CEFR ならではの興味深い知見が得られるかもしれない。

Q9 英語の代表的な RLD プロジェクトは 何か？(2)：English Profile Programme

☀ English Profile Programme とは何か

CEFR は，言語的に中立な枠組みである。個別言語に適用するとなると，その言語に応じた詳細な情報が必要である。それゆえ，個別言語の教師やテスト作成者，教科書執筆者，シラバスの作成者たちは，CEFR の記述だけでは十分ではないと感じているかもしれない。

個別言語のレベルごとの情報を提供するものは参照レベル記述（RLD）と呼ばれ，次のように定義されている（詳細は Q 7参照）。

Reference Level Descriptions (RLDs) for national and regional languages provide detailed specifications of content at the different CEFR levels for a given language.
(https://www.coe.int/en/web/common-european-framework-reference-languages/reference-level-descriptions)

Council of Europe（欧州評議会）によれば，2020年1月1日現在では，RLD が提供されているのは，クロアチア語，チェコ語，英語，フランス語，グルジア語，ドイツ語，イタリア語，リトアニア語，ポルトガル語，スペイン語，トルコ語である。

英語の RLD を正式に担ったのが，English Profile Programme（EPP）である。この研究は，ケンブリッジ大学出版局（Cambridge University Press）とケンブリッジ英語検定機構（Cambridge English Language Assessment）というケンブリッジ大学の2機関によって行われている。従来の T-series (Breakthrough, Waystage, Threshold, Vantage) では，それぞれのレベルを別々に記述するという水平的なアプローチを取ったのに対して，EPP は，英語の語彙・文法・機能などの観点ごとに，それぞれのレベルの特徴を解明

するという垂直的なアプローチを取っている。

　あるレベルにない特徴が次のレベルになって出てきた場合，それを次のレベルの基準特性（criterial features）と称している。基準性（criteriality）については，EPPのサイトで"the language features concerned serve as a basis for distinguishing one proficiency level from another."（ある能力レベルを別のレベルと区別する基礎となる言語特徴）と定義されている。基準特性となるかの判断は，頻度が10倍増加する10-to-1ルールまたは，エラー率などの増加に関しては増減を29％以上とするような，判断基準を設けている。

　基準特性は正の基準特性（positive linguistic features）と負の基準特性（negative linguistic features）から成っている。前者はあるレベルで出現し，それ以降保持される正しい言語的特性であり，後者はあるレベルにおいて存在したり不在となったりするエラーのことである。さらに，表1のような発話の平均的な長さ（mean length of utterance, MLU）も基準特性とされる。

表1：CEFRレベル別学習者データの発話平均長

A2	B1	B2	C1	C2
7.9	10.8	14.2	17.3	19.0

（Hawkins & Filipović, 2012; p.23）

　従来のプロファイリング研究は，研究者の直感によっていたが，EPPでは実際の学習者データによっているところが革新的である。この学習者データは，ケンブリッジ英検の受験者データを中心に，世界中のデータ提供パートナーからの英語学習者データを収集したケンブリッジ英語学習者コーパス（Cambridge Learner Corpus）に基づいている。このコーパスを，専門家がコーパス研究の手法を用いて分析した成果をネットで公開している（https://englishprofile.org/）。

　EPPが主に提供しているオンライン・ツールは，English Vocabulary Profile（EVP）(https://englishprofile.org/wordlists) と English Grammar Profile（EGP）(https://englishprofile.org/english-grammar-profile) である。

✳ English Vocabulary Profile とは何か

EVP は，CEFR のそれぞれのレベルで学習者がどの単語のどの語義を使うかを示している。例えば，address という語で検索すると，Summary view としては以下のような結果が出てくる（図1）。

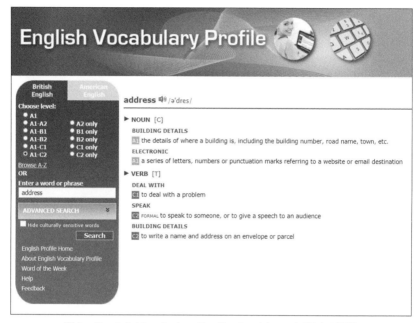

図1：English Vocabulary Profile の address に関する記述

これを Full view にすると，C1の address（DEAL WITH）であれば，以下のような情報を提供してくれる。

address（DEAL WITH）
[C1] to deal with a problem
Dictionary example:
*We have to address the **issue/problem** before it gets worse.*

Learner example:

On balance, I would say that increasing the price of petrol to solve traffic and pollution problems is certainly a viable, although maybe not the best, way to address the issue.

(International English Language Testing System: C1: German)

従来の語彙表であれば，address は単語のレベルが A1 で，意味が「住所」とあるだけだったかもしれない。それが，語義ごとにレベルが示されている。実は，この考え方自体は古くは West（1953），またケンブリッジ関連の研究では Hindmarsh（1980）に示されていたが，これは Hindmarsh 自身が直感的に判断したものであり，EVP では CEFR レベル別学習者コーパスの出現例に基づいて実証的に裏打ちされているという点が革新的である。

参考までに，以下が，Hindmarsh（1980）の address の項目の記述である。単語の左には 1 から 5 までのレベルを示している。1 は beginner or post-beginner level を示し，5 は approaching or at FCE（First Certificate in English）としている。それぞれの意味には，単語のレベルに用いられる 1 から 5 に加え，レベル6は FCE と CPE（Certificate of Proficiency in English）の間，レベル7は CPE としている。

1　address
1　*n.* postal detail of place
6　*v.* indicate destination: *address a letter*
7　*v.* give speech or talk

ケンブリッジ英検と CEFR のレベルとの関連づけによれば，上の 1，6，7 というレベルは，およそ A1，C1，C2に相当する。今日の EVP の address のレベルは，それぞれ A1，C2，C2であり，ほぼ同じ判断がなされている（1980年の時点で，e-mail address といった用法が含まれていないのは当然である）。これが，1970年代にコンピュータもコーパスも使わずに一個人により作成されたことには驚かされる。

この EVP ではレベルごとの単語の語義を提供してくれるだけでなく，他にもさまざまな機能がある。例えば，レベルだけを指定すれば，指定したレ

ベルの単語をすべて抽出することができる。A1を指定すれば，784語が抽出される。これにトピックを "food and drink" と指定すれば，restaurant や dinner などの47語が抽出される。また，品詞（句動詞もこのカテゴリーに含まれている）ごとの抽出も可能である。イギリス英語やアメリカ英語を指定することもできる。さらに，Hide culturally sensitive words をクリックしておけば，教室などでの使用する際に，問題となりそうな単語は出てこないようにすることができる。

※ English Grammar Profile とは何か

EVP の文法版が EGP である。つまり，どのような文法事項をどのレベルの学習者が使っているのかが示されている。この研究の元となっているのは，世界130以上の国からのケンブリッジ英検のすべてのレベルの250,000以上のスクリプトから取られた5500万語のコーパスである。

EGP で用いられている文法カテゴリー（SUPER CATEGORIES）はケンブリッジ大学出版の *Cambridge Grammar of English*（2006）と *English Grammar Today*（2016）を参照している。用いられた文法カテゴリーは上位カテゴリー（SUPER CATEGORIES）と下位カテゴリー（SUB CATEGORIES）があり，上位カテゴリーは以下のとおりである。

adjectives, adverbs, clauses, conjunctions, determiners, discourse markers, focus, future, modality, negation, nouns, passives, past, prepositions, present, pronouns, questions, reported speech, verbs

文法形式も，語彙同様，複数の意味を持つことがある。EGP のウェブサイト（https://www.englishprofile.org/english-grammar-profile）では法助動詞の may の例が挙げられている。CEFR のレベルごとに学習者が正しく，適切に使用している法助動詞 may の例は以下のとおりである。

A2　Weak possibility: "The weather may be hot."
B1　Formal permission: "May I borrow your bike?"
C1　*'may well'*: "You may well find that this is not the case."
C2　*'may as well'*: "We may as well go home."

私たちは，各文法事項の難易度に関して，かなり固定的なイメージを持っ
ているかもしれない。しかし，EGP を見ると，こうしたイメージは必ずし
も現実の難易度を反映していないということがよくわかる。例えば，受動態
は，日本では中学校で導入されているが，すべての用法が A2以降であるこ
とがわかる。文部科学省によって平成26（2014）年度から行われている「英
語教育改善のための英語力調査」では，日本人の高校生の8割以上が発表技
能において卒業時でも A1にとどまる現状を考えると，そのギャップに気づ
かされる。それも，A2では，It was built in 1880. (China; A2 WAYSTAGE;
2001; Chinese; Pass) のような，主語が単語1語といったものであり，Our
office is situated near the airport. (B1 Argentina; Spanish-Latin American)
のように，主語が句になると B1になってしまう。さらに，Dear Mr Bixon,
First of all, I am very grateful to hear that the cinema will be renovated
next year. (B2 Korean) というような，未来表現の will と共に受動態が使わ
れるような場合は B2とされている。このように単に受動態が使用できるか
できないかではなく，どのような構造における受動態の使用なのかで，難易
度を判断している点が興味深い。

❈ English Profile Programme の成果の活用

　EVP や EGP などの研究が進んだことで，その成果はどう活かされるので
あろうか。1つは，教材作成への利用である。文法や語彙のレベルを確認し
ながら，適切なレベルの教材を作成することができる。また，同様のことは
テスト作成でも当てはまる。テストの作成では，リスニングやリーディング
のインプット・テキストのレベルチェックやスピーキングやライティングの
アウトプット・テキストの採点への利用である。根岸（2012）では，CEFR
基準特性に基づくチェックリスト方式による英作文の採点可能性を検証し，
多くの項目が有効であることを示している。

　また，Cambridge English によって開発された Write & Improve (https://
writeandimprove.com/) というフリーのオンライン・ツールがあるが，これ
も EPP の成果を利用していると考えられる。Write & Improve は，英語の
作文の CEFR レベルをオンラインで判定し，学習のフィードバックを瞬時
に出してくれるというものである。

　言語的に中立な枠組みである CEFR に対して，個別言語のレベルごと
の情報を提供するものは Reference Level Description（RLD）と呼ばれ，
欧州評議会公認の英語の RLD は English Profile Programme（EPP）に
よっている。英語の語彙と文法は，English Vocabulary Profile（EVP）
と English Grammar Profile（EGP）によって明らかになっている。これ
らの結果は，教材の作成や評価に活用されている。

　English Profile Programme の情報は https://englishprofile.org/ に集約されて
いる。これに加えて，The English Profile Studies series（2020年3月現在では，
Volume 1から6まで）では，さまざまなトピックについて，詳細に論じられている。

Q10 英語の代表的な RLD プロジェクトは何か？ (3)：Global Scale of English (GSE)

※ Global Scale of English とは

　CEFR を個別言語で具体化する参照レベル記述（RLD）のプロジェクトとしては，英語に関しては English Profile が欧州評議会に公式に認められたものである。一方，CEFR を英語教育に活用するさまざまな試みが教育産業界でも行われており，その中でも最も意欲的なプロジェクトの1つがこの Pearson 社の Global Scale of English（GSE）である。

　GSE は Pearson の ELT Division である Pearson English が作成したもので，CEFR より細密な10から90までの英語力のスケール上にディスクリプタや語彙・文法も配置するという極めてユニークな試みである。さらにディスクリプタは一般用に加えて，子供用，アカデミック用，ビジネスパーソン用と多目的に用意するなど利用者のニーズをよく考えたわかりやすい作りになっている。

※ GSE の作成過程

　GSE は複数ある英語の RLD プロジェクトの中でも独自の研究手法を用いている。それはディスクリプタおよび言語項目を難易度の尺度上に位置づけるための処理を，すべて項目応答理論（正確にはラッシュ分析）によっている点である。これは後述する GSE のプロジェクトを率いた John de Jong の言語能力の単一次元尺度法（unidimensional scaling, De Jong, 1991）という考え方に基づく。そして，このスケールの設計には，本家 CEFR の作成過程が大きく関係している。

　CEFR 本体が作成される原資料となったのが，Brian North が中心で行ったディスクリプタの難易度調査である。この調査の結果，能力レベルを何段階にするかという議論が専門家の委員会で行われた際，North が提出した能力レベルは当初9段階であったことが知られている（North, 2000）。

表1にCEFRの6レベル確定前のディスクリプタ難易度調査の資料を示す。難易度の数値はいわゆる項目応答理論で算出されるθ値で，それに欧州言語テスト協会（ALTE）で用いられた各レベルの名称とCEFRレベルが付されている。特にCEFRではA2，B1，B2にプラス・レベルがあり，さらにCEFRにはないTourist levelを入れると10段階というのが当初の提案であった。

これを協議のうえ，CEFRのA1，A2，B1，B2，C1，C2の6段階にしたわけだが，その際には9段階方式より，当時の教材・テスト開発会社などの利用者側の使いやすさを考えて，受け入れられやすい大まかな3区分（C，B，Aで上中下），そして下位分類も入れて全6区分にした，という経緯があった。

表1：CEFRの元になったディスクリプタ難易度調査の結果

難易度（θ値）		ALTEレベル名称	CEFR
3.90	—	Mastery	C2
2.80	3.90	Operational efficiency	C1
1.74	2.80	Vantage Plus	B2＋
0.72	1.74	Vantage	B2
−0.26	0.72	Threshold Plus	B1＋
−1.23	−0.26	Threshold	B1
−2.21	−1.23	Waystage Plus	A2＋
−3.23	−2.21	Waystage	A2
−4.29	−3.23	Breakthrough	A1
−5.39	−4.29	Tourist	

このパネルに当時参加していて，6レベル制採用に反対したのが，後にこのGSEの開発総指揮をとったJohn de Jongである。言語テストの専門家として，アムステルダムを拠点に研究及びテスト関係の会社を起ち上げてコンサルティング業務をしていた彼は，Pearsonに請われてGSE開発に乗り出す。

De Jong et al. (2016) によると，CEFRは開発当時いくつかの課題を抱えていた。1つは作成当時のディスクリプタでA1以下とCレベルのものが極端に少ないこと，ディスクリプタの3分の2はspoken communication

（やりとり・発表および聞くこと）が占めていたこと，6レベルでレベル間の差は均等ではなく，レベルによっては次のレベルに達するのに相当な練習時間が必要であること，などであった。

　CEFRレベルよりももっと粒度の細かいスケールを開発するべきだと考えたDe Jongは，Pearsonの大学・一般向け英語標準テストPearson Test of English（PTE）Academicの受験者1万人のテスト結果をCEFR判定した被験者中心（test-taker-centered）のデータおよびPTE Academicの全テスト項目をCEFRレベルに分類した項目中心（item-centered）のデータを用いて，両者の相関およびCEFRレベルの閾値を確認した。次に，PTE AcademicはA2レベル以下を測定できないため，初級・中級向けのPTE Generalのテスト受験者430人のデータ分析を組み合わせて，A2レベル以下の能力分布のデータを補充，これに表1のNorthのオリジナル・データのθ値を照合し，10～90のポイントで表すGSEスコアを考案したのである（De Jong, et al. 2016）。ちなみに，ポイントとして10以下や90以上がないのは，能力として0％や100％は測定不能という考え方からである。

　その後，GSEは専門家チーム（Technical Advisory Board）を編成。項目応答理論の専門家のMark Reckase，コミュニカティブなテスト理論に造詣の深いBarry O'Sullivan，そしてCEFR開発当事者のBrian Northらを加え内容をさらに検討，CEFRを包含する英語能力のスケールとしてGSEを公開する。このAdvisory Boardではその後，David Nunan，Peter Brown，Paul Meara，Nobert Schmidtなど応用言語学の専門家が多数集結して，GSEのさまざまな資料類が生み出される。その統括をしたのが，前述のDe JongとPearson LongmanのMike Mayorである。Mike MayorはPearson傘下となったLongmanの辞書編集チームを率いていた人物であり，後に述べる単語と文法に関するGSE資料を作る際に重要な役割を果たす。

※ ディスクリプタのGSE上への付置

　GSEが最初に試みたのは，Brian NorthがCEFRに盛り込めなかったものを含め，可能な限り多くのディスクリプタをGSE上に載せるということであった。このためにディスクリプタの収集，執筆を50カ国6,000名余りの英語教員の協力を得て行った。これを彼らはcan do statements（CAN-DO[1]）とは呼ばずに，learning objectives（学習目標；以下LO）と呼んでいる。こ

れは CEFR 的な「行動指向アプローチ」を標榜した実生活でできることを示すようなディスクリプタだけではなく，教室環境や学習項目である言語知識に関連した言葉の使用に必要な「学ぶべきこと」も項目に含めているため，一般的な CAN-DO と区別する意図で LO と呼んでいるのだろうと思われる。例えば，GSE24というスケール上には「can と can't を聞き分けられる」というような聞き取りに関する LO がある。CEFR の観点からすると，action（行為）が現実場面でのタスクではないので，ディスクリプタとしては不適切と考えられるが，そういうものも含めて LO として扱っているわけである。

この LO の選定と難易度調査を CEFR とほぼ同様の方法で行い，ラッシュ分析で項目難易度を出して10から90までのスケール上に1,383個の LO を位置づけた。その他，前述のように子供向け，ビジネスパーソン向けなど多様な LO を GSE 上に付置して，異なる LO セットを作るというユニークな試みをしている。

実はこの新規ディスクリプタの開発時に，CEFR-J および英検の CAN-DO も参照されている。Adult Learners 用の LO 一覧表には，CEFR-J のディスクリプタから採用したものはその旨の記号が付されている。

※ GSE スコアの解釈

Pearson の語学テストを受けた学習者が，GSE のスケール上で，あるスコアとされたとする。その GSE スコアは具体的にどのような意味があるのだろうか？　GSE のマニュアルによると，ある学習者が GSE のあるスコアにいるということは，当該スコアにあるすべての LO ができるということを意味しない。次ページの図 1 に示すように，そのポイント（図の例では GSE61）に付置されている LO のおおよそ50％ができる，ということと考える。GSE のスケールでその当該ポイントより低いスコアの LO であれば，できる確率が50％よりも高くなり，高いポイントの LO も部分的にできることはあるがその確率は50％よりも低くなる，という解釈である。これにより，同じ GSE スコアを持っていても，言語能力の個人差やスキル別の能

[注] 1　日本で "CAN-DO" という表記をするのは，文部科学省の文書類で使用されているからで，国際的には "can do（Can Do）" などの表記がより一般的である。

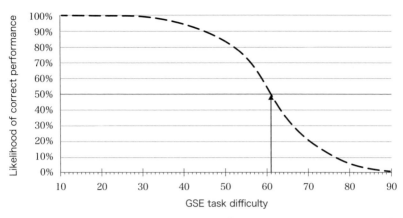

図1：GSE レベルとパフォーマンスの関係（出典：De Jong, et al. 2016, p.10）

力差などをより細かく表現できるという主張である。

❊ 文法および語彙の GSE スケーリング

　GSE は English Profile や Core Inventory と同様，文法および語彙に関しても難易度を示す試みをしている。プロファイリングの手法として特筆すべきは，English Profile が学習者の産出データ，Core Inventory がエキスパートの意見や教材分析に基づいているのに対して，GSE では語彙はコーパスの頻度分析と Longman の辞典からの語義分析，さらにその語義に関する教員の重要度判定によって分析され，GSE と対応づけがなされている。また文法項目についても専門家と一般教員合わせて約1,000人に重要度のランクづけを行ってもらい，その合成スコアで CEFR レベル（North，2000のロジット値）を予測する回帰モデルを作成して対応づけを行った。これらの詳細は Benigno & De Jong（2017），Buckland & De Jong（2017）を参照されたい。

　一般向けにはこれらの語彙と文法項目，および前節で説明した LO を一括して検索できる GSE Teacher Toolkit[2]が公開されている。これは GSE の特定のレンジを指定して，必要な LO，語彙，文法を検索できるもので，語彙

［注］2　https://www.english.com/gse/teacher-toolkit/user/lo

や文法に関しては具体例や重要なコロケーションなども参考資料として提示される仕組みになっている。この語彙・文法部分の作り込みは Longman の辞典からの情報を有効利用しており，前述の Mike Mayor の手腕が光る。

　現在，Pearson では同社の既存のほぼすべての英語教材に GSE の対応づけを行っており，PTE Academic/General などのテスト群を受けた後の GSE スコアに合った教材の提案など，従来よりはるかに具体的できめ細かい指導やアドバイスが可能となっている。

[まとめ]

　Global Scale of English（GSE）は英語に特化した商用 RLD プロジェクトとして異彩を放っている。特に CEFR の課題とされた粒度や初級・上級などへの手当がよく行き届いており，全体を項目応答理論で可能な限り客観的に尺度化しようとする試みも大変参考になる。

[もっと知りたい方へ]

　Pearson は GSE 構築の関連する白書を多数サイトで公開しており，Pearson の GSE サイトで閲覧することができる。

Q11 CEFR-J の RLD はどのように行われたか？

※ CEFR-J の RLD プロジェクト

CEFR を具体化する手続きの１つである参照レベル記述（RLD）について，ここでは CEFR-J の RLD プロジェクトについて概観する。CEFR-J の CAN-DO リストの公開は2012年３月であったが，その後，投野（2016）において，CEFR-J の本格的な RLD 作業が開始された。

CEFR-J は CEFR 準拠の枠組みであるが，一方でこのような言語教育のための汎用枠の構築手法の研究も重要であるので，CAN-DO ディスクリプタの難易度検証の手法において CEFR の研究方法の再検証も試みている。同時に RLD の手法に関しても，複数の国際プロジェクトでやり方が異なることを受けて，その手法の利点・欠点を精査しながら，RLD に必要な環境や条件，それらと手法の関連性などの検討を行った。つまり，RLD の科学的方法論的な研究と実際の CEFR-J 用資源構築を車の両輪のようにしてプロジェクトを進めていったのである。

※ CEFR-J RLD の基本アプローチ

CEFR-J RLD のアプローチは，以下の２つのプロファイリング手法を組み合わせたものになっている。

① インプット中心のプロファイリング
➢ 主なデータ：CEFR コースブック・コーパス（詳細は Q12参照）
　・英国で CEFR 発行後に新規出版された約100冊の CEFR 準拠のコースブックを CEFR レベル別に収集，電子化したもの（約164万語）
② アウトプット中心のプロファイリング
➢ 主なデータ：日本人学習者コーパス
　・JEFLL コーパス（投野，2007）：中高生約１万人の英作文コーパス

・NICT JLE コーパス（和泉他，2004）：日本人英語学習者約1200人の英語インタビュー・コーパス

Q7で触れたように，CEFR の公式の RLD は主として English Profile が担っている。プロファイリング方式は，学習者コーパスによる産出データを基準とした CEFR レベル判定なので，教科書における語彙・文法項目の導入 CEFR レベルとして見るとレベル設定が高めの項目が目立つ。これは産出データをもとにしたプロファイリングであるため，学習者がインプットした内容がアウトプットされるまでに時間がかかる項目が多いことによる。

こういった先行研究の知見を活かして，CEFR-J ではプロファイリング手法を二重構造にしている。すなわち Core Inventory で試みられた ELT コースブックの分析を「インプット中心のプロファイリング」と位置づけ，より客観的な数量データを作るべく，CEFR コースブック・コーパスの構築と分析を行うこととした。さらに English Profile の資料が徐々に公開されてきていたため，これと比較できるように日本人英語学習者の会話・作文データをもとにしたアウトプット側から見たプロファイリングの参照データも同時に用意することとした。インプット・アウトプット両面からのプロファイリングは，日本のような英語への接触が限られている環境では特に必要である。教材の提示・指導段階の CEFR レベルと，実際に発話や作文で当該言語特徴が自然に産出される段階の CEFR レベルには時間差があり，その時間差は英語圏の ESL 学習者よりもはるかに大きいからである。

CEFR-J RLD プロジェクトは，インプット・アウトプット両面からのプロファイリングを行っている点，世界の複数の英語 RLD 資料を複合的に組み込んだ資料類を構築している点，独自のコーパス資料と機械学習の高度な言語処理データをベースにしている点で，世界でも有数の組織的な RLD プロジェクトだと言える。

※ 具体的な作業工程

RLD 作業の具体的な工程は以下のような手順を踏んだ。

○第1段階（2012-2013）：RLD に必要な言語コーパスの整備
○第2段階（2014）：主要な言語特徴の頻度調査（文法・テキスト・エラー）
○第3段階（2015）：言語特徴の機械学習による CEFR-J レベル別プロファ

イリングの作成

　コーパスの構築を受けて，大きな方針として言語特徴の頻度調査に関して，以下のような研究方法で進めることを2014年度の初めに決定した。

A) 主要な文法項目の出現頻度を CEFR コースブック・コーパスを用いて CEFR レベル別にすべてチェックし，Grammar Profile の基礎データとする。Grammar Profile の目的は「CEFR-J に基づくシラバス構築を目的としたインプットとしての文法提示イメージの提案」とする。

B) 主要なテキスト特徴を CEFR コースブック・コーパスを用いて CEFR レベル別にすべてチェックし，Text Profile の基礎データとする。Text Profile の目的は「CEFR-J に基づくシラバス構築を目的としたインプットとしてのテキスト特徴（流暢性，複雑性，語彙レベルなど）とその提示イメージの提案」とする。

　具体的な頻度抽出作業は以下のように進めた。

①文法頻度リストの作成と抽出：リスト作成には中高の文法事項をコースブックのデータから自動抽出かつ CEFR-J レベルに配当する手法を考案した（詳細は Q12参照）。

②テキスト特徴のリスト作成と抽出：大阪大学荒瀬研究室の協力を得て，コースブックのデータから CEFR-J Wordlist による語彙難易度および複雑さに関する指標を抽出し，CEFR レベルごとにどのような言語特徴がレベル判別に寄与するかを機械学習によって特定した（詳細は Q14参照）。

③JEFLL コーパスのエラー情報抽出：東京工業大学奥村研究室の協力を得て，JEFLL コーパスの添削付データをもとに自動エラータグ付与を行い，それに品詞情報を付して，CEFR レベル判定に寄与するエラー情報を特定した。(本書 Q15参照)

④NICT JLE コーパスの文法頻度分析：①と同一の文法抽出を行った頻度データをもとに，九州大学廣川研究室の協力を得て，NICT JLE コーパスからの特徴量を用いた機械学習を行った。

※ RLD 資料の概要

CEFR-J の RLD 資料は大別すると以下の３つになる。

(1) CEFR–J Grammar Profile：レベル別文法事項に関する情報

(2) CEFR–J Text Profile：レベル別テキスト特性に関する情報

(3) CEFR–J Error Profile：レベル別学習者エラーに関する情報

　これに，以前に作成された以下の資料群とを併せて利用できる。

(4) CEFR–J Wordlist：CEFR レベル別の語彙表

(5) ELP Can Do Descriptor Database：ELP の CAN–DO データベース

(6) 『CEFR–J ガイドブック』(投野，2013)：CEFR–J ユーザーマニュアル

　こうした資料を総合的に整備していくことで，単なる CAN–DO リストのみではなく，教材やテスト・タスクの作成など多面的な活用ができる可能性が拡がっていく。これらの資料群を，CEFR–J の枠組みを利用した英語教材のレベルの標準化，語彙や文法の組織的提示，そして言語テストの CEFR–J 判定などに活かせるように教科書会社，教材・テスト開発会社に無償で利用可能にしている。

※ インベントリー作成と基準特性の特定

　RLD の主目的は言語材料の CEFR レベル別の配当であり，このためにはすべての言語項目に関して網羅的なインベントリーを作成する必要がある。もう 1 つの目的は，基準特性 (criterial feature) となりえる言語特徴の特定である（基準特性の詳細は Q 9 を参照）。このためには上述のコースブックの CEFR レベル別テキストから言語特徴の分布を機械学習によって学習させたモデルで，新しいテキストを CEFR レベル別に分類するというタスクを行う中で，どのような言語特徴がレベルの分類に寄与するか，機械学習の際に同時に得られる予測変数の重み付け指標を用いて算定する。これらの資料については2012–15年度 RLD 科研の最終報告書で網羅的に報告を行った（投野，2016）。

※ プロファイリング情報をもとにしたツール開発

　2016年に主要な RLD 資料を公開した後，プロファイリング情報を用いたツール類の開発が CEFR–J プロジェクトのメンバーによって行われている。

○ CEFR Vocabulary Level Analyzer（CVLA）Version 1.1

(http://dd.kyushu-u.ac.jp/~uchida/cvla.html)（Q17参照）

　テキストの英文の CEFR–J レベルを判定するテキスト分析ツール（図1）。九州大学の内田諭氏を中心に開発されたもので，CEFR–J Wordlist の語彙難易度に複数のテキスト指標を組み合わせて，CEFR–J レベルを線型モデルで推定するものである。短いテキスト（A2レベル以下）には不安定であるが，大学入試問題などの CEFR レベル推定やリーディングとリスニングを分けて判定するなどの用途には適している。同様のものに，English Profile が開発した Text Inspector があるが，CEFR–J の詳細レベルまで判定できるツールとして有用度が高い。

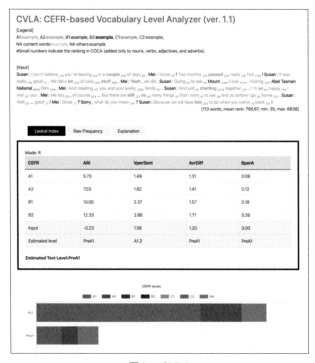

図1：CVLA

○ English Level Checker

(http://lr-www.pi.titech.ac.jp/gradesystem/) (Q13参照)

　こちらは東京工業大学の奥村学氏を中心に開発されたもので，CEFR レベルの判定を主として CEFR–J の文法プロファイリング情報を基に行うツールである（図2）。よって，CVLA とまったく同一のレベル判定をするというわけではないが，使用されている文法情報の概要を知りたいという場合に便利なツールである。テキストを入力して［submit］ボタンを押すと，そのテキスト中に出現する主要文法事項の頻度リストと，CEFR–J Wordlist による CEFR レベル別語彙の比率が出て，文法と語彙難易度から推定される CEFR レベル（まだ CEFR–J レベルまで精密化していない）が表示される。

図2：English Level Checker

［まとめ］

　CEFR–J RLD はコーパス・データおよび自然言語処理の機械学習等を駆使して，インプット・アウトプットの両面からプロファイリングする独自の手法を試みた成果である。複数の公開された資料群からなり，CEFR–J の CAN-DO ディスクリプタを多面的に活用できるようになっている。

［もっと知りたい方へ］

　RLD の詳細は投野（2016）に詳しい。また本書の中にも基本的な RLD の手法と結果に関してはまとめてあるので参照されたい。

✳ CEFR-J Grammar Profile とは何か

　CEFR-J Grammar Profile とは，英語の文法項目（学習指導要領ではもっ
ぱら「文法事項」と呼ばれているが，ここでは「文法項目」と呼ぶ）を網羅的に
リストアップし，各項目が CEFR (–J) レベル別の各種コーパスにおいてど
の程度の頻度で使用されているかを調査し，そのデータを基に，各 CEFR–J
レベルに対応する文法項目の導入時期を特定するための取り組みである。日
本人英語学習者に対して，各項目をどの学習・習熟段階で指導すべきかの判
断に資することを目的とし，CEFR–J 科研チームで開発している。CEFR の
枠組みにおける同様の取り組みは他にもいくつかのものがあるが，CEFR–J
Grammar Profile の特徴は，CEFR コースブック・コーパス（インプット）と，
CEFR–J レベル別の日本人英語学習者の発話・作文コーパス（アウトプット）
の分析に基づき，さらに機械学習の処理結果も統合することを目指す点にあ
る。CEFR-J Grammar Profile は現在も CEFR–J 科研チームで開発が続い
ているが，本稿執筆時点では2018年 3 月15日版が最新版として公開されて
いる。

　世界標準になりつつある CEFR の枠組みと日本の英語教育における学校
文法の両方を考慮しながら，英語の学習・教授・評価のために必要な文法項
目の選定と頻度調査の方法を確立し，それらを実践することが，CEFR–J
Grammar Profile の目的である。

✳ 文法項目のレベル

　テキストの難度測定や学習者の習熟度測定において重要な指標となる要素
としては，語彙のレベル，タイプ・トークン比，平均文長，文法，（話し言
葉の場合）発話速度，流暢さなどが考えられる。その中でも特にわかりやす
くかつ重要なものは語彙のレベルである。レベル別の語彙リストはこれまで

国内外で多くのものが開発されており，日本人英語学習者を意識して作られたレベル別語彙リストとしては JACET 8000（大学英語教育学会基本語改訂委員会，2003；大学英語教育学会基本語改訂特別委員会，2016）や CEFR–J Wordlist などがある。

　しかしながら，語彙レベルがさほど高くない英文であっても，難度が高いと感じられることは少なくない。例えば，Having arrived eventually in Salt Lake City at 5.30 a.m. and walked around for a couple of hours, I wandered into a downtown supermarket. (Carter and McCarthy, 2006: 417) という文中の語のレベルを CEFR–J Wordlist に基づいて調査すると，eventually が B1 レベルで，形容詞の downtown がレベル外となっているが，それ以外の語はすべて A1 または A2 レベルとなっている。しかしながら，上記の英文をよく見てみると，文法項目としては完了の分詞構文（Having arrived ... and walked ...）が用いられていて，文の難度は語彙レベルのみに基づく判断より高いと感じられる。同様に，ややインフォーマルな文ではあるが，You always know, don't you, that what you make will be suitable, and light, and that it will taste all right too. (Carter and McCarthy, 2006: 550) の語彙レベルを CEFR–J Wordlist に基づいて調査すると，taste だけが B1 レベルで，それ以外の語はすべて A1 または A2 レベルとなっている。しかしながら，文法項目としては付加疑問（don't you）と複合関係代名詞（what）が含まれ，やはり語彙レベルのみに基づく判断よりも難度の高い英文だと感じられる。これらの例は，文法項目も文(章)の難度を規定する重要な要因であるということを示していると考えることができる。

　もちろん，文(章)の難度は語彙と文法の要因のみで決まるわけではなく，1 文あたりの語数，文構造の複雑さ（単文か複文かなど），指示表現の使用，省略の有無など，さまざまな要因が組み合わさって文(章)の難度を規定する。文法以外の多くの要素を踏まえた文(章)の難度判定については，CEFR–J Text Profile についての項目（Q14参照）を参照されたい。

※ 参照した先行研究

　文法項目の使用状況を調査するにあたり，最初に必要なことは調査の対象とする文法項目の選定である。しかしながら，文法項目と，それ以外の例えば単語・成句・語法などとの境界線は，後述の例に見られるように必ずしも

明確であるとは限らない。

　文法項目の指導・習得時期を CEFR レベルとの関係で規定するという試みは，これまでにいくつか行われてきた。例えば，CEFR の基盤となった重要な先駆的研究である通称"T-series"（van Ek and Trim 1991a/1998a, 1991b/1998b, 2001; Trim 2009）は，学習者のニーズ分析を基に，各レベルの学習者が習得することを目標とするべき機能・概念を挙げたものである。しかしながら，これは，CEFR レベル指標付きコーパスを利用して各レベルの違いを判別する基準特性（criterial feature）を抽出するという現代的な手法とは異なる方法で作られたものであり，現在もそのまま利用するには適さない。

　CEFR に基づく教材・指導を基に，CEFR レベルごとの特性を提示している A Core Inventory for General English（North, Ortega and Sheehan 2010）は，CEFR の枠組みで，文法項目を分類し，提示している。例えば A1レベルの文法項目として adjectives (common and demonstrative), adverbs of frequency, comparatives and superlatives, *going to, how much/ how many* and very common uncountable nouns, *I'd like*, imperatives (affirmative/negative), past simple, verb＋ing: *like/hate/love* といった項目が挙げられている（筆者が表記を一部変更した上で引用している）が，*how much/how many* and very common uncountable nouns のように，厳密に定義して頻度を明らかにするのが難しい項目が見られる。また，*I'd like* のように語彙・定型表現と切り分けにくいものは，日本の学校文法の観点からすると扱いにくい。これらの例を見るだけでも，そもそも何が文法項目で何がそうでないのかという規定が容易でないことがわかる。

　文法項目に特化した先行研究としては，約5,500万語の Cambridge Learner Corpus を基に，各文法項目がどの CEFR レベルで習得されるかを特定したデータである English Grammar Profile（2015）がある。これは世界中の英語学習者がどのレベルで各文法項目を習得しているかを明らかにするデータであるが，日本の英語教育・学習環境で各文法項目を学習者にどの段階で指導すべきかという判断にそのまま利用できるとは限らないものも多い。

　GSE Teacher Toolkit（2016）は，CEFR の先行研究と Pearson 社のリソース，教員と教育専門家の判断などに基づいて，CEFR レベルと関連付けなが

ら文法項目をどの段階で指導するべきかをまとめたデータである。しかしながら，English Grammar Profile の場合と同様に，日本の検定教科書に基づく英語教育の現場でそのまま利用できるとは限らない。

　日本の学校英文法という文脈で制作された文法項目のリストとしては，『文法項目別 BNC 用例集及び文法項目集（1.0版）』（東京外国語大学佐野研究室，2005）がある。これは BNC（British National Corpus）から特定の文法項目を使った用例を抽出するために，シェアの高い検定教科書と文法書の調査に基づき，中学・高校で学習する学校英文法で取り上げられる主要な文法項目144項目をカバーしたリストである（Minn et al., 2005: 105–108）。このリストは日本の学校英文法との整合性は高いものの，例えば「【進行形受動態】(am|is|are|was|were) ＋being＋一般動詞（過去分詞）」の項目は，CEFR(–J)レベルの基準特性を考えるという目的からすると，時制を現在と過去に分割し，現在進行の受動態と過去進行の受動態に分けることで，学習者が異なる習熟レベルでこれらの項目を習得するということが明らかになる可能性がある。また，再帰代名詞や used to といった重要度の高いと思われる項目が欠落している。このように，『文法項目別 BNC 用例集及び文法項目集』もまた，CEFR(–J)の観点からすると，そのままの形で利用するのに適しているとは言いがたい。

※ CEFR-J Grammar Profile における文法項目の選定

　本プロジェクトでは，日本の学校英文法で扱うほとんどの文法項目を網羅し，かつ CEFR(–J)の枠組みで文法項目の各種英文における使用状況を明らかにすることを目指し，前述の先行研究の成果を参照した上で，文法項目のリストを作成した。その結果，本稿執筆時点で最新版である CEFR-J Grammar Profile（2018年3月15日版）では，263項目，文種別（肯定平叙文・否定疑問文など）の異なる変種まで数え上げると501種の文法項目が収録されている。異なる文種別の変種に分けているのは，同じ文法項目であっても一般に肯定平叙文よりも肯定疑問文の方が習得するのが難しく，また否定疑問文は習得がさらに難しい傾向がある，といった学習の実態を反映した結果である。

　文法項目によっては，過去完了進行(ID 68)のように複数の時制・相を組み合わせたものもある。これは，時制・相が複合することによって難度が上

がることが多いためである。上記の過去完了進行の例で言えば，過去，(現在)完了，そして(現在)進行のそれぞれを習得できてさえいれば，それだけで過去完了進行(had been doing など)も習得できているということにはならないことは明らかであろう。

※ 各文法項目の定義

　CEFR-J Grammar Profile に含まれるすべての文法項目は，屈折形（実際の語形）・レマ（いわゆる原形）・品詞の情報という3つの要素を使って定義されている。例えば tell の後に (that) 節が続く間接話法 (ID 201) は，

　レマとしての tell （＋［(任意の回数の決定詞・副詞・形容詞＋) 名詞］または［人称代名詞］）（＋接続詞 that）＋（［(任意の回数の決定詞・副詞・形容詞＋) 名詞］または［人称代名詞］）＋（助動詞または動詞）

というパターンで定義されている。「［(任意の回数の決定詞・副詞・形容詞＋) 名詞］」の部分は名詞句を表現し，「（［(任意の回数の決定詞・副詞・形容詞＋) 名詞］または［人称代名詞］）＋（助動詞または動詞）」の部分は節（の一部）を表現している。構文情報を解析するプログラム（「パーサー」または「パーザー」と呼ばれる）も存在し，その解析結果を利用すれば上記のような品詞による定義の複雑さを回避することができるかもしれないが，現時点では精度の観点で不十分であることから，現在の CEFR-J Grammar Profile では屈折形・レマ・品詞の情報のみですべての文法項目を定義している。

　任意の英文を対象として分析を行うために，CEFR-J Grammar Profile では TreeTagger (Schmid 1994) というプログラムを利用し，すべての語に対してレマと品詞の情報を付与するという作業を最初に行っている。例えば You shouldn't have done that. という文を TreeTagger (64bit Windows 版 3.2.2と2019年3月4日版の English parameter file (PENN tagset))で処理すると，次のような処理結果が得られる。

You	PP	you
should	MD	should
n't	RB	n't
have	VH	have

done	VVN	do
that	DT	that
.	SENT	.

　左から1列目が表層形を，2列目が品詞タグを，3列目がレマを表している。この結果を，さらにデータとして扱いやすい形にするために，すべての語を「表層形_品詞タグ_レマ」という形式に変換している。次が上記のTreeTaggerの処理結果を変換した結果である。

You_PP_you should_MD_should n't_RB_n't have_VH_have done_VVN_do that_DT_that ._SENT_.

　CEFR–J Grammar Profileの文法項目の定義は，このTreeTaggerの処理結果（にさらに多少の処理を施したもの）を対象とし，特定の文法項目に合致する英文中の箇所を特定し，集計できるように作られている。その際に，通常の文字列検索では探し出せない文字列のパターンを検索することを可能にする特別な記法である「正規表現」(regular expression) というものを利用している。例えば，「助動詞＋完了」(肯定平叙文) の文法項目 (ID 145) は
　\b(?!cannot\b)\S+_MD_\S+ have_VH_have \S+_V.N_\S+
と定義されている。この文法項目定義は次の要素から成り立っている。

要素	意味
\b	単語境界を表す正規表現
(?!cannot\b)	「cannot が後続しない」ことを表す正規表現（cannot はこれが1つの助動詞（MD）と分析されるため）
\S+	「スペース以外の文字の連続」を表す正規表現
MD	助動詞
VH	have動詞
V.N	「V と任意の1文字と N の連続」を表す正規表現（2文字目は動詞の種類を表すが，この文法項目では動詞が例えば be 動詞であろうと一般動詞であろうとかまわないため，2文字目は任意の1文字としている）

上記の正規表現により，「cannot 以外の助動詞＋have＋過去分詞」の組み合わせを漏れなく取得することができる。否定文の場合には，上記の TreeTagger の処理結果の例で見たように否定語が入るため，このパターンにはマッチしない。また疑問文では Should he have done that? のように助動詞の後に主語が入るため，やはりこのパターンにはマッチしない。したがって，このパターンは肯定平叙文のみにマッチする。

※ 文法項目の頻度調査

　すべての文法項目の頻度を，CEFR コースブック・コーパス（CEFR-J 科研チームで作成したもので非公開），中高の検定教科書のコーパス（平成28 (2016) 年度使用開始の中学教科書全点と平成25 (2013)〜27 (2015) 年度使用開始の高校教科書ほぼ全点），JEFLL コーパス（投野（編），2007）（小学館コーパスネットワークで公開されているものではなく，東京外国語大学の投野由紀夫氏が構築・管理している現在非公開の元データ），NICT JLE コーパス（国立研究開発法人情報通信研究機構，2012）などで調査した。はじめの２つのコーパスは学習者が受容する英文のデータであり，あとの２つは学習者が産出した英文のデータである。詳しい調査結果は CEFR-J Grammar Profile に収録されている。

※ CEFR-J Grammar Profile に含まれるデータ

　CEFR-J Grammar Profile では全文法項目のパターンと検索用正規表現，各サブコーパスにおける全文法項目の頻度・分布の詳細情報を提供しているが，これらはどちらかというと研究者や教材開発者向けの情報である。教員が使いやすい簡易的な情報としては，東京外国語大学投野由紀夫研究室で作成した，各項目を導入すべき時期の情報を含む，教員向けのデータが提供されている（Q16参照）。このデータには各文法項目の用例例（複数の CEFR-J レベルにまたがる文法項目の場合にはレベル別の用例）の情報なども含まれている。

　CEFR-J Grammar Profile に関するすべてのデータ・分析手法は公開され，誰でも自由に利用（自分で自由に変更して利用することも含む）することができる。文法項目の不足や定義の改善提案などがあれば，今後の改良のためにぜひ CEFR-J 科研チームに連絡していただきたい。

※ 文法項目定義と頻度の精度

　CEFR-J Grammar Profile のデータ全体としては，一定の精度を確保している。しかしながら，頻度を分析した英文については，電子化の段階で誤入力の可能性がある。また，品詞タグ・レマ情報の自動付与の段階でも一定の誤りは避けられない。さらに，文法項目の定義では正しくない用例に合致しないようにすることを優先したため，取りこぼしもあり，項目によっては，当該文法項目の使用例ではないものに合致する場合も少なからずある。CEFR-J Grammar Profile に含まれる数値データには，これらの誤りに起因する実際の文法項目使用回数とのずれがある可能性がある。目視では得がたい情報を得るために，大規模なデータを網羅的に調べる手法を利用していると理解していただきたい。

【 まとめ 】

　CEFR-J Grammar Profile は，CEFR の枠組みと日本の学校英文法を念頭に置いて，各種英文における文法項目の使用状況を機械的に調査し，各文法項目をどの CEFR-J レベルで指導すべきかを明らかにするための方法・データの集合体である。

【 もっと知りたい方へ 】

　English Grammar Profile と GSE Teacher Toolkit は，いずれもユーザー登録等の必要なく，無料で利用できる。日本における英語教育環境とは異なる部分もあるが，各文法項目の用法別の CEFR レベルや用例などの詳しい情報が得られるため，教員にとっては有用なリソースとなるだろう。

　文法項目の精度については石井・投野（2016: 779-780）で調査・評価している（ただし以前のバージョンの文法項目リストに基づく）。

Q13 CEFR-J Grammar Profile の レベル別判定に寄与する文法事項は どのように選定されたか？

　CEFR–J のレベル判定に寄与する文法項目を自動的に選択する手法は，機械学習，より具体的には，教師あり学習という技術に基づいている。教師あり学習は，ある程度の量の訓練データを基に，新たなデータが入力されたら，そのデータに何らかのラベルを付与する技術である。本書に関連するタスクで言うなら，ある程度の量の，CEFR レベルが付与された（コースブックまたは学習者の英作文などの）テキスト集合を与えて，テキストの CEFR レベルを自動判定する，ある種のルール集合を学習し，そのルールを基に，入力されたテキストの CEFR レベルを自動判定する。この際，テキストは，ある数の特徴量（素性と呼ばれる）の集合として定義するが，ルールが学習される時点で，各特徴量にはテキストの CEFR レベルの自動判定にどの程度寄与するかを示す情報が付与される。教師あり学習技術によりその情報はさまざまであるが，ベイズ分類では確率が，Support Vector Machines（サポートベクトルマシン，SVM）では重みが各特徴量には付与される。

　したがって，以下で述べるように，英語教材のコースブックから，投野・石井（2015）によって整備されてきた文法項目に関する素性を抽出した上で，それらの素性を用いてコースブックを表現し，CEFR レベルが付与されたコースブック集合を訓練データとして機械学習技術を適用することで，コースブックのレベル判定を行う分類器を自動的に学習する。そして，学習された分類器から，コースブックのレベル判定に特に有効と考えられる素性を列挙することで，CEFR レベル別基準特性となる文法項目を自動的に特定する。

※ CEFR コースブック・コーパス

　CEFR コースブック・コーパスは，英国で出版された CEFR 準拠のコースブックをコーパス化したものである。CEFR が公開された2001年以降に，CEFR レベルを参照して作成された CEFR レベル別コースブックを収集，

コーパス化している。このコーパスは，各単語の原形，品詞情報と，どのようなパートであるかを示すパートタグなどが XML 形式で保存されている。パートの種類は，sentence タイプ，vocabulary タイプの 2 つに分かれているが，今回は sentence タイプとして分類されるパートタグが付与されているもののみを使用している。実際に使用したパートタグは表 1 のとおりである。

表 1：sentence タイプのパートタグ

sentence セッション		vocabulary セッション
Conversation,	Grammar	Speaking＋Voc.,
Listening,	Listening＋Conv.	Vocabulary,
Reading,	Reading＋Conv.	Writing＋Voc.
Speaking,	Writing	

CEFR コースブック・コーパスの内訳は表 2 のとおりである。教科書 1 冊を 1 事例とせず，sentence タイプに含まれるパートタグが付与されたパートを無作為に10パートずつ選び，それを 1 事例としてデータを作成している。

表 2：CEFR コースブック・コーパスの内訳

レベル	冊数	パート数	事例数
A1	17	2,586	258
A2	21	3,434	343
B1	26	4,175	417
B2	23	4,382	438
C1	8	1,909	190
C2	1	181	18
合計	98	16,667	1,664

※ 手法

CEFR コースブック・コーパスから CEFR レベル別基準特性となる文法項目を自動的に特定する際は，CEFR コースブック・コーパスから，基準特性となりうる文法項目リストに基づいて素性集合をまず抽出する。得られた素性集合を基に，隣接する 2 つのレベル間での 2 値分類を行う分類器を学習し，最後に，分類に有効であった素性を列挙し，レベル判定に有効であると考えられる素性集合を基準特性として特定する。

※ 文法項目リストに基づく素性

文法項目リストは，投野・石井（2015）によって整備されたもので，2016年1月6日時点の493種類の文法項目リストを用いている。表3はその一部である。EFL コースブックの XML に対応する正規表現パターンを各文法項目ごとに用意し，各事例内の文法項目の頻度を数え上げ，事例内の総単語数で割った実数値を素性として使用している。

表3：文法項目の一例

D	文法項目
1	人称代名詞主格（I am）
3	人称代名詞主格（he/she is）
11	指示形容詞（this/that＋名詞）
139	助動詞類（should）
253	wish＋仮定法過去

※ 実験

機械学習手法としては，Support Vector Machines（SVM）を用いている。なお，SVM の実装としては，LIBSVM[1]を用い，線形カーネルを採用している。

以下では，

①相前後する2レベルのデータのみを用いる

②すべてのレベルのデータを用いる

の2通りの実験を行っている。①は，C2を除く A1，A2，B1，B2，C1の5段階で，隣接するレベル間での2値分類を行う。例えば，A1-A2間の分類，A2-B1間の分類などである。なお，C2レベルのデータも存在するが，事例数が少なく，すべてがC1レベルに分類されてしまうため，使用していない。②では，すべてのレベルのデータを，相前後する2レベルの間で2つに分割し，それを用いて2値分類を行う。例えば，A1対A2以上，A2以下と B1以上，B1以下と B2以上などである。

分類正解率を次ページの表4に示す。記号：は低レベル側／高レベル側がそこで分かれていることを指し，記号-はレベル間で連結していることを表す。

[注] 1　http://www.csie.ntu.edu.tw/~cjlin/libsvm/

表4：分類正解率

	正解率	データ	正解率
A1：A2	.723	A1：A2–C2	.863
A2：B1	.659	A1–A2：B1–C2	.747
B1：B2	.630	A1–B1：B2–C2	.720
B2：C1	.757	A1–B2：C1–C2	.874

※ 基準特性となる素性の列挙

　重みの絶対値の大きい素性を上位から列挙することで，レベル判定に寄与すると考えられる文法項目を選択している。なお，この際，重みの最大値が1となるように正規化を行っている。このように，レベル判定に貢献していると考えられる素性集合を，文法項目に関する素性から抽出することにより，CEFRレベル別の基準特性となる素性集合を特定できるものと考えている。

　なお，今回はCEFRコースブック・コーパスに基づくCEFRレベルの分析だったが，コースブック・コーパスをシラバスに基づき細分化して，CEFR-Jレベルの素性を同様の手法で特定することも可能となるだろう。

まとめ

　英語教材のコースブックから，投野・石井 (2015) によって整備されてきた文法項目に関する素性を抽出した上で，それらの素性を用いてコースブックを表現し，CEFRレベルが付与されたコースブック集合を訓練データとして機械学習技術を適用した。さらにコースブックのレベル判定を行う分類器を自動的に学習し，学習された分類器から，コースブックのレベル判定に特に有効と考えられる素性を列挙することで，CEFRレベル別基準特性となる文法項目を自動的に特定する手法を紹介した。

もっと知りたい方へ

　言語データを対象とした機械学習技術の入門書としては，『言語処理のための機械学習入門』(2010, 高村大也著, 自然言語処理シリーズ, コロナ社). がある。

Q14 CEFR-J Text Profile は どのように作られたか？

※ CEFR-J Text Profile の概要

　CEFR-J Text Profile は，CEFR レベルごとの語彙および構文の特徴を明らかにすることを目的として作成されたものである。CEFR レベルに基づいて編纂された海外のコースブックのコーパスを基に各指標は計算されている。このコーパスは合計約200万語のサイズであるが，C1とC2レベルはテキストが少ないため，C レベルとして統合している。

　指標の例を1つ挙げると，図1に示した CEFR レベルにおける「平均文長（文あたりの平均単語数)」がわかりやすいだろう。A1レベルでは1文は平均して7.9語からなっているが，C レベルになるとその値は倍近くの14.4語となる。このように，CEFR-J Text Profile を参照することで，各 CEFRレベルの語彙や文構造に関する統計値を得ることができる。Text Profile 本体にはコースブック・コーパスのセクション別（リーディング，リスニングなど）の値も示されているが，本稿ではすべてのセクションを含んだ全体の統計値を中心に紹介する。

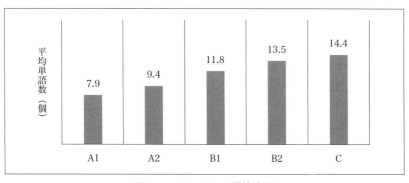

図1：レベルごとの平均文長

※ 語彙に関する指標

　Text Profile にはさまざまな語彙指標が含まれているが，ここではいくつか代表的なものを紹介する。巻末の付録2ではまず単語の文字数に関する指標が示されており，例えば「平均単語長（1〜3字の割合）」は文字数が1〜3の単語の割合（a, he, the など）を示したものである。また，「平均単語長（平均字数）」は CEFR レベルごとの全単語の文字数の平均値である。一方，「A1レベルの語の割合」や「A2レベルの語の割合」などは，それぞれのレベルの単語の割合を示す。単語のレベルは CEFR-J Wordlist Ver.1.3（投野，2013）に基づいており，C レベルの単語については English Vocabulary Profile（Q 9参照）を参照してリストを作成している。「単語難易度平均」は，このリストにも基づいて計算された難易度の平均であり，A1＝1，A2＝2，B1＝3，B2＝4，C1＝5，C2＝6として算出した値である。表1に抜粋したものを示す（なお，表1の値に100を掛けると百分率となる）。

表1：Text Profile の語彙指標の例

CEFR レベル	A1レベルの語の割合	A2レベルの語の割合	B1レベルの語の割合	B2レベルの語の割合	C1レベルの語の割合	C2レベルの語の割合	単語難易度平均
A1	0.858	0.084	0.040	0.011	0.001	0.001	1.202
A2	0.800	0.119	0.058	0.018	0.001	0.001	1.293
B1	0.746	0.147	0.076	0.025	0.002	0.001	1.390
B2	0.692	0.165	0.096	0.039	0.004	0.003	1.501
C	0.669	0.171	0.105	0.044	0.005	0.004	1.555

　この表から，A1レベルの語（代名詞，冠詞，前置詞を除く）は，テキストレベルの上昇に伴って漸減し，他のレベルの語の割合が高くなることが読み取れる。「A2レベルの語の割合」を見ると，A1と A2レベルの間で最も大きく，A2レベルから頻度が急増することがわかる。一方，「B1レベルの語の割合」に着目すると，レベルが上がるにつれて徐々に増えているが，B2レベルで頭打ちになり B2および C レベルでは約10％を占めることがわかる。また，C1・C2レベルの単語は，上位のレベルであっても0.5％以下となっている。B2と C は全体的に似た分布になっており，語彙レベルの面で大きな差はないことがわかる。しかしながら，「単語難易度平均」の値を見ると，

レベルとともに上昇しており，全体として語彙レベルはCEFRレベルと正の比例関係にあるといえるだろう。

※ 文構造に関する指標

文構造の指標は主にEnju（http://www.nactem.ac.uk/enju/）というパーザーを使って構文解析をした結果を基に計算したものである。このパーザーは文の構文をHead-driven phrase structure grammarに基づいて解析し，統語的な木構造を出力する。各構成素には名詞句，動詞句などの統語範疇ラベルが付与され，Text Profileではこのラベルなどを用いて統計値を算出している。表2は文構造に関する指標の一部を抜粋したものである。

表2：Text Profile の文構造指標の例

CEFR レベル	名詞句数 の平均	動詞句数 の平均	前置詞句 数の平均	副詞句数 の平均	形容詞句 数の平均	関係詞数 の平均	木の深さ の平均
A1	3.34	1.57	0.62	0.40	0.73	0.04	5.32
A2	3.76	1.92	0.76	0.50	0.83	0.08	6.12
B1	4.24	2.69	1.02	0.66	1.09	0.14	7.35
B2	4.67	3.14	1.25	0.78	1.21	0.21	8.16
C	4.82	3.30	1.43	0.82	1.28	0.23	8.57

全体的な傾向として，「名詞句数の平均」や「関係詞数の平均」などの値はCEFRレベルが上がるにつれて上昇することからCEFRレベルが高いテキストではより複雑な文構造が使われることが示唆される。このことは木構造の深さの平均を表す指標（木の深さの平均）が直線的に上昇することからも支持される。

それぞれの値をより詳細に見てみると，例えば「動詞句数の平均」はB1レベルで急激に高くなっていることがわかる。このことから，B1レベルから動詞要素を複数含む文法項目（受動態や関係節など）が多く使われることが読み取れる。実際に「関係詞数の平均」の値もB1で大きく上昇しており，AレベルとBレベルで文構造の複雑さが異なることがわかる。また，「副詞句数の平均」の値も同様の傾向を示しており，CEFRレベル上位のテキストではより複雑な修飾構造を含む文が増えていることが読み取れる。

※ CEFR レベルの弁別性

　CEFR-J Text Profile に含まれている指標がどの程度 CEFR レベルの弁別に寄与するかということを明らかにするため，各テキストを1000語程度のまとまりに分割した後，統計的手法を用いてレベル分類の実験を行った。この実験では，A1 と A2，A2 と B1，B1 と B2をそれぞれ 2 値に分類し，その際に有効に機能した指標のランキングを作成した。表3 はその結果を示したものである。

表 3 ：CEFR レベルの分類実験の結果

Rank	A1 vs A2	A2 vs B1	B1 vs B2
1	A1レベルの語の割合	内容語数の平均	B2レベルの語の割合
2	A2レベルの語の割合	**動詞句数の平均**	単語難易度平均
3	単語難易度平均	**副詞句数の平均**	A1レベルの語の割合
4	B1レベルの語の割合	**木の深さの平均**	**関係詞数の平均**
5	**補部数の平均**	**補部数の平均**	A2レベルの語の割合
6	**補部の割合**	平均文長	**名詞句の割合**
7	**関係詞数の平均**	**D score の平均**	B1レベルの語の割合
8	平均文長	L score の平均	**関係詞の割合**
9	平均単語長	**補部の割合**	**トレース数の平均**
10	**関係詞の割合**	名詞句の割合	等位接続詞数の平均
分類精度	73.10%	79.80%	79.00%

　実験の結果，A1 と A2の分類の精度は約73％，A2 と B1および B1 と B2の分類精度は約80％となり，Text Profile の指標を用いてある程度の精度で分類ができることがわかった。それぞれのケースでどの指標が有効かを検証することで，レベル間を弁別する特性が見えてくる。

　A1 と A2の分類では，「A1レベルの語の割合」，「A2レベルの語の割合」，「単語難易度平均」など，語彙指標が上位に来ていることがわかる。このことから，A1 と A2の主な違いは語彙的な側面であることが示唆される。

　一方，A2 と B1の分類ではその多くは「動詞句数の平均」，「副詞句数の平均」，「木の深さの平均」など文構造に関する指標（太字で表記）である。したがって，A2 と B1の違いは，主に文構造に表れることが読み取れる。

B1とB2の弁別では、「B2レベルの語の割合」、「単語難易度平均」、「A1レベルの語の割合」などの語彙指標に加えて、「関係詞数の平均」、「名詞句の割合」などの文構造指標も弁別に貢献する傾向にある。つまり、B1とB2レベルの差は、語彙および文構造の複合的な要因によると考えられる。

まとめ

CEFR–J Text Profile は CEFR レベルごとの語彙や文構造の統計情報を示したものである。これらの指標は CEFR レベルの弁別に有効である。A1とA2レベルは語彙的な指標が弁別に効き、A2とB1レベルは文構造指標によって弁別される傾向にある。また、B1とB2の弁別には語彙および文構造が複合的に関係する。

もっと知りたい方へ

Text Profile の詳細は『学習者コーパスによる英語 CEFR レベル基準特性の特定と活用に関する総合的研究』の最終報告書（http://www.cefr-j.org/PDF/TonoKaken2012-2015FinalReport.pdf）の198–268ページに記載されている。また、CEFRレベルの分類実験の詳細については、水嶋他（2016）を参照されたい。

$Q15$ CEFR-J Error Profile は どのように作られたか？

　CEFR のレベル判定に寄与する誤り項目を自動的に選択する手法は，機械学習，より具体的には，Q13でも述べたように教師あり学習という技術に基づいている。教師あり学習は，ある程度の量与えられた訓練データを元に，データが入力されたら，そのデータに何らかのラベルを付与する技術である。本書に関連するタスクで言うなら，ある程度の量の，CEFR レベルが付与された（コースブックなり学習者の英作文なりの）テキスト集合を与えて，テキストの CEFR レベルを自動判定する，ある種のルール集合を学習し，そのルールを基に，入力されたテキストの CEFR レベルを自動判定する。この際，テキストは，ある数の特徴量（素性と呼ばれる）の集合として定義するが，ルールが学習される時点で，各特徴量にはテキストの CEFR レベルの自動判定にどの程度寄与するかを示す情報が付与される。教師あり学習技術によりその情報はさまざまであるが，ベイズ分類では確率が，SVM（サポートベクトルマシン, Support Vector Machines）では重みが各特徴量には付与される。

　したがって，以下で述べるように，日本人英語学習者によって書かれた英作文から，投野・石井（2015）によって整備されてきた文法項目に関する素性，および作文中に含まれる誤りに関する素性を抽出した上で，それらの素性を用い，CEFR レベルが付与された英作文集合を基に，機械学習技術を適用することで，英作文のレベル判定を行う分類器を自動的に学習する。そして，学習された分類器から，英作文のレベル判定に特に有効と考えられる素性を列挙することで，CEFR レベル別基準特性となる誤り項目を自動的に特定する。

※ JEFLL コーパス

　JEFLL（Japanese EFL Learner）コーパスは，中学・高校の日本人英語学習者，約 1 万人分の自由英作文データをコーパス化したものである（投野,

2006)。このコーパスは，中学・高校の日本人英語学習者によって，ある論題について書かれた英作文（原文）と，原文を英語母語話者が文法的に訂正したもの（訂正文）のペアから構成される。原文と訂正文は，一文の原文に対して一文の訂正文が存在し，一対多の関係となるペアは存在しない。ただし，単語単位での対応づけはされていない。

　コーパスは XML 形式で保存されており，各単語の原形，品詞情報などに加えて，使用されている文法項目を示すタグが単語（またはフレーズ）に付与されている。文法項目リストは，投野・石井（2015）によって整備されたもので，2015年10月8日時点の295種類の文法項目を用いた。さらに，各英作文に対しては，CEFR に基づき，英語母語話者による A1，A2，B1，B2の4段階のレベル分類も行われている。

※ 手法

　英語学習者の英作文から CEFR レベル別基準特性を自動的に特定する際，JEFLL コーパスから基準特性となりうる素性集合をまず抽出する。得られた素性集合から，隣接する2つのレベル間での2値分類を行う分類器を用いることで学習し，最後に，分類に有効であった素性を列挙し，レベル判別に有効であると考えられる素性集合を基準特性として特定する。

※ 素性

　用いる素性集合は，以下の3種類の素性に分けることができる。なお，素性値には頻度情報を用いている。

①基本素性

　ベースラインとなる素性として，品詞情報および文章情報を使用している。品詞情報を表す素性としては，英作文中に出現する品詞タグの1-gram，2-gram，3-gram の頻度を用いる。しかし，原文には，スペリングミスや，学習者が英語に訳せなかった日本語が含まれていたりして，そのままでは品詞タグ付けが正しく行えない。そこで，今回は訂正文に対して品詞タグ付けを用い，品詞タグの1-gram，2-gram，3-gram を作成し，これらを品詞情報を表す素性として用いている。なお，単語の表層形は，JEFLL コーパス内の論題に偏りが見られるため使用していない。また，文章情報としては，

その文章の総単語数，総文数，一文あたりの平均単語数をそれぞれ用いている。

②誤りに関する素性

　JEFLL コーパスは原文と訂正文のペアで構成されるが，単語同士の対応はとれておらず，原文—訂正文間でのアライメントを行う必要がある。そこで，今回は望月（2012）による編集距離を用いた英文自動エラータグ付与ツールで，動的計画法に基づく単語間のアライメントを行った。アライメントの出力結果としては，以下の4通りが考えられる。

- ・原文と訂正文の単語が同一の単語である
- ・単語が原文と訂正文で異なる（添削者が単語を書き換えた）［置換誤り］
- ・単語が原文には存在しないが，訂正文には存在する（添削者が単語を追加した）［脱落誤り］
- ・単語が原文には存在するが，訂正文には存在しない（添削者が単語を削除した）［余剰誤り］

　置換，脱落，余剰の誤りがあった単語の頻度を，その品詞ごとに集計し，素性として用いている。例えば，添削者が形容詞を追加しているような場合，「形容詞（脱落）」という素性が用いられる。ただし，品詞が，前置詞や限定詞といった，機能語とみなせる品詞の場合は，単語の表層形をそのまま素性として用いている。すなわち，例えば，添削者が前置詞 "in" を "at" に置き換えているような場合，「in（置換)」という素性が用いられる。

③文法項目に関する素性

　上で述べたように，JEFLL コーパスには，どのような文法項目が使われているかのタグが付与されている。したがって，英作文中にどのような文法項目が何回出現しているかを素性として用いることは容易である。しかし，ある文法項目が原文内で使われているが，その個所が誤り個所と重なっている場合，それは正しく使用されているとは言えないことになる。そこで，前節で述べた，誤りに関する素性を作成する際に用いた，原文-訂正文間の単語のアライメント結果を利用し，原文中で文法項目が出現している単語に関して，

・置換，脱落，余剰の誤りがある単語が含まれる〔**誤用例**〕
・上の誤りがある単語を含まない〔**正用例**〕

の２つに分け，295種類の文法項目の出現それぞれに対し，正用例，誤用例
の頻度を素性として利用している。

※ **実験**

　１つの英作文を一事例として実験データを作成している。JEFLL コーパスのレベル別の事例数は表１のとおりである。なお，使用した JEFLL コーパスには B2レベルと分類された英作文も存在するが，事例数が少なく，今回の実験設定では正しく学習ができなかったため，A1，A2，B1の３つのレベルの事例のみを使用している。よって，隣接するレベル間での２値分類であることから，A1–A2レベル間，A2–B1レベル間での実験を行う。

　品詞 n–gram を作成するために，Stanford POS Tagger[1]を使用している。また，機械学習手法としては，Support Vector Machines（SVM）を用いている。なお，SVM の実装としては，LIBSVM を用い，線形カーネルを採用している。素性の組み合わせは以下の４通りで，５分割交差検定を用いた実験を行っている。

①基本素性のみ
②誤りに関する素性のみ
③文法項目に関する素性のみ
④すべて

表１：JEFLL コーパスの事例数

レベル	事例数
A1	3360
A2	4900
B1	1520
B2	45
合計	9825

[注] 1　http://nlp.stanford.edu/software/tagger.shtml

表2：分類正解率

素性	正解率（A1–A2間）	正解率（A2–B1間）
①基本素性	.830	.969
②誤り素性	.667	.832
③文法項目素性	.792	.935
④すべて	.840	.971

　その結果，分類正解率は表2のようになり，すべての素性を組み合わせた④が最良の結果を得ることを確認している。

※ **基準特性となる素性の列挙**

　素性を，誤りに関する素性，文法項目に関する素性のみに限定し，分類器を学習させた際，重みの絶対値の大きい素性を上位から列挙することで，基準特性となる誤り項目を選択することができる。このように，分類に貢献していると考えられる素性集合を，誤りに関する素性，文法項目に関する素性から抽出することにより，CEFR レベル別の基準特性となる素性集合を特定できるものと考えている。

[**まとめ**]

　日本人英語学習者によって書かれた英作文から，CEFR-J プロジェクトによって整備されてきた文法項目に関する素性，および作文中に含まれる誤りに関する素性を抽出した上で，それらの素性を用い，CEFR-J レベルが付与された英作文集合を元に，機械学習技術を適用することで，英作文のレベル判定を行う分類器を自動的に学習する。そして，学習された分類器から，英作文のレベル判定に特に有効と考えられる素性を列挙することで，CEFR-J レベル別基準特性となる誤り項目を自動的に特定できる可能性を示した。

[**もっと知りたい方へ**]

　本稿の詳細については，Hayashi et al.（2017）を参照していただきたい。

Part 3

CEFR-J RLD
資料に基づく
指導・教材作成

Q16 CEFR–J Grammar Profile を 文法指導にどのように活かせるか？

　CEFR–J Grammar Profile はさまざまな利用者がさまざまな観点で利用し，広い意味での「文法指導」に活かすことができる。本節では，特定の文法項目の指導，教科書・教材などのインプットの分析，学習者のアウトプットの分析，テストの英文の分析という 4 つの場面で CEFR–J Grammar Profile の利用例を示す（スピーキング指導への活用については Q18 を，教材開発場面での利用については Q21 を参照）。

※ CEFR–J Grammar Profile と学習者のレベル

　CEFR–J Grammar Profile の文法指導への活用法を見る前に，CEFR–J レベルと学年との関係について，正しく理解しておく必要がある。CEFR–J Grammar Profile は，「小学 6 年」や「高校 2 年」のような初等・中等教育の学年ではなく，A2.1 や B1.1 といった CEFR–J レベルで，各文法項目の習得・指導時期を示している。現行の中学・高校の学習指導要領では，学年（高校の場合は科目）によって扱う文法項目がほぼ決まっており，「○年生だからこの文法項目は既習だ」といったことがわかるため，学習指導要領とは異なる枠組みの CEFR–J Grammar Profile を教員が学校現場で利用する際には使いにくいと思われるかもしれない。しかしながら，教科書で既習であるからといって，実際にその文法項目を確実に習得しているとは限らないということは明白である。一般に，同じ学校の同じ学年の生徒であっても，英語の習熟度には大きな違いがあるということはよく見受けられる状況であろう。さらに，高等教育における英語学習者，つまり大学生や，成人の英語学習者となれば，もはや学年で一括りにすることはできないだけでなく，習熟度は個人によって大きく異なる。そのような状況においても，各種のテストなどによって個々人の CEFR–J レベルがわかれば，各学習者，あるいは習熟度別の学習者集団（クラス）への適切な対応が可能になる。つまり，CE-

FR-J Grammar Profile は学習者集団の均質性が保証されない環境でこそ，真価を発揮すると言うことができる。

❋ CEFR-J Grammar Profile 教員版

CEFR-J Grammar Profile では，主に研究者や教材開発者向けの詳細な情報に加えて，東京外国語大学投野由紀夫研究室で作成した，各文法項目を導入すべき時期の情報を含む教員向けのデータが提供されている。これは CEFR-J 科研チームで作成した CEFR コースブック・コーパスの位置分割データ（各コースブックの前半部・中央部・後半部などのうちのどこで各文法項目が使用されているかを集計したデータ）を利用して，頻度と分布（range；どれだけ多くのテキストで使用されているか）情報から各項目の導入時期を決めたものである。以下の利用例では，この教員向けのデータを参照する。

❋ 特定の文法項目の指導に活用する

特定の文法項目の指導時期と習得が期待される時期を考える際に，CEFR-J Grammar Profile に収録されている，インプット・アウトプットの各コーパスにおける文法項目の使用状況が参考になる。

ここでは例として，「助動詞＋完了」（肯定平叙文）（ID 145）の項目を取り上げる。この項目の頻度を，CEFR コースブック・コーパスで調査した結果を見ると，B1レベルから B2レベルにかけて頻度も分布も急増していることがわかる（図1）。

RELATIVE FREQ. (per mil. words)					RANGE				
A1	A2	B1	B2	C1	A1	A2	B1	B2	C1
0	11	210	544	480	0	1	18	23	8

図1：CEFR コースブック・コーパスにおける「助動詞＋完了」の頻度と分布

次に同じ項目の，学習者の作文コーパスである JEFLL コーパス（投野（編），2007）（現在非公開の元データ）での使用頻度を見ると，B2レベルで使用頻度が高くなっていることがわかる（図2）。

RELATIVE FREQ. (per mil. words)			
A1_original	A2_original	B1_original	B2_original
23	61	94	231

図2：JEFL コーパスにおける「助動詞＋完了」の頻度

同様に，学習者の発話コーパスである NICT JLE コーパス(国立研究開発法人情報通信研究機構 2012)でも，母語話者(NS)と比肩する頻度になるのは B2 レベルである（図3）。

RELATIVE FREQ. (per mil. words)					
A1	A2	B1.1	B1.2	B2	NS
0	4	64	90	182	158

図3：NICT JLE コーパスにおける「助動詞＋完了」の頻度

　一般に，同じ文法項目でも，受容時に理解できるようになる方が，発信時に使用できるようになるよりも早いため上記のようなレベルの差が生じる。

　CEFR–J Grammar Profile 教員向けデータではこの文法項目の導入時期（どのレベルで指導すべきか）は B1.2–B2.1としている。

　これらの情報を総合すると，この文法項目は B1.2で導入し，学習者が受容時に理解できるようになることは目指してよいと思われるが，学習者が発信時にうまく使えるようになることを期待するのは，次のレベルである B2.1まで待つ必要があるということが示唆される。

　教員向けのデータはまた，ある学習者（集団）のレベルで，当該文法項目と一緒に指導すべき他の文法項目も示唆する。同じ，あるいは近いレベルにおいて指導するのがふさわしい文法項目を知ることができるので，関連する項目を合わせて指導することで，効率的に文法学習を促進できる可能性がある。

※ 教科書・教材などのインプットの分析に活用する

　教育現場では，授業で扱った内容と関連する題材など，普段使用している教科書等とは異なる英文を学習者に読ませる，あるいは聞かせるということがよくある。その際には，CEFR–J Grammar Profile を利用して，インプットとする英文の（語彙はもちろんであるがそれに加えて）文法項目の使用状況を調査し，学習者が使用している教科書等のデータと比較することで，学習者のインプットとして適切なレベルの英文であるかどうかを確認することができる。

　例えば，筆者はある出版社の高校3年生用のコミュニケーション英語Ⅲの教科書の最後にある読み物を分析した。この教科書自体のレベルは最上位レベルであり，当該の読み物はある短編文学作品の原文であり，難度は相当に高いと考えられる。実際に語句のレベルを調べると難度は高いが，注釈は豊

富に付いている。この教科書を含むシリーズのコミュニケーション英語Ⅰ～Ⅲの各教科書と，当該の読み物における文法項目の使用状況を調べた結果，当該の読み物で使われている文法項目はほぼすべてコミュニケーション英語Ⅰで既出であることがわかった。既出であれば即ち「身に付いている」ということにはならないが，当該の読み物の難しさは，少なくとも文法に起因するものではないという判断ができ，生徒は語彙の面で辞書や教員の支援があれば，注釈を丁寧に見ながら当該の読み物を読み，作品を楽しむことができるということが期待できるとわかる。

　もし文法の観点で当該生徒にとって難しい部分があるという状況であれば，先にそれを取り上げて説明するといった対応も可能になる。

※ 学習者のアウトプットの分析に活用する

　学習者が書いた英文を評価するということは，英語教員であれば日常的にしていることであろう。評価に際しては，語彙，内容，結束性・一貫性といった要素も重要であるということは当然であるが，CEFR–J Grammar Profileを利用することで，学習者が書いた英文を文法の観点で分析・評価することができる。文法の観点でのCEFR-Jレベルを推定したり，次のレベルでよく使われる文法項目，過剰使用されている項目，学習したにもかかわらず使用されていない項目を明らかにしたりすることができるため，指導に活かせる可能性がある。

　ここでは例として，アジア圏の英語学習者と第2言語としての英語話者の作文・発話コーパスであるICNALE（International Corpus Network of Asian Learners of English）（Ishikawa 2013）に含まれる，200～300語のエッセイライティングデータであるWritten Essays（バージョン2.3）を利用し，日本人英語学習者のデータをレベル別にまとめたものと，母語話者データを対象として，文法項目の使用頻度を分析した結果を見る。次ページの図4は，いくつかの文法項目のレベル別使用頻度（1万語あたりの相対頻度）と，CEFR–J Grammar Profile教員版での各項目の指導時期をまとめたものである。なお，ICNALEにおけるB1_1とB1_2の区分は参加者の英語力テストに基づく区分であってエッセイを評価した結果ではなく，また，これはCEFR–JレベルのB1.1とB1.2の区分と同一ではない。

　このICNALEのデータを「日本人英語学習者」に一般化することは適切

ID	文法項目	教員版での CEFRJレベル	A2	B1_1	B1_2	B2	NS	
6	人称代名詞所有格(my/our/your/her/their)	A1.1-A1.2	110.1	124.9	138.5	146.5	158.7	
174	関係代名詞(主格)(that)	A1.3-B1.2	6.856	5.525	4.914	3.516	30.16	
142	助動詞類(would)(肯定平叙文)	A1.3-B1.2	6.126	7.032	6.701	10.55	41.36	
62	時制・相(現在完了)(肯定平叙文)	A2.1-A2.2	10.5	12.18	12.96	3.516	34.48	
82	受動態(助動詞)(肯定平叙文)	B1.2	14	15.44	13.4	17.58	23.29	

図4：ICNALE における文法項目の使用頻度（一部）

ではないが，いくつかの興味深い傾向が読み取れる。例えば，my や our などの人称代名詞所有格は日本語では表現しないことが多いため，特に初級の学習者のアウトプットには現れにくいものであるが，英語母語話者は「何かが誰かのものである」という状況では決定詞としてこの人称代名詞所有格を使用することが多い。図4を見ると，レベルが上がるにつれてこの項目の使用頻度も上昇していることがわかる。このことから，学習者には積極的に人称代名詞所有格を使用するように指導するということが考えられる。

　図4で挙げた他の4つの文法項目（主格の関係代名詞 that，肯定平叙文における would，肯定平叙文における現在完了，肯定平叙文における助動詞と受動態の組み合わせ（should be done など））は，学習者のレベルを問わず，母語話者と比較して使用頻度が低いものである。これらの項目は教員向けデータではそれほどレベルが高くない段階で指導するべき文法項目となっていて，実際に教員の感覚からすると特に難度の高い項目ということはないだろう。しかしながら，これらの項目は（少なくとも ICNALE のデータでは）使用頻度が低いのである。文法項目を学習したからといってすぐに自由に使いこなせるようになるわけではない。実際の産出の場面で使えるようになるまでには，さらに一定時間の学習が必要であるのは確かだが，これらの項目についても学習者に積極的に使用を促せば有効な指導となる可能性がある。

　以上のように，学習者が書いた英文を CEFR–J Grammar Profile を使って分析することで，学習者のライティングのレベルを知り，教員向けに含まれる指導時期のデータを参照することで，当該レベルであれば使えるはずであるのに使われていない項目を明らかにしたり，次のレベルに進むにはどのような項目の使用ができるようになる必要があるのかを知ったりすることができる（もちろん意図的にそれらの文法項目を使用したからといって，それだけで次のレベルに進めるということではない。CEFR–J Grammar Profile は，あくまで一般論として，レベルごとの文法項目の指導・習得状況を示すものである）。

※ テストの英文の分析に活用する

　CEFR-J Grammar Profile は学習者が受けるテストの英文を分析する際にも利用することができる。教科書範囲外から出題するテストの英文を分析すれば，学習者にとって未習の文法項目を発見し，英文を書き換えたり注釈を付けたりすることで，当該学習者のレベルにふさわしい英文にすることができる。また，既習であっても学習者が発信時に使用していない文法項目であれば，学習者がそれらの項目に習熟しているかどうかを確認することができる。

　入試問題や各種検定試験の英文を分析すれば，当該試験でどのような文法項目が出題されているのかを知り，学習者の状況と照らし合わせることで，指導の必要性が高い項目を明らかにできる可能性がある。

※ 任意の英文を分析する

　CEFR-J Grammar Profile では，すべての文法項目の正規表現による定義と，分析方法を公開しているが，現時点で任意のテキストに対して文法項目の頻度分析を行うためには，コンピュータープログラムに関する一定の知識と技能が必要になる。それが難しい場合は，CEFR-J 科研チームのメンバーである東京工業大学の奥村学氏が制作・公開しているシステムが利用できる。このシステムでは，任意の英文を入力（あるいは他のデータからコピー＆ペースト）するだけで，文法項目の使用状況と，文法と語彙の観点から英文のCEFR レベルを推定した結果が容易に得られる。

　このシステムを使うことで，例えば学習者自らが書いた英文を自分で分析して，試行錯誤を経ながらより上位のレベルを目指すことができる。また，教員が学習者の文法学習・習熟状況を調査したり，学習者の作文に対して文法に関する的確なフィードバックをする際にも利用することができる。さらに，教員が任意の教材を特定の学習者に提示するのが適切かどうかの判断をする際に利用することもできる。

　なお，文法以外の観点でテキストの難度を評価するシステムとして，CEFR-J 科研チームのメンバーである九州大学の内田諭氏が制作・公開しているCVLA（Q18参照）もある。

※ 文法指導において意識すべき視点

　現在の CEFR-J Grammar Profile は，文法項目の頻度と指導時期のデー

タが中心であり，CEFR が本来重視するコミュニケーションの実際の場面との関連付けの作業が，まだこれから必要である。日本の英語教育においては CAN-DO に基づく英語学習目標設定が本格化してきたが，教員や教材開発者は，あくまでコミュニケーション上の目的を果たす上で文法が必要になるという認識で，CAN-DO と言語材料としての文法項目を結びつけるという視点を持ち，文法をコミュニケーションに統合するようにシラバス構築，教材開発，実際の指導にあたりたい。

また，CEFR は技能別に学習者の習熟度を評価する枠組みであるということも重要な視点である。例えばある文法項目が使用された文を読んで理解できるということは，それを使った文を書ける，あるいは話せるということと同じではない。同じ文法項目であっても，技能によってレベル感が異なることもあり得るので，特に受容と発信の技能を分けて考えることも必要である。

「まとめ」

CEFR–J Grammar Profile のデータは教員，教材開発者，研究者，学習者が英語教育・学習の改善のために利用することができる。さまざまな英文における文法項目の使用状況を客観的に分析・評価することによって，英文のレベルを把握し，学習者が目標とするレベルに近づくために必要な措置を検討することができる。

「もっと知りたい方へ」

具体的な応用の 1 つとして，CEFR–J Grammar Profile の枠組みを利用した中学校英語教科書の英文分析の試みは石井（2016）を参考にされたい。

Q17 CEFR-J Text Profile を リーディング／リスニング指導に どのように活かせるか？

❋ CEFR-J Text Profile について

CEFR–J Text Profile とは，CEFR レベルごとの語彙や構文の特徴の統計値を示したものである（詳細は Q14 を参照）。これを利用すると，CEFR レベルごとに，例えば B1 レベルの語がどの程度の割合で使われているか，名詞句は 1 文あたり平均していくつ含まれているかなどの情報を得ることができる。このような統計値は，各レベルの全体像を知るために有益であり学術的な意義は大きいが，実際の指導にどのように活かすかという実用的な側面については想像するのが難しいと感じる人もいるだろう。

本節では，入力したテキストの構文および語彙の統計値から CEFR–J レベルを推定するウェブアプリケーション，CVLA について紹介する。このツールを使えば，手持ちのテキストが指導対象の学習者集団のレベルに合っているかどうか確認でき，必要に応じてレベルを調整するなどの作業の補助にもなる。また，CVLA を使った分析例として，大学入試センター試験（外国語：英語），大学入学共通テスト試行調査（外国語：英語），TOEFL® （公式問題集）を比較し，その傾向を示す。

❋ CVLA の概要

CVLA は CEFR-based Vocabulary Level Analyzer の略で，入力されたテキストについて，推定される CEFR–J レベルを返すウェブアプリケーション[1]である。リーディングモードとリスニングモードがある（次ページ図 1 参照）。ただし，リスニングについてはモノローグだけが分析の対象となって

[注] 1　http://dd.kyushu-u.ac.jp/~uchida/cvla.html
　　　サイトにも明示しているが，パスワードとして「CVLA」を入力すれば，分析が実行される。

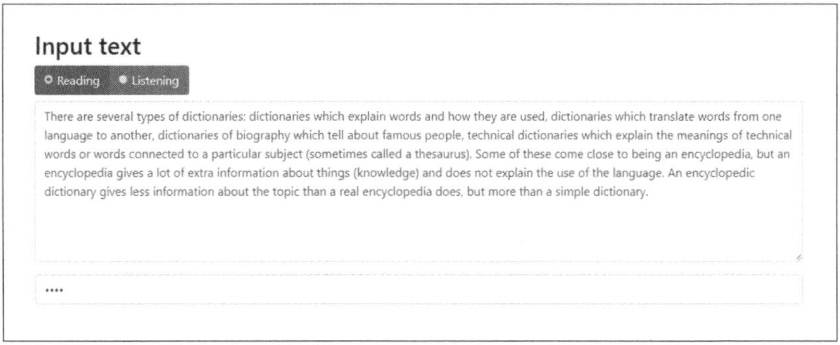

Input text

Reading　　Listening

There are several types of dictionaries: dictionaries which explain words and how they are used, dictionaries which translate words from one language to another, dictionaries of biography which tell about famous people, technical dictionaries which explain the meanings of technical words or words connected to a particular subject (sometimes called a thesaurus). Some of these come close to being an encyclopedia, but an encyclopedia gives a lot of extra information about things (knowledge) and does not explain the use of the language. An encyclopedic dictionary gives less information about the topic than a real encyclopedia does, but more than a simple dictionary.

....

図1：CVLA の入力画面

いることにご注意いただきたい（会話形式のものは正しく分析できない可能性がある）。

　CVLA では CEFR–J Text Profile（Q14）から着想を得た４つの指標から入力テキストのレベルを推定する。文の構造を表す指標として ARI（Automated Readability Index）と VperSent（Verb per Sentence），語彙指標として AvrDiff（Average Difficulty）と BperA がある。これらの指標の平均値を CEFR レベルごとに構築された教材コーパスから算出し，入力テキストの値がどのレベルと近いかを回帰的に推定する，というのが大まかな仕組みである。CEFR–J レベルを算出する際は，それぞれのレベルをさらに下位分割して推定値を算出している（詳細は Uchida & Negishi, 2018を参照）。

　ARI は，リーダビリティのスコアで，文字数，単語数，文数などを入力として算出される。広く使われている Flesch Reading Ease とも相関が高く，かつコンピュータで計算しやすいものである。このスコアが高いほど，文は複雑であることが示唆される。VperSent は文あたりの動詞の数の平均を表す。例えば，I ate the apple. は文中に動詞が１つだが，The apple was eaten. は動詞が２つとカウントされる。つまり，受動態や関係節など文法的に複雑なものが多ければ，この値が大きくなる。

　一方，語彙指標として，AvrDiff は単語の難易度平均を表す。CEFR–J Wordlist に基づいてそれぞれの単語を A1＝1，A2＝2，B1＝3，B2＝4 としたときのテキスト全体の内容語のレベルの平均値である。CEFR–J Text Profile でも提示されている値であるが，分析に使用したタガー（単語の品詞

などを自動的に特定するプログラム）やレベルの範囲が異なるため，傾向は同じであるものの，Text Profile とは具体的な統計値が異なっている。BperA は，A レベルの内容語に対する B レベルの内容語の割合である。レベルの高い語の使用が多いほど，これらの値は高くなる。

　表1と表2にそれぞれリーディングとリスニング（モノローグのみ）の各レベルの平均値を示す。

表1：リーディングセクションの平均値

Reading	ARI	VperSent	AvrDiff	BperA
A1	5.73	1.49	1.31	0.08
A2	7.03	1.82	1.41	0.12
B1	10.00	2.37	1.57	0.18
B2	12.33	2.88	1.71	0.26

表2：リスニングセクションの平均値

Listening	ARI	VperSent	AvrDiff	BperA
A1	4.52	1.44	1.27	0.06
A2	6.56	2.05	1.41	0.11
B1	7.99	2.35	1.50	0.13
B2	11.72	3.16	1.67	0.19

　これらの表から明らかなように，どの指標も CEFR レベルと正の相関関係にある。つまり，CEFR レベルが高いほど，これらの値は高くなる。また，リーディングとリスニングを比較すると，全体的にリスニングのほうが値が低くなっていることから，同じレベルのテキストであっても，リスニングのほうが易しいものになっていることがわかる。

※ テキスト編集に活用する

　CVLA を使うことで，任意の文章について Text Profile に近い情報を簡単に算出することができる。この情報は，入力テキストのレベル判定だけではなく，そのテキストを編集する際の指針にもなる。

　次の文章は Simple Wikipedia の dictionary の項目[2]の一部である。

　There are several types of dictionaries: dictionaries which explain words and how they are used, dictionaries which translate words from one language to another, dictionaries of biography which tell about famous people, technical dictionaries which explain the meanings of technical words or words connected to a particular subject (sometimes called a thesaurus).

［注］2　https://simple.wikipedia.org/wiki/Dictionary

Some of these come close to being an encyclopedia, but an encyclopedia gives a lot of extra information about things (knowledge) and does not explain the use of the language. An encyclopedic dictionary gives less information about the topic than a real encyclopedia does, but more than a simple dictionary.

このテキストを CVLA で分析すると次の表３のような値が算出される。

表３：CVLA の分析結果の例（推定テキストレベル：C1）

	ARI	VperSent	AvrDiff	BperA
指標の数値	21.24	5.33	1.66	0.23
推定 CEFR レベル	C2	C2	B2.1	B2.1

　ARI, VperSent は C2レベル, AvrDiff, BperA は B2.1レベルで, これら を総合して推定されたテキストレベルは C1となっている。もしこのテキス トを, 例えば高校３年生向けに提示するとすれば, C1というレベルから判 断すると少々難しい文章であるといえる。そこで CVLA の分析結果を参考 にしてこの文章を書き換え, 適切なレベルに下げることを考えてみよう。 CVLA の結果ではリーダビリティと平均動詞数の文の指標（ARI と VperSent） が高いため, 文を分割してシンプルな構文にすればバランスが取れると考え られる。次の文章は書き換えの一例である。ここでは下線部のような表現を 用いて長い文を分割している。

　There are several types of dictionaries. One type explains words and how they are used, another translates words from one language to another. Also, there are dictionaries of biography which tell about famous people. In addition, there are technical dictionaries which explain the meanings of technical words or words connected to a particular subject (sometimes called a thesaurus). Some of these come close to being an encyclopedia, but an encyclopedia gives a lot of extra information about things (knowledge) and does not explain the use of the language. An encyclopedic dictionary gives less information about the topic than a real encyclopedia does, but more than a simple dictionary.

このような調整を行った結果をCVLA（リーディングモード）で再度分析すると次の表4のような結果となった。

表4：CVLAの分析結果の例（改訂版）（推定テキストレベル：B2.1）

	ARI	VperSent	AvrDiff	BperA
指標の数値	12.34	3.00	1.67	0.23
推定CEFRレベル	B2.2	B2.2	B2.1	B2.1

テキスト全体ではB2.1という結果になり，上位レベルの高校生3年生であれば十分理解できるものになったと推定できる。このようにCVLAのそれぞれの指標の性質を理解していれば，テキスト編集の指針となり，学習者のレベルに合った教材の作成に有益な情報を得ることができる。

※ 英語能力試験の分析に活用する

　最後にCVLAを使って英語能力試験のリーディング題材の分析例を提示する。分析対象は2015～2018年度の大学入試センター試験（CEN），大学入学共通テスト試行調査（共通テスト）の2回分（TRI），TOEFL®の公式問題集の3回分のリーディング問題（TOF）の3つである。ただし，センター試験第4問Bおよび共通テスト第1問B，第2問Aは図表が多いため分析

表5：英語能力試験の平均値

テストの種類	ARI	VperSent	AvrDiff	BperA	平均レベル
CEN	9.42	3.03	1.76	0.30	B2.1
TRI	8.23	2.89	1.65	0.23	B1.2
TOF	13.66	3.28	2.11	0.59	C2

対象から除外した。表5に全体の結果を示す。

　表5の結果から，リーディング題材の難易度は「共通テスト＜センター試験＜TOEFL」という順になる。共通テストとセンター試験を比較したとき，共通テストのほうが難易度は下がるが，これは共通テストがA1からB1までのリーディング題材を含んでいることに起因すると考えられる。つまり，共通テストではより基礎的なレベルについてもリーディング能力を直接的に測定するという意図があると考えることができる（実際，「問題のねらい」に

は出題された英文には A1 レベルのものも含まれていたことが示されている）。これらの2つの試験と比べて，TOEFL の難易度の高さは顕著である。すべてを平均したレベルは C2 レベルとなっており，高校生にとってはハードルが高いものとなっていることがわかる。

　図2はこれらの3つのテストの ARI と VperSent の値を散布図で示したものである。センター試験は「●」，共通テストは「▲」，TOEFL は「■」で示し，それぞれの平均値は☆で示している。また，アンダースコア以下は大問の番号である。この図でも TOEFL の値が際立って高いことがわかる。一方，センター試験と共通テストは比較的類似した分布を示している。なお，TRI_1A など，テスト設計上は A1 がターゲットのものが比較的上位レベルとして判定されているが，これはテキストの短さが要因であると考えられる。テキストが短い場合，1つの文の特性が過剰に反映されるなどして判定結果が不正確になる場合があるため，分析するテキストの長さにも注意が必要である（およそ300語以上のテキストであれば結果は比較的安定する）。

　図3はそれぞれの AvrDiff と BperA の語彙指標をプロットしたものである。この図でも TOEFL が際立って値が高い。センター試験，共通テストより語彙レベルが顕著に高いことが示唆され，高校生にとってはかなり負荷の高い

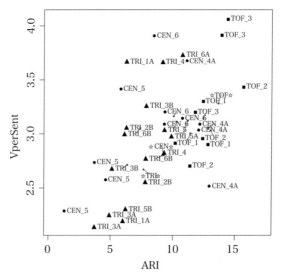

図2：英語能力試験の ARI と VperSent

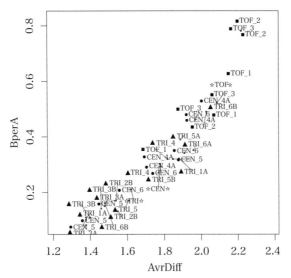

図3：英語能力試験の AvrDiff と BperA

文章であることがわかる。一方，センター試験と共通テストでは文の指標同様，全体的に類似した分布になっている。

【まとめ】

　Text Profile を活用するためのアプリケーションとして CVLA を紹介した。このアプリケーションを利用することでリーディングおよびリスニングのテキストの CEFR-J レベルを推定することができる。使用されている指標は CVLA 独自のものもあるが，授業で使用するテキストのレベル判定や難易度の編集の指針を得るために有益なものである。

【もっと知りたい方へ】

　Uchida & Negishi（2018）で CVLA の学術的な背景について知ることができる。ただし，英語能力試験の分析については対象が同一ではないため，統計値も異なっている（本稿での分析には共通テストの2回目の試行調査や2018年度のセンター試験などの新しいテキストを含む）。

$\mathbf{Q18}$ CEFR-J Text / Grammar Profile を スピーキング指導にどのように 活かせるか？

※ CEFR-J Text Profile のスピーキング指導への活用

　本書 Q29にもあるとおり，スピーキング指導ではモデル発話の提示が一定の効果を発揮する。特に，CEFR (-J) のような行動指向のスピーキングでは，発話の場，トピック，話し手と聞き手の属性がはっきりと定義され，そこで話す内容とそれを伝えるための言語運用能力の総合力が問われるため，話したい内容と適切な言語表現のつながりをしっかりと認識し，運用力をつける必要がある。スピーキング指導の語彙面でのサポートのために，CEFR-J Text Profile に基づく Web アプリケーション CVLA (Uchida & Negishi, 2018) を活用できる。

○モデル発話作成への活用

　CEFR-J ベースの言語指導では，教師と学習者が目標の CAN-DO をしっかりと共有しておくことが重要であるが，CAN-DO ディスクリプタやタスクの指示文だけでは，具体的にどのような内容をどの程度詳しく話せばよいのか，はっきりとイメージするのが難しいことがある。そこで，教師がモデル発話を示すことにより，抽象的だった言語活動のイメージが具体化する。当該 CEFR-J レベルの能力感を正しく伝えるためにも，モデル発話はそのタスクが対象とする CEFR-J レベルを正確に反映したものである必要がある。

　例えば，「話すこと（発表）」A2.1の CAN-DO「写真や絵，地図などの視覚的補助資料を利用しながら，一連の簡単な句や文を使って，身近なトピック（学校や地域など）について短い話をすることができる」に沿って，次のページの図1のような高校・大学生向けのタスク活動を行うと仮定する。

　このタスクでは，自分のスマートフォン内の写真を見せながら数人に向けて短い話をする。このタスクのまま自由に写真を選ぶ形式でもよいが，事前に告知しておいたトピックの写真を撮影してきてもらい，統一されたトピッ

クで一斉に練習する形式にすれば，そのトピックに関連する語彙をクラス全体で共有することができる。授業冒頭のウォームアップとしてトピックを変えて何度か練習すれば，さまざまなトピックの表現に触れながらタスクに慣れることができる。仮に，"food and drink"というトピックでこのタスクを行うとする。自作のパスタの写真を対象に，STEP 1〜4の手順でモデル発話を作成する（図2）。

あなたは，修学旅行／海外研修先のシンガポールで現地の学生と交流することになりました。4〜5人に分かれ，各自がスマホ内の写真を見せながら短い話をします。あなたのスマホから好きな写真を選び，1分程度でその内容を説明したり，関連するエピソードを話してください。

図1：「話すこと（発表）」A2.1のタスク例

Last week, I made spaghetti for lunch. I often make it because it is just a quick and easy recipe. You just boil water, add the spaghetti with enough salt and cook it until al dente. Then fry garlic and chili peppers with olive oil, and add the pasta to it. That's it. It takes only 10 minutes. I know it's better to have some salad as a side dish, but I didn't do so because I just wanted to eat the pasta while it's warm.

図2：視覚補助資料の写真とそれを説明するモデル発話

①ドラフトの作成

　教師は，まずは経験や直感を頼りに，このタスクに取り組む学習者がスピーキングで使えそうな表現や文構造を使ってドラフトを書く。

②CVLA を用いて解析にかける

　ドラフト内の語彙が対象レベルに適しているかどうか確認するために，CVLA で解析にかける。その際，リーディング／リスニング・モードのうち，

後者を選ぶ。CVLA は CEFR 準拠のコースブック・コーパスを学習して解析を行っているが，リスニング・モードはコーパス内のリスニングに関するパートを参照していることを示す。スピーキングのモデル発話を作成する場合，同じ音声言語を扱うリスニング・モードを選ぶと，よりレベルに合った結果が得られる。

③ドラフトの単語レベルを確認～書き換え

　解析結果画面では，各単語の CEFR レベルを確認できる。ざっと見渡して，対象レベルよりも極端に高いレベルの語が含まれていないか，また逆にレベルの低い語が多すぎないか確認し，必要に応じて書き換える。例えば，図2のモデル発話の "I didn't do so" という表現は，ドラフトでは "I skipped it." だったが，skip が B2レベルであるため書き換えた。ただし，判定結果を必ずしもそのまま鵜呑みにする必要はなく，教師の経験，直感や学習者の現状から判断してモデル発話に含めても問題なさそうであれば，書き換える必要はない。例えば，recipe は B2レベルと判定されたが，日本ではすでにカタカナ語「レシピ」が広く認識されており，そのまま含めても問題ないと判断した。また，産出語彙は受容語彙よりも数が少なく難易度も低めであることを考慮し，対象とするレベルよりも少し低めのレベルにとどめる感覚で確認・書き換えを行うとよい。さらに，CVLA では単語単位でレベル判定されるため，フレーズ単位での難易度は考慮されていないということに留意して使用する必要がある。句動詞や名詞句などを構成する単語1つ1つがたとえ初級レベルでも，フレーズ単位では難易度が上がる可能性がある。

○その他の活用アイデア

　CVLA は，文の複雑さ（一文あたりの動詞の比率，単語長や文長）の観点でのレベル判定機能も持つ。語彙レベルと併せて，文構造が適切な難易度になっているかどうか確認するとよい。また，CVLA の語彙レベル判定の基盤である CEFR–J Wordlist 自体も，トピック固有の語彙リスト作成に活用できる。このリストに含まれる名詞には，それがよく使用されるトピックが示されている。トピックのカテゴリは日常生活，教育，飲食，買い物，余暇，エンターテイメント，健康，住居，人の属性や職業，旅行などで，主に CEFR–J の A レベルの CAN–DO に頻出する日常的なトピックに関連する語が多く含まれ

ている。検定教科書にはない日常語彙を補足する用途でも利用できる。

❋ CEFR-J Grammar Profile のスピーキング指導への活用

Grammar Profile（以下 GP）はコースブックや教科書データにおける文法項目の相対頻度をまとめたものと，学習者の書き言葉，話し言葉における同様の情報をまとめたものに大別される（詳細は Q12，Q13，Q16を参照）。教科書等で文法項目の知識の受容を学習者がしてから，発話や作文のような産出の形で使用できるようになるまでには時間を要するため，理論上はインプットとアウトプットの間には時差があるはずである。実際，「GP コースブック全体」（インプット）と学習者話し言葉コーパスを用いた「GP NICT JLE-CEFR レベル別」（アウトプット）を比較すると，表１が示すように，使用頻度が増加するタイミングに時差が発生している文法項目がある。

表１：受動態（現在）否定平叙文の使用頻度（100万語で正規化）

レベル	A1	A2	B1	B2	母語話者／C1
話し言葉	23	70	80	**166**	74
コースブック	83	56	**104**	159	161

この例では，コースブックでの受動態現在否定形の使用頻度は B1で倍増し（56→104／百万語），学習者の使用頻度は B2で倍増する（80→166／百万語）。しかしながら，実際は表２〜４が示すとおり，使用頻度が急激に増加するレベルに明確なずれがある文法項目はあまり見られない。

表２：時制・相（現在進行）肯定平叙文の使用頻度（100万語で正規化）

レベル	A1	A2	B1	B2	母語話者／C1
話し言葉	4,709	4,366	5,407	4,718	4,292
コースブック	3,176	2,960	2,745	2,563	2,626

表３：受動態（現在）肯定平叙文の使用頻度（100万語で正規化）

レベル	A1	A2	B1	B2	母語話者／C1
話し言葉	669	795	934	778	1,031
コースブック	1,017	1,323	1,697	2,363	2,311

表4：時制・相（現在完了進行）肯定平叙文の使用頻度（100万語で正規化）

レベル	A1	A2	B1	B2	母語話者／C1
話し言葉	30	91	138	182	221
コースブック	0	42	173	309	234

　これは話し言葉と書き言葉というレジスターの違いや，NICT JLE コーパスという学習者のデータが，学習者の生の発話データであるため，誤用を含んでいることも影響していると思われる。これらの特徴を踏まえ，スピーキング指導での GP 活用法を検討したい。

○指導すべき文法項目が学習者に適切かを知る

　ある文法項目の口頭練習を実施する際に，対象となる学習者がその項目を練習するのに最も適したレベルであるかどうかを調べるため，GP は参考になる。例えば，「such（＋a/an）＋形容詞＋名詞」という形を練習する場合，コースブック・NICT JLE（学習者）GP ともに，使用頻度が増えるのがB1レベルであるため，A2〜B1レベルの学習者には適切な練習と言える。同様にB1レベルから使用頻度が増える「so＋形容詞」と合わせて練習を行うことも可能だろう。なお，A2レベルの学習者には，事前タスクとして穴埋めや書き換え練習を口頭練習の前に実施するのが必要な場合もあることが予想される。ターゲットとなっている文法が自然に使用される状況設定が難しい場合，リピーティングやシャドーイングはコミュニカティブではないが効果的な口頭練習として機能するだろう。しかしながら，コンテクストから切り離した形式だけの練習は，コミュニケーションを重んじる CEFR (–J) の精神とは反するため，これらの活動だけで終わらせない工夫が必要である。

　文法項目を選んで自由に口頭練習を行う際も，GP は参考になる。例えば，B1レベルの学習者が多く在籍するクラスでは，A2のコースブックで多く使用され始める文法項目（例：比較級，助動詞）なら自発発話で使えることが期待できるし，B1レベルのコースブックで使用頻度が上がる文法項目（例：目的語として使用する that，whether 節，過去分詞による名詞の修飾）なら足場かけ（scaffolding）があれば使用可能であろう。

○タスクの難易度を言語形式の面から判定する

　教員がタスクを考案し，それが学習者に適切な難易度かどうかを知るためにも，GP は役に立つ。例えば，道案内や手順の説明のタスクでは命令形を多用するが，命令文の使用は A1 の学習者，コースブックから多くみられる。もちろんタスクの難易度は必要とされる文法項目のみで決まるわけではないが，明らかに難易度の高すぎる構文を必要とするタスクは，修正が必要であろう。表 4 のとおり，現在完了進行形は学習者，コースブックともに A2 から使用され始め B1，B2 と段階的に頻度が増加するが，B2 レベルの学習者でさえ母語話者ほどの頻度では使用しない。こういった文法項目は A2 で口頭練習を開始し，B2 レベルでもタスクの中で取り上げるのが好ましいと思われる。

○学習者の運用能力を使用する文法項目から予測する

　学習者が話す時に使う文法項目から，その学習者の運用能力を推し量ることも可能である。例えば学習者コーパスに基づく GP では，助動詞の多くは A2 レベルから使用頻度が上がる。従属節も同様に A2 レベルから使用される特徴があるため，これらを口頭で使える学習者は A2 レベル以上であろう。

【まとめ】

　Text/Grammar Profile の語彙・文法項目を，「学習者に覚え込ませるもの」ではなく，「目標の言語活動の中で活用させるもの」という視点でスピーキング指導への利用の観点を整理した。

【もっと知りたい方へ】

　複数の RLD を連携させることで，各 RLD の利用可能性が広がる。例えば，CEFR-J Wordlist の単語カテゴリは，CEFR の RLD である Core Inventory for General English（North, Ortega, and Sheehan, 2010）に記載のトピック群を基にラベル付けされた。Core Inventory に基づく枠組みに Text Profile や CEFR-J Wordlist ベースのサポート資料を導入すれば，一貫性のある活動になる。また，Harrison and Barker（2015）では，CEFR の RLD である English Profile の活用法が解説されている。

Q19 CEFR-J Error Profile をライティング指導にどのように活かせるか？

※ CEFR-J Error Profile の意義

　学習者が話した英語を書き起こしたものや学習者が書いた英作文から，使用が見られた文法事項や単語を抽出し，それを検証することで，CEFR レベルの基準特性を明らかにすることが可能となる。その際，学習者が正しく使用することができた文法事項や語彙のみを対象とするのではなく，使用に誤りがあったものも対象とすることで，各レベルの基準特性をより詳細に把握することができる。正用と誤用の両観点から，各レベルの基準特性が明らかになれば，語彙や文法に関する学習者の発達段階を知ることができ，結果として，指導や教材作成，そして，英語の習熟度の測定などに対して，有益な情報を提供することが可能となる。

※ 英作文におけるエラーと習熟度の関係性

　Error Profile を用いて，英作文におけるエラーと習熟度の関係性を考えてみる。例えば，学習者 X（A1レベル）と学習者 Y（A2レベル）が，英作文において，同じ文法的な誤りを見せたとする。もしその誤りが，Error Profile により，A1レベルではあまり見られないが，A2レベルの学習者に頻発する誤りであるとわかっていたとすると，学習者 X は，A2レベルの学習者に近づいている可能性がある。これは，ある誤りが見られることは，上のレベルへと能力が伸びている証拠になり得るということである。通常，誤りは能力が伸びていないことの証として見なされることが多いが，この場合は，逆に能力の伸長を意味する。

　一方で，学習者 Y は，A2レベルに典型的な誤りを見せたことから，まだA2レベルであり，しかも平均的な A2レベルの学習者であると判断できる。このように，同じ誤りでも，どのレベルの学習者にその誤りが見られるかによって，その誤りの解釈が異なり，その結果，その後の指導も異なるものを

用意する必要がある。この例の場合，学習者 X は，A1から A2レベルに到達しようとしている段階にあることから，A2レベルの学習者に典型的な誤りは，この時点では，無理に修正する必要はないかもしれない。逆に，学習者 Y は，次の目標レベルが B1であるとすると，A2レベルの学習者に頻繁にみられる誤りは，優先的に指導の対象となり，何らかの誤り訂正を行い，その誤りをしないようにするトレーニングが必要になる。

このように，CEFR の各レベルの Error Profile があらかじめ構築されていれば，学習者レベルとその学習者に見られる誤りのレベルの関係性を考慮することができ，結果として，その後の指導のポイントが明確になり，効果的な指導へと繋げることが期待できる。

※ Error Profile に見る文法発達

CEFR のレベルごとに，Error Profile を作成する試みとして，中学 1 年生から高校 3 年生の日本人英語学習者が書いた英作文をコーパス化した JEFLL（Japanese English as a Foreign Language Learner）コーパス（投野，2007）を用いたものがある（能登原，2016）。次の表 1 と表 2 は，A1レベルと A2レベルの基準特性となるエラーの種類と具体例である。

表 1 に見られるエラーは，A1レベルの学習者の見られる傾向が高いエラーであることから，A2以上のレベルの学習者の英作文には存在しにくいエラーとなる。一方で，次ページの表 2 に見られるエラーは，A2レベルの学習者に見られる傾向の高いエラーであることから，A1レベルおよび B1レベル以

表 1：A1レベルのエラーの種類と例

	エラーの種類	エラーの例
脱落しやすい品詞	動詞（三単現の -s の脱落）	He play soccer.
不適切な使い方になりやすい品詞	形容詞（比較級の誤り）	I'll more happy than got sick.
	副詞（頻度の位置）	I eat always rice.
使いすぎる品詞	不定代名詞 (-thing, -one, -body)	I bring nothing.
	形容詞（比較級・最上級）	2-B is a most best class.

（能登原（2016）を一部改変）

表 2：A2 レベルのエラーの種類と例

	エラーの種類	エラーの例
脱落しやすい品詞	名詞（複数形を表す -(e)s の脱落）	I like book.
	形容詞（比較級の脱落）	... memories are very important than another ...
	動詞（過去形 -(e)d の脱落）	But yesterday I want to
不適切な使い方になりやすい品詞	名詞（単数，複数）の混同	I will bring a books and money.
	形容詞（比較級・最上級）の誤用	I think rice is more healthy than bread.
	動詞活用形の誤用	I maked a plan to go skying.
使いすぎる品詞	不定冠詞	I have a breakfast every morning.
	to 不定詞	I want to a hot meal.
	副詞（程度を表す）	I'm very very angry.

（能登原（2016）を一部改編）

上の学習者の英作文では出現しにくいエラーである。例えば，表 2 の「不適切な使い方になりやすい品詞」の中の形容詞（比較級・最上級）に関わるエラーとして，I think rice is more healthy than bread. という文が挙げられている。これは，healthier であるべきところを more healthy と書いたことによる誤りであるが，A2 レベルの基準特性となっていることから，もし A1 レベルと判断されていた学習者が，この誤り（more healthy）をするようになった場合，この学習者は A1 レベルから A2 レベルに移行している段階にある可能性が示唆される。

　もちろん，1 つの誤りのみからその学習者の CEFR レベルを正確に推定することは不可能であるが，この Error Profile により多くの情報が蓄積されれば，英作文に見られたエラーの種類や頻度からその学習者のレベルを推定することが可能になっていくことが期待できる。

※ ライティング指導における Error Profile の活用
○添削すべきエラーの優先順位
　英作文を添削する際に，常に問題となるのは，すべてのエラーを訂正すべ

きかどうかという点である。中学校や高校で，複数の英語のクラスを担当している場合，全生徒の作文のエラーをすべて添削するのは困難である。仮にすべての誤りを添削したとしても，添削を受けた生徒が，その添削で指摘されたすべての誤りの原因を理解して，次に英作文を書く際にそのすべての誤りが起きないようにすることはさらに難しい。現実的には，1回の英作文の添削では，エラーが多く見られたとしても，すべてのエラーを添削するのではなく，優先順位をつけて，その順位の高いものから添削をして，低いものは添削をしないという方法がよい。年間をとおして，一定の回数以上，英作文を書く機会を設けることで，各回で添削の対象となる事項は少なくても，長期的に見て，十分な添削を受けることが可能になる。

　添削すべきエラーの優先順位を考える際は，Error Profile を参照するとよい。その学習者の全体的な CEFR レベルを把握している（あるいは，CEFR の自己評価表（Self-assessment grids）を使うなどして CEFR レベルを測定する）ことが前提となるが，Error Profile が示す中で，そのレベルより下のレベルのエラーが見られれば，そのエラーを優先的に手当てする必要がある。一方で，そのレベルよりも上のレベルのエラーについては，今回は見逃して，添削をしないという方法を用いることもできる。例えば，*He have a lot of jobs today, but he'll be very busy tomorrow than today. という文が，A1 レベルの学習者の英作文の中にあったとする。文法的な誤りは，He has であるべきところが He have となっていることと，busier であるべきところが very busy になっていることである。表 1 と表 2 の Error Profile によれば，3 人称単数現在の -s が脱落するエラーは A1，比較級（形容詞）の脱落のエラーは A2 となっている。この学習者は A1 レベルであることから，3 人称単数現在の -s の脱落の方が，比較級（形容詞）よりも，添削すべき順位が高い。

　このように，Error Profile を使用することで，どのようなエラーに対して優先的に添削を行うべきかの方針が立てやすくなる。

○学習者自身が用いるチェックリスト
　英作文の添削は教員にとって多くの労力を必要とすることから，学習者相互の添削（peer correction）や，自己添削（self-correction）ができるようになるのが理想である。ただし，学習者が自身のあるいは他人の英作文を自

力で添削することは容易ではない。そこで，Error Profile を参照して，そこにあるエラーの種類とエラーの例と，添削をする英作文を見比べながらであれば，学習者自身での評価（添削）が可能となる。

　また，特に自身の英作文を添削する際には，自分の英作文のエラーがCEFR のどのレベルに該当するものが多いかを判断できるため，自身の現在の能力を把握することができる。

　さらに，その時に書いた英作文には出現しなかったエラーについても，特に，自身の CEFR レベルの基準特性として分類されているものは，次に英作文を書く際に出現する可能性があることを想定して，誤りを防ぐために，その文法事項の理解を再確認したり，必要であれば，その文法事項について何らかのトレーニングを行うことが可能である。

○文法シラバスで構成されている教材の扱い方

　文法シラバスのライティング教材を用いた場合に，その教材が定めた順序で最初の課から学習を始めるのではなく，Error Profile でレベルごとに分類されている文法事項から学習をすることが考えられる。まずは，表1にある A1レベルの基準特性として分類された文法事項を扱い，A1レベルの事項を一通り学習し終えたら，次は表2にある A2レベルへと進むという方法である。これにより，平易なものから高度な文法事項の学習へとスムーズにつながっていくことが期待できる。

　日本の中学校および高校で使用されている教科書やその他の教材の多くは文法シラバスであるが，文法事項の並び順は，新出事項として，まずはリスニングやリーディングの技能の中で，「理解」をすることを想定して作られているものが多いと言える。新出事項として学習する際は「理解」が前提となっているのは当然だが，高校の教科書では，中学校で一度学習した文法事項の再学習となっている課も多い。さらに，それらの事項を使ったコミュニカティブな活動が載っている教科書も多い。このように，「産出」を意識した構成になっている教材を用いる際は，産出をした際（つまり，話したり書いたりする際）に生じることが想定できるエラーに注目し，Error Profile の中でA1レベルに分類されている文法事項から学習（および指導）を開始することが1つの方法となり得る。また，将来的には，実際にこの Error Profile を用いて，ライティング教材のレッスンが構成されることなどが期待できる。

○ CEFR レベルを意識したタスク作成

能登原（2016）も述べているように，Error Profile を用いることで，生徒の習熟度を想定したタスク作りが可能となる。例えば，表 2 には I think money the more important the other things. といった誤文が載っているが，これは A2 レベルの学習者が書く英作文に出現しやすいものである。すなわち，当該の学習者の今のレベルが A2 レベルと推定できた場合は，比較級を使用する際のエラーが想定できる。したがって，このエラーをしないようにさせるための指導として，2 つのものを比較するようなタスクを設定することが必要となる。そのタスクを実行しながら，比較級についての何らかの指導を受けることで，この事項の誤りが少なくなっていくことが期待できる。

✳ Error Profile が改良されれば…

これまで，具体的に Error Profile がどのように使用される可能性があるかを見てきたが，今後，Error Profile 自体が改良された場合，各レベルの基準特性が増えることになる。その結果，そのレベルで優先的に扱う文法事項がより明確にわかるようになると思われる。Error Profile の使用方法の議論を通して，文法事項の指導において学習段階に応じた軽重をつけることが大切であることを共有していく必要があるだろう。

> **［まとめ］**
>
> ライティング指導において，効果的かつ効率的な添削は，常に英語教師の関心事であるが，学習者の英作文のすべての誤りを添削するのが物理的に困難な場合，添削する誤りを絞る必要がある。このことを可能にするためには，学習者レベルごとの典型的な誤りを把握することが必須となる。CEFR-J Error Profile を活用することで，添削などのライティング指導の改善に資することができる。

［もっと知りたい方へ］

CEFR-J プロジェクトのエラー基準特性に関しては，Q15 を参照されたい。エラー全体の基準特性としての役割は，Hawkins & Filipovic（2012）の第 2 章に詳しい。また CEFR の観点からのエラー分析には Mestre-Mestre（2011）がある。

Q20 CEFR-J Text/Grammar Profile を 教科書作りにどのように活かせるか？

※ 小中高の一貫した文法指導の必要性

児童生徒の学習意欲について，学習指導要領では以下のような記述がある（文部科学省，2018）。

> 学年が上がるにつれて児童生徒の学習意欲に課題が生じるといった状況や，学校種間の接続が十分とは言えず，進級や進学をした後に，それまでの学習内容や指導方法等を発展的に生かすことができないといった状況も見られている。

このような学習内容の繰り返しを避けるために，小中高の一貫した指導が必要であり，その指導に役立つ教科書作りが求められている。なお，教科書内の文法事項の配列については，学習指導要領では規定されておらず，編集者や執筆者の直感や経験によって決められており，実証的なデータに基づいてはいない（村野井，2013）。また，日本で使われている英語教科書は，1つの単元で1つの文法事項を集中的に扱い，他の単元に移ると，既習の文法事項であっても出現頻度が低くなるという特徴がある（寺内，2016）。これらが，学習指導要領で指摘されている学習内容の繰り返しにつながっていると考えられる。そこで，CEFR-J Grammar Profile を活用することで，学年間や学校種間の滑らかな接続が実現できる。

※ 中学校と高等学校の教科書分析

中学校3年生用教科書と高等学校「コミュニケーション英語 I」の教科書の中で，東京都で採択数の多い上位3種（2018年度版）における文法事項の配列を見てみると，以下のようになる（表1，表2）。

表１：中学校３年生用教科書３種の文法事項配列

章	A 誌	B 誌	C 誌
1	受け身	受け身 S＋V＋O＋C（形容詞）	S＋V＋O＋C（名詞） 受け身 付加疑問文 疑問詞＋不定詞
2	現在完了形	現在完了形	現在完了形 S＋V＋O＋C（形容詞） It is ... for 〜 to–
3	現在完了形	現在完了形 不定詞（原因）	分詞の後置修飾 S＋V（ask/tell など）＋O＋to 不定詞 **関係代名詞** 接触節
4	S＋V＋O＋C It is ... for 〜 to–	疑問詞＋不定詞 It is ... for 〜 to– want ... to 〜	S＋V＋O （what などで始まる節）
5	**関係代名詞**	分詞の後置修飾 間接疑問文	
6	分詞の後置修飾	接触節 **関係代名詞**	
7	want ... to 〜 間接疑問文		

表２：高等学校「コミュニケーション英語Ⅰ」３種の文法事項配列

章	D 誌	E 誌	F 誌
1	be 動詞 一般動詞	過去形	現在形 過去形
2	疑問文 現在進行形	進行形	助動詞
3	過去形 助動詞	助動詞	進行形
4	SVO／SVOO／SVOC	不定詞	不定詞
5	不定詞	動名詞	動名詞
6	動名詞	受け身	現在完了形
7	現在完了形	現在完了形	受け身
8	受け身	it の用法	分詞の後置修飾

9	関係代名詞	関係代名詞	比較
10	関係副詞 It is ... for ～ to–	比較	**関係代名詞**
11	分詞構文		
12	仮定法過去		

　ここで関係代名詞に注目すると，生徒は中学3年生の後半で初めて学習した後，再び関係代名詞に焦点を当てて扱うのは高校1年生の後半であることがわかる。これでは，中学校での学習から高等学校での学習の間に長い空白期間が生まれてしまい，中学校で学習した内容を高等学校で発展的に生かすことは難しくなってしまう。もちろん，関係代名詞の学習の前に他の文法事項を学び直すことにより，関係代名詞の定着を確実にするためにこのような配列になっているのは理解できる。ただし，このような学び直しが本当に関係代名詞の定着や学習者の動機づけに貢献しているかどうかは明らかになっていない。

※ CEFR-J Grammar Profile における関係代名詞

　ここで，CEFR–J Grammar Profile における関係詞のデータを見てみよう（表3）。

表3：CEFR-J Grammar Profile における関係詞のデータ

文法項目	CEFR 各レベルにおける出現頻度				
	A1	A2	B1	B2	C1
関係代名詞（主格）(who)	262	395	778	1,008	1,150
関係代名詞（主格）(which)	77	109	287	435	480
関係代名詞（主格）(that)	458	759	1,227	1,589	1,593
関係代名詞（目的格）(who)	0	4	37	38	55
関係代名詞（目的格）(whom)	0	0	0	2	15
関係代名詞（目的格）(which)	24	4	67	65	70
関係代名詞（目的格）(that)	12	18	37	41	51
関係代名詞（目的格）の省略	3,990	5,818	6,726	7,917	7,555
関係代名詞（所有格）	18	0	18	51	62

関係代名詞（非制限用法）	24	131	330	626	677
疑似関係代名詞（as）	0	7	12	39	59
複合関係代名詞（what）	238	434	644	1,107	1,619
前置詞＋関係代名詞	77	67	130	280	571
関係副詞（先行詞あり）	720	974	1,123	1,140	1,014
関係副詞（先行詞なし）	89	212	283	319	465
関係副詞（非制限用法）	65	191	283	396	392
wh-ever	18	71	75	200	593

　このデータから判断すると，CEFR 準拠の英語教科書においては，関係代名詞は A1 レベルの教科書で初めて扱われ，その後，レベルが上がるにつれて教科書内での出現頻度が高まっていく傾向があることがわかる。これに倣って日本の英語教科書でも，例えば高校 1 年生の前半にも関係代名詞を使った文を導入すれば，学習活動に空白期間ができなくなる。その際には，関係代名詞を使って話したり書いたりする活動までいかなくても，関係代名詞を含む文を読んだり聞いたりする活動にとどまってもかまわないだろう。実際に，学習指導要領でも文法指導について以下のような記載がある（学習指導要領，2018）。

　　コミュニケーションを支えるための文法指導では，文法用語などの使用は必要最低限にとどめ，実際の活用を主眼とした指導を心がけなければならない。ただ，活用といっても，最初から話せる，書けるといった指導をいたずらに急ぐのではなく，あくまでも豊富な例文に触れていく受容的な使用の中で，次第に発信的使用へと発展していくような配慮が必要である。

　もちろん，中学校でも関係代名詞を使った文を使って話したり書いたりする活動をするが，指導したことが確実に定着するわけではないので，学び直しの意味も含めて，生徒の発達段階に合わせて高校 1 年生の前半では関係代名詞を含む文を読んだり聞いたりできるように教科書を作成することが効果的であろう。

※ CEFR-J Grammar Profile に基づく教科書作り

　これまで述べてきたとおり，関係代名詞については日本の教科書に文法事項としての扱いに空白期間が生まれてしまうという問題があった。そして，

CEFR–J Grammar Profile を活用すれば，この空白期間を埋める教科書作りが可能になることを述べてきた。以下ではさらに，文法事項の導入時期についても考察してみたい。

　関係副詞を例として挙げると，日本では高等学校で学習することになっているが，表3のデータから CEFR 準拠の教科書では A1 レベルでも頻繁に出現していることがわかる。したがって日本でも，関係代名詞の指導とともに，関係副詞を導入することが可能であるだろう。ここでも，中学校の教科書では受容的な使用にとどめ，高等学校で徐々にインプットを増やしていき，高校1年生の後半で発信的な指導にまでつなげる指導をしていけばよいのである。このように，CEFR–J Grammar Profile に基づき，小学校，中学校から高等学校まで一貫した見通しを立てて教科書を作成すれば，より効果的な指導が可能になるだろう。

※ 豊かなコミュニケーションのための文法指導へ

　文法指導の在り方について，中学校の学習指導要領では以下のように記載されている（文部科学省，2018）。

　　文法構造の概念的な理解だけを追求して，一方的な教師の説明に終始するのではなく，コミュニケーションの目的を達成する上で，いかに文法が使われているかに着目させて，生徒の気づきを促す指導を考えるべきである。（中略）関係代名詞を指導する際も，2つの文をつなげて1つにするといった形式操作ではなく，いかに先行詞である名詞に関係詞節が必要な情報を与えて，後ろから伝える内容を特定し，問題のないコミュニケーションを可能にしているかに注目させるような指導の工夫が必要である。

　従来の伝統的な文法配列にこだわらず，CEFR–J Grammar Profile に基づいた教科書作りをすることにより，関係代名詞と関係副詞を関係詞節としてまとめて導入することができるようになる。その結果，早い時期からコミュニケーションが自然で豊かなものになるため，そのような言語活動を通して児童生徒は文法を形式操作のための知識として捉える考え方から脱却し，文法はコミュニケーションの目的を達成する上で必要かつ有用なものであると実感することができるだろう。

　同様の配慮は小学校で教えるべき文法事項の提案にも利用できる。CEFR–

J Grammar Profile の A1.1〜1.2レベルの文法事項を中心に，十分聞き取り練習をして形と意味の対応になれさせる等の指導をしてから中学に送り出せれば，小中の連携もよりスムーズになるだろう。そのような観点からの小学校の教科書作成への利用も期待される。

【 まとめ 】

CEFR-J Grammar Profile は，小中高の一貫した教科書作りに役立てることができる。現在の日本の教科書では文法事項の取扱いの空白期間が生まれてしまうことがあるが，CEFR-J Grammar Profile に基づいて教科書を作成すれば，校種間の接続が滑らかになることが期待される。また，文法事項の導入時期についても，言語活動を受容的使用から発信的使用に発展させていくことを念頭に置けば，CEFR-J Grammar Profile を参考にして，現在よりも早い時期から導入していくことが可能になる。

【 もっと知りたい方へ 】

CEFR-J Grammar Profile は CEFR 準拠の教科書をコーパスとして使用した文法項目リストである。一方で，学習者が実際に使用した英語をコーパスとして使用した文法項目リストとしては English Grammar Profile がある（https://www.englishprofile.org/english-grammar-profile）。この２つのリストを目的に応じて使い分けることで，教科書作りや日々の授業の参考となる。

本稿のデータ分析や表の作成に関しては，高千穂大学の山田浩助教ご協力いただいた。ここに感謝の意を表したい。

Q21 CEFR-J Text / Grammar Profile を教材開発にどのように活かせるか？

　日本の学校教育の外国語指導者にとって，「教材開発」という作業はそれほど馴染みのあるものではないかもしれない。「教材」の代表格は教科書であるが，日本の公教育における教科書は，文部科学省が告示する学習指導要領に基づいて研究者や教師により編集され，検定規則により検定された結果，合格であればその後に市場に出るというシステムである。検定済みの教科書が市場に出回っており，指導者自らが直接教科書の教材開発に携わるのはあまり現実的とは言えない。自作教材と言われるものも，教科書や目の前にあるテストの対策のための補足的な役割を果たすものがほとんどである。では，本プロジェクトによりデータ化された CEFR-J Text / Grammar Profile は，日本の英語教育界において，教材開発の点からどのような貢献を行うことができるのだろうか。

✳ English Profile

　English Profile とは，教師や教育関係者が CEFR の各レベルで使用される典型的な英語の言語材料が，どのように学習されるのかを理解するのに役立つものとしてデータ化されているものである。英国ケンブリッジ大学の2つの組織，ケンブリッジ大学出版局およびケンブリッジ英語検定機構によって，ケンブリッジ英語検定の作文データを収集し，語彙は English Vocabulary Profile として，文法は English Grammar Profile としてまとめられている（詳細はQ9参照）。CEFR の各レベルでどのような文法項目が初めて用いられ，また，その後，どのような濃淡で用いられるものか，盛り込まれたディスクリプタに合致するために，どのような言語材料が必要なのか，その裏づけを行うためのプロファイリング情報である。それにより，教師や教育関係者などが，そのレベルの学習に適している語彙や文法を把握することができるのである。

ここで留意しておきたいことは，CEFR というのが複言語・複文化主義の理念の下に生まれた複数の言語の能力に共通する枠組みだということである。一言語の言語材料をデータベース化することは「共通の枠組み」を越えた行為であるが，個別言語の教授段階では必要不可欠な情報となる。当然ながら，English Profile を 1 つの出発点として，French Profile, Spanish Profile, さらに，ヨーロッパ言語を越え，Japanese Profile, Mandarin Chinese Profile などと，他の言語においても共通の参照枠内で示されたディスクリプタに必要となる各言語のプロファイリング情報を整備する可能性と必要性も示唆される。あくまで，複数の言語を 1 人の人間の中に宿そうという複言語主義の理念を体現する一助となるべきものであり，英語だけに限定されたものであってはならない。

※ 誰が CEFR-J Text / Grammar Profile を教材開発に活かせるか

　日本のコンテクストで CEFR-J Text / Grammar Profile の活用者とその目的を分類すると，次のようになるであろう。

①政策立案者，学習指導要領の改訂に携わる者
- 当該国のナショナル・カリキュラム（例：学習指導要領）の枠組みに適切な言語材料を割り当てる。
- 教科書検定の際に，言語材料の点からの妥当性を検討する。

②教材開発者，教科書編集者
- 各レベルに相応しい言語材料，トピックの内容に応じたテキストの複雑性を Profile を参考に検討し，教材に反映させる。

③テスト開発者
- タスクを作る際に，使用される言語材料が適切なレベルのものかを確認する。

④学校のカリキュラム立案者
- 受け入れる生徒・学生のレベルに合った，インプットすべき言語材料を定める。
- 教科書以外の副教材の選定においての参考とする。

⑤教師
- 受け持つ学習者レベルに応じて言語材料を選定し，教材を与える。

⑥言語学習者

　・自らのレベルを見分け，到達の可否を判断する。

　・自分のレベルより上のレベルの言語材料を知ることで，目標設定を行う。

※ 教材開発に活かす方法

　本節では，前節で示した6つの分類のうち，②の教材開発者と⑤の言語教師を教材開発における利用者とし，CEFR–J Text/Grammar Profile の活かし方を考えたい。

（1）教材開発者

　CEFR–J Text/Grammar Profile を教材開発者が教材開発に活かすにはどのようにすればよいか。まずは，CEFR のレベル別に作られたコースブックと現在日本の英語教育で使用されている検定教科書を Grammar Profile により比較を試みる。日本の教科書を Grammar Profile と比較することで，学習初期段階で早くから出しておくべき文法項目が，実際には遅く出現していたり，その逆であったり，また，日本の教科書にはほとんど出てこないという文法項目の差異をチェックできる。

　次ページの表1は，日本の中学，高校で使用される，同一出版社の検定教科書の比較級，最上級，同格表現の出現について一覧化したものである。中学2年で新出となる形容詞（副詞）-er は，その後の中学3年，高校1年の教科書にも出現するが，同じく中学2年で新出した形容詞（副詞）-est，more 形容詞（副詞），the most 形容詞（副詞）の形をとるものは，中学3年では出現せず，高校になって再出現する。中学2年で新たに学習したことが必ずしも中学3年の教科書に出現するとは限らない。同格表現は中学2年で新出し，中学3年や高校1年でも続けて出現する。ただし，その否定表現にあたる not as 形容詞 as 〜（〜ほど…ではない）については，中学校レベルでは出てこず，高校になってから出現する。

　一方，CEFR–J Grammar Profile はどうであろうか。次ページの表2が示すように，各レベルの比較級・最上級表現を見ると，比較級である形容詞（副詞）-er，最上級の形容詞（副詞）-est，more 形容詞（副詞），the most 形容詞（副詞）の形をとるものは A1〜 C1 のすべてのレベルにおいて出現している。一度学習したことが継続して次のレベルにもスパイラル式に出現す

ることがわかる。注目に値するのは，5の比較級の強調である even …-er という表現である。Grammar Profile には A1 レベルで新出し，すべてのレベルで出現するが，日本の教科書では中学レベルでは出てこない。このような Grammar Profile から，教材開発者は，even …-er という表現を A1 レベルでの文法項目として，学習初期段階から導入するべきであると示唆することができる。このように，日本の教科書に欠落していると考えられる文法項目を教材開発の点から精査することができる。また，A2 レベルでは，6の劣勢比較 less，least，同格の否定にあたる8の not as/so … as の表現があり，B レベルになると more and more，better and better のような［比較級 and 比較級］（例：He's getting better and better. More and more people are becoming interested in yoga.）という表現が出現する。さらに，The 比較級 …，the 比較級 …（例：The more you have, the more you want.）のような表現が B レベル後半から C レベルにかけて出現する。このような比較表現がレベルが上がるにつれ，出現率が高くなり，教材開発の際に，導入するべき文法項目として考慮する必要が出てくる。

表1：日本の教科書における比較表現の出現

中2	中3	高1
-er	-er	-er
-est	as … as	-est
more		more
the most		the most
as … as		as … as
		not as … as
		less … than
		比較級の強調 even … -er

表2：コースブックから抽出した比較表現の出現

頻度順位	A1	A2	B1	B2	C1
1	-er	-er	-er	-er	-er
2	-est	-est	-est	-est	-est

3	more	more	more	more	more
4	most	most	most	most	most
5	比較級の強調 even -er	比較級の強調 even -er	比較級の強調 even -er	比較級の強調 even -er	比較級の強調 even -er
6	as ... as	less, least	as ... as	as ... as	as ... as
7		as ... as	less, least	less, least	less, least
8		not as/so ... as	not as/so ... as	the -er, the -er	not as/so ... as
9			-er and -er	not as/so ... as	the -er, the -er
10				-er and -er	-er and -er
11					最上級の強調 by far ... est

※正規化後の頻度順

（2）言語教師

　では，教室で言語教育に携わる教師は，CEFR-J Text/Grammar Profile をどのように教材開発に応用することができるだろうか。ここでは，主に，クラスの中にさまざまなレベルの学習者が混在している場合を想定し，同じタスクを与えても学習者のレベルによって異なる文法項目のアウトプットを自作教材を通してイメージさせることを試みる。それにより，コーチングやアドバイスを与える立場から考えたい。

　CEFR-J の A2.2（話すこと・発表）には，「前もって発話することを用意した上で，写真や絵，地図などの視覚的補助を利用しながら，一連の簡単な語句や文を使って，自分の毎日の生活に直接関連のあるトピック（自分のこと，学校のこと，地域のことなど）について，短いスピーチをすることができる。」というディスクリプタがある。これ自体はそれほど高いレベルのタスクではないが，現実を見ると，人前でプレゼンテーションをすることも含め，レベルが混在しているクラスでは，かなり努力が必要な生徒と，難なくこなせる生徒がいることはよくあることだろう。

　「発表」というアウトプット活動においては，音声によるパフォーマンスと，前もって準備するか即興にするか，どちらにおいても，ことばの内容やテキストを考える部分があるが，学習者にテキストのサンプルを示し，最終的なイメージをモデルとしてつかませることは学習者にとって必要なことで

ある。異なるレベルの混在するクラスでは，同じタスクでも，そのサンプルを CEFR-J Grammar Profile で示された A2 と B2 で出現率の高い文法項目を入れて，以下のように，英文のレベルを示すことができる。

〈Grammar Profile A2レベルの文法項目の含まれるモデル〉

I'm going to introduce Fushimi Inari Shrine. This is the most popular place for tourists in Kyoto. There are a lot of *torii* gates and foxes. Foxes are messengers of God. I think fall is the best season to visit. Colored leaves are very beautiful. I recommend you visit there in fall. Thank you.

〈Grammar Profile B2レベルの文法項目の含まれるモデル〉

I'd like to introduce Fushimi Inari Shrine. This is one of the most popular places for tourists in Kyoto. I believe that this is the best place that I have ever visited in Kyoto. There are a lot of *torii* gates. They call them "sembon *torii*," which means one thousand *torii* gates. Actually, the number of *torii* gates is not so many as one thousand. The shrine is on the hill. The more we go up, the more tired we get. When you go there, I recommend you take the shoes that are easy to walk in.

このタスクが遂行できるかどうかは，CEFR-J A2.2レベルの発表技能の可否の確認ということにしかならないが，同じタスクを学習者のレベルによってイメージ化するための教材を開発し，教師自身も学習者も参考にすることができる。

※ 留意点

CEFR-J の Grammar Profile はコンテクストごとにデータ化されているとは言いがたいところがある。例えば，現在進行について言えば，同じ be 動詞＋-ing の形をとっても，現在の一時的な動作の進行（I'm reading a book.）なのか，未来表現（We're having a party tonight.）なのか，完了していない動きを表現したもの（The bus is stopping.）なのか，を明確に示すことができない点が短所である。このような用法別のレベル表示には English Profile, Global Scale of English などを合わせて参照するのがよいだろう。

CEFR-J Text/Grammar Profile は，教科書編集者やテスト開発者にとっては，対象者のレベルに応じた言語材料を参照することができる。また，教師は学習者の目標となるディスクリプタに必要な言語材料を自作教材に取り込むことができ，それによって，学習者は自分のレベルとそれより上のレベルのアウトプットのイメージがどう違うのかを自らイメージすることができる。

【もっと知りたい方へ】

本文中にも触れているが，English Profile: CEFR for English（http://www.englishprofile.org/）には，英国ケンブリッジ大学の2つの組織，ケンブリッジ大学出版局およびケンブリッジ英語検定機構によって，学習者のアウトプットに基づいて，語彙は English Vocabulary Profile として，文法は English Grammar Profile として存在する。CEFR の各レベルに合った語彙や文法項目が検索できるため，学習ツールとしても教材開発としても活用することができる。

Part 4

CEFR-J に基づく
テスト・タスク作成

Q22 CEFR-J テスト・タスク開発プロジェクトはどのように進められたか？

※ CEFR-J テスト開発のアプローチ

テストが CEFR や CEFR-J の CAN-DO ディスクリプタとは独立に開発されている場合は，CEFR レベルと対応づけをするための基準設定（standard setting）を行う。その手法としては，そのテストを CEFR の各レベル感を元に，困難度順に並べたテスト項目の間に線引きをする方法と能力順に並べた受験者のパフォーマンスの間に線引きをする方法などがある。

それに対して，テスト・タスクを CAN-DO ディスクリプタに基づいて作る場合がある。この場合は，それぞれのテスト項目の解答の成否がその CAN-DO ディスクリプタのレベルへの到達の有無を表すことになる。本プロジェクトでは，このアプローチを採用している。

※ 受容技能のテスト・タスクで用いるテキストの作成方法

まず，受容技能のテストの作成方法について述べる。受容技能のテストの作成にあたっては，まず，使用するテキストを決定しなければならない。CAN-DO ディスクリプタの中のテキストに関する記述を見て，それがどのようなテキスト・タイプなのか確認する。

例えば，リーディングであれば，ポスターなのか，新聞記事なのか，説明書なのか，などである。それを確認した後，該当するテキストを探すか，作成するかする。既存のものを使用する場合は，テキスト・タイプに合ったテキストを複数探し，そのテキストの代表性をよく考慮して，決定する必要がある。なお，その際，必要に応じて，著作権の処理をする。テキストを自作する場合は，テキスト・タイプに合ったものを作ることになるが，この場合は，そのテキスト・タイプの特徴をよく反映したテキスト作りが必要である。ディスコースの構成や文体，レイアウトなどをよく考慮することで，真正性が高まる。非母語話者によって書き下ろされた場合は，母語話者による英語

のチェックも必要である。

　リスニングの場合も，基本的にリーディングと同様の作成法が採られる。既存の音声テキストを用いる場合は，著作権処理の必要性の有無を確認し，テキストをまるごと利用するか，音声編集ソフトで編集するかを決定する。自身で作成する場合は，音声テキストを書き下ろしてから収録・編集という流れとなる。音声テキストの書き下ろしにあたっては，自然なディスコースの流れや音声的な特徴をよく考慮して，作成しなければならない。音声テキストを書いた場合には，フィラー(hm, hmm, ah, er, oh, well, let me see, let's see, you know 等）や言いよどみ，言い直し，オーバーラップ，ポーズ，感嘆文，付加疑問などを意識して入れる必要がある。私たちは書くようには話していないからである。

　その上で，収録を行うが，プロのナレーターであってもなくても，事前の打ち合わせは重要だ。もちろん，書き下ろし原稿の場合でも，編集作業は必要となる。聞く回数は，CEFR や CEFR-J の CAN-DO ディスクリプタには記載がないが，その状況で実際に聞く回数を前提とする。例えば，留守番電話などは何度も繰り返し聞くことができるし，アナウンスなども同じ内容が繰り返されることがある。そうした言語活動の場合は，テストにおいても，複数回聞く機会を用意する。ただし，リスニングが一斉に実施されるために，留守番電話のような場合であっても，受験者が好きなだけ聞けるというようにはしていない。それに対して，スピーチやプレゼンテーションなどは，まったく同じものを繰り返し聞くことはないために，これらの場合は，聴取は１回のみとなっている。また，現実のやり取りや発表では，重要な情報は繰り返されることが多いので，１回のみの放送であっても，このような余剰性を含めるようにした。とりわけ低いレベル（Pre-A1，A1，A2）のタスクでは，タスクの達成に関わる重要な情報は，自然に繰り返すことで複数回聞こえてくるようになっている。

　さらに，テキストの作成においては，テキスト・レベルを意識する必要がある。さまざまな要因がテキストの困難度に影響しているが，それらの要因は，大きく分けると言語的な要因と内容的な要因である。言語的な要因には，用いられている語彙や文法があるが，それ以外にも，文の長さや構造の複雑さなども大きな要因となる。これらの要素を組み込んだものとしては，さまざまなリーダビリティ公式に基づく指標があるが，これらの指標は，CEFR

や CEFR–J に関連づいてはいない。そこで，本科研グループでは，CVLA：CEFR-based Vocabulary Level Analyzer（ver. 1.1）(http://dd.kyushu-u. ac.jp/~uchida/cvla.html) や English Level Checker (http://lr-www.pi.titech. ac.jp/gradesystem/) といったツールを使って，テキスト・レベルを確認している。ただし，テストの項目困難度は，テキスト・レベルだけでは決まらない。次に述べる，テスト・タスクとの相互作用で，テストの項目困難度が決まってくる。例えば，テキストの全体理解が問われるようなテスト・タスクであれば，テストの項目困難度はテキストの困難度に対応するようになるが，テキストの部分的理解のみが問われるようなテスト・タスクであれば，テストの項目困難度とテキストの困難度との関係はあまり強くない傾向にある。

※ 受容技能のテスト・タスクの作成

発表技能に比して，受容技能のテスト・タスクの作成は，困難である。多くの場合，CAN–DO ディスクリプタには，「理解する」というような記述しかないからである。自己評価の場合は，「理解している」かどうかを自分で判断すればよいが，テストの場合は，他人が外から判断しなければならない。そのために，その理解の結果を外に引き出す必要がある。これがテスト・タスクの役割である。

CEFR–J のテスト・タスクを作成する場合には，もともとの CEFR が行動指向アプローチ（action-oriented approach）を取っていたことを思い出す必要がある。タスクについては，CEFR では次のように定義されている。

A task is defined as any purposeful action considered by an individual as necessary in order to achieve a given result in the context of a problem to be solved, an obligation to fulfil or an objective to be achieved. This definition would cover a wide range of actions such as moving a wardrobe, writing a book, obtaining certain conditions in the negotiation of a contract, playing a game of cards, ordering a meal in a restaurant, translating a foreign language text or preparing a class newspaper through group work.

(Council of Europe, 2001, p.10)

タスクは「問題解決または義務や目的の遂行のため所定の結果を得ようとして行う個人の目的を伴う行為」と定義されている。

　タスクの指示文では，タスクの目的・場面・状況を示しているが，これは，"to achieve a given result in the context of a problem" の部分と大きく関わっている。コミュニケーションの目的・場面・状況によって，どのような結果を手に入れるべきかが異なってくる。

　受容技能のテストの場合，「〜を読んで／聞いて」内容に合うものを選びなさい，というような多肢選択テストが用いられることが多いが，このようなタスクを現実の生活で行うことはない。CEFR-J のテスト・タスクの作成では，そのテキストを読んだり，聞いたりした場合に，現実の生活で行うようなタスクの設定が可能かどうかをまずは検討する必要がある。また，タスクの設定にあたっては，想定される受験者がそのタスクにどのくらいなじみがあるかも重要な視点である。そのタスクに受験者がなじみがなければ，タスクが遂行できなかった場合，言語能力がないために遂行できなかったのか，タスクのなじみがないために遂行できなかったのかがわからない。ただし，現実的に体験したことがなくても，見聞きしたことのあるようなタスクは認めることとした（例えば，日本人中高生にとっての「空港のアナウンス」など）。

　作成したテスト・タスクを具体的に見ていく。A1.1の「読むこと」では，「『駐車禁止』，『飲食禁止』等の日常生活で使われる非常に短い簡単な指示を読み，理解することができる。」という CAN-DO ディスクリプタがあるが，「読んで，理解している」かどうかは，外からはわからない。そこで，テスト・タスクとしては，そのような指示を読んで，行うべき「行動」を複数の絵の中から選択する，というようなテスト・タスクが考えられる。ちなみに，CAN-DO ディスクリプタの中に「学校の宿題，旅行の日程など…」のように複数の例示がある場合は，その中からいずれかを選択することになる。また，A1.3の「読むこと」の「簡単な語を用いて書かれた，挿絵のある短い物語を理解することができる。」というような CAN-DO ディスクリプタに対応するテスト・タスクを作成するとなると，複数の絵を提示してそれらを並べ替えさせるという選択肢もあるだろう。しかし，タスクをテスト場面にそのまま落とし込みにくい場合には，それらは多肢選択式の内容理解問題というような伝統的な内容理解問題となることもあり得るだろう。受容技能の

テスト・タスクの多くは，採点のしやすさなどから多肢選択式が選択される傾向があるが，場合によっては，open-ended な形式が選択される。

　最後に，テストの結果のどこかに CEFR–J のレベルの線引きをしなければならない。全問正解して，そのレベルに達しているとするのか，そのうちのいくつかの正解でいいのかを決めなければならない。実際には，同じテキストにぶら下げた類似のタスクであっても困難度がかなり異なることもある。この辺の問題は，今後解決しなければならないだろう。

❋ 発表技能のテスト・タスクの作成

　受容技能のタスク作成に対して，発表技能のテスト・タスク作成は，いくつかの点で異なる。発表技能の CAN–DO ディスクリプタは，CEFR および CEFR–J が行動指向アプローチに基づいているために，そこからタスクを導くことはそう難しいことではない。いわゆる，テスト・タスクが CAN–DO ディスクリプタの中に書かれているのである。例えば，「書くこと」の A1.2 の 2 つの CAN–DO ディスクリプタのうちの 1 つは，以下のとおりである。

> 簡単な語や基礎的な表現を用いて，メッセージカード（誕生日カードなど）や身近な事柄についての短いメモなどを書ける。

　それに対応するテスト・タスクは，以下のとおりである。

> 英語の授業でお世話になっている ALT の Chris 先生が，来週誕生日を迎えます。メッセージカードを書いて送りなさい。カードには，お祝いのことばに加えて，授業の感想や，感謝のことば，などを書きなさい。

　基本的なタスクは，CAN–DO ディスクリプタに書かれているので，あとは「目的・場面・状況」をテスト・タスクの中に入れ込むだけだ。

　「話すこと」のテスト・タスク作りも同様である。「話すこと（発表）」の A1.1 の 2 つの CAN–DO ディスクリプタのうちの 1 つは，以下のとおりだ。

> 基礎的な語句，定型表現を用いて，簡単な情報（時間や日時，場所など）を伝えることができる。

　それに対応するテスト・タスクは，以下のとおりである。

あなたの学校に新しく留学生がやってきました。その留学生は，日本の学生が放課後どのように過ごしているか興味津々です。あなたの放課後の過ごし方を英語で説明してあげてください。「何時頃」「どこで」「どのような」ことをするのか，時系列でわかりやすく説明してください。話す時間は30秒間とします。15秒の準備時間の後，合図が聞こえたら話し始めてください（準備の間，メモをとってもかまいません）。

　このように「簡単な情報（時間や日時，場所など）」を伝える必然性を持たせるために，「日本への留学生」に「放課後の過ごし方」について尋ねられた，としている。さらに，「時系列でわかりやすく説明」とすることで，「時間や場所」について話すことを期待している。A1.1レベルとしては少々産出結果に幅が出てくる可能性があるが，ポイントは簡単な情報が伝えられるかどうかを見る点にある。

　「話すこと（やり取り）」は，対面でのテストとなるので，タスクの準備に加えて，試験官はどう話しかけ，受験者の反応に対して，どのように対応するかというシナリオを用意しておく必要がある。

　先に示した「話すこと（発表）」のテストの指示文では，「お祝いのことばに加えて，授業の感想や，感謝のことば，などを書きなさい。」や「『何時頃』『どこで』『どのような』ことをするのか，時系列でわかりやすく説明してください。」というように，話すべきことを規定している。これは，このように規定することで，採点の信頼性を高めるという利点はあるだろう。ただ，これに関しては，指定された目的・場面・状況でどのようなことを話すべきかを判断する力も「話す力」であると考えることもできる。これに対して，「話すこと（やり取り）」のテストでは，何を話すべきかをインタビュアーに誘導されているとも言える。「話すこと（発表）」のテストの指示文のあり方については，今後さまざまな実証的な研究とともに，議論が必要だろう。

※ 発表技能のテストの採点

　発表技能のテストの採点は，大きく２つのタイプに分けられる。１つは「全体的採点」である。例えば，基準に未達成であれば０，基準に達成していれば１，基準に充分達成していれば２という具合である。これはタスク困

難度の推定を数量データを用いて行うために，科研のプロジェクトで選択されたものだ。

　もう1つのタイプは「分析的採点」である。「文法」「語彙」「内容」などといった複数の観点で，独立した採点を行うものである。この場合，タスクの性格に応じて複数の観点を立てることになる。「文法」や「語彙」は，ある程度普遍的な観点であるが，「文章構成」や「内容の適切さ」などの観点を立てるかはタスクによるだろう。

　特定の「文法」の使用頻度や使用「語彙」レベル割合の観点からの採点は，English Level Checker（http://lr-www.pi.titech.ac.jp/gradesystem/）のEssay のようなツールを用いて行うこともできるだろう。

［まとめ］

　CEFR-J に基づくテストの作り方は，発表技能と受容技能とで，異なるアプローチが取られた。発表技能では，CAN-DO ディスクリプタから直接的にテスト・タスクを具体化できたが，受容技能では，「理解できる」かどうかを見るための現実的なタスクを設定する必要があった。発表技能は，そのテスト・タスクにふさわしい採点方法と採点基準を採用した。受容技能では，CVLA などを用いて，インプット・テキストのテキスト・レベルを適切に設定した。

［もっと知りたい方へ］

　CEFR や CEFR-J などからテスト・タスクを作成するにあたっては，コミュニカティブ・テスティングの知識が役に立つ。具体的なテスト問題が豊富に載っているものとしては，J. B. Heaton の *Writing English Language Tests* やその翻訳書『コミュニカティブ・テスティング―英語テストの作り方』，『コミュニカティブ・テスティングへの挑戦』がある。テストとしては，Cambridge English のサンプル・テストなどからも具体的なヒントを得られるだろう。

CEFR-J に基づくスピーキング・テスト（やり取り）はどのように作成したらよいか？

❋ 作成手順

CEFR-J スピーキング・テスト（やり取り）の作成は，通常のテスト作成時と同じで，以下の手順をたどる。

(1) テスト・スペック（test specifications）を作る。

(2) テスト・スペックに沿って，テストタスクや採点基準（ルーブリック）を作る。試しに解いてみて，改良する。

(3) 実施後に意図どおりの結果が得られたかを確認して改良する。

この手順は，教室内テストでも大規模テストでも原則同じであるが，大規模テストでは(3)の段階で精密な分析が求められる。テスト・スペックには，テスト目的，測りたい能力，テスト形式等を明記する（根岸，2017）。CEFR-J スピーキング・テストで特徴的なことは，テスト・スペック（特にタスクと採点基準）と CEFR-J ディスクリプタを強く関連させることである。

❋ CEFR-J のディスクリプタを反映したタスク作成

ディスクリプタは抽象的な形で書かれているため，タスクに落とし込む際には，CEFR-J のディスクリプタに沿った具体的な活動を入れていく必要がある。その際には，ディスクリプタに書かれているパフォーマンス，質，条件も考慮する（詳細は Q29 を参照）。

CEFR-J テスト作成プロジェクトにおいては，以下のように定めた。

・やり取りをする場面を明示し，話し手同士の関係性や，何のために話しているのかがわかるような設定にする。ディスクリプタにその設定がない場合には，そのレベルに合うものを考える。できるだけ現実に近く，日本の学習者が不自然に感じない状況設定を考える。(A)～(C) が基準。

(A) 日本で行う英語タスクが思いつく場合はその設定にする。

例：留学生が日本に来ていて，趣味について英語で話す。

　(B)　(A)が考えにくければ海外で英語を使う設定にする。

　(C)　(B)も考えにくければ，英語ではあまり行わないが，日本語ならば
　　　よく行うような設定にもできる。しかし，これはできるだけ避ける。

・面接官と学習者が対面して話す形式で作成する。やり取りの測定が限定
　的になるため，電子機器に話を吹き込む形は考えない。学習者同士が話
　す形式も検討したが，CEFR-J レベルで統一した形式を使う場合，低いレ
　ベルでも意図した機能を引き出せる形式を採用した（小泉，2018b 参照）。

　　上記の原則に沿って作成したタスクの例を挙げる。

A1.3の１つ目のディスクリプタ：趣味，部活動などのなじみのあるトピッ
クに関して，はっきりと話されれば，簡単な質疑応答をすることができる。

タスク：同じクラスの留学生がクラブに入りたくて，適切な部活を見つける
　ために色々と聞く。部活について答える生徒も，自分の部活が留学生にとっ
　て適切かを判断するため，留学生に質問をしたり，質問に答えたりする。

手順

① 「このカードを読んでください。読み終わったら顔を上げてください。」

② カード：

> 　　先生はあなたのクラスの留学生で，何か部活をやりたいと思って
> います。自分にあった部活を探すため，留学生（先生）があなたの部
> 活について色々と質問をしますので，それに答えてください。また，
> あなたの部活が留学生に向いているかを判断するため，あなたも留
> 学生に質問をしてください。
>
> 　　部活に入っていない人には，あなたの趣味について質問します。
>
> > 　　カードを読み終わったら顔を上げてください。

③ 学習者が顔を上げたらすぐに始める。ストップウォッチで１分半測る。

④ 教員は質問を４つすることを目標とする。その中で What are some
　good points about the chorus club? のような，より多くの文を生徒
　が言えるような質問を１つは入れる。生徒から文の形での質問を，最
　低１回はさせる。

⑤ 生徒が黙ってしまった時には，直前に言ったのと同じ言葉をゆっくり繰り返したり，それを言い換えたりして発話を引き出そうとしてみる。それを1回試みて発話が出ないときには次に行く。
⑥ 理解を妨げるような誤った発話の時には，意味を確認する。通じる程度の誤りは許容し，話を合わせて次に行く。
⑦ 1分半後に会話をストップし，そこまでの発話で評価する。

※ CEFR-J のディスクリプタを反映した採点基準作成

　CEFR-Jテスト作成プロジェクトにおいては，CEFRでのレベルごとのディスクリプタ（Council of Europe, 2001）を参照しながら，大枠を作成した。実際にテストを実施後，テストで見られたパフォーマンスを採点しながら，どの程度到達できれば該当レベルにぎりぎり合格か，そのレベルに十分に合格かを議論しつつ決めていった。

　一般に，採点基準には全体的（holistic）と分析的（analytic）の2種類がある。今回は観点ごとに別々に採点を行う分析的尺度でなく，全体として1つの得点を付ける全体的尺度を用いた。その理由の1つは，Pre-A1レベルから統一した形でレベルの合否を明確にしたかったためである。低いレベルだと言語特徴が限定されるため，分析的尺度を作成するのが容易ではないと判断した。もう1つの理由は，将来CEFR-Jタスクを使う際，採点をしてすぐに，ある学習者がどのレベルに属するかを判定できるようにすることを目指したためで，分析的尺度だと観点ごとに得点が異なる場合に，ある CEFR-J レベルに到達しているかを判断しにくいと考えた（CEFRに基づいたタスクの採点時に分析的尺度を使用した例は Harsch & Martin, 2012; Harsch & Rupp, 2011参照）。

　上記の A1.3 の1つ目のタスクに即して作成した採点基準を例として挙げる（次ページ表1）。

　この採点基準では，評点2が該当レベルに最低求められるパフォーマンスで，該当レベルにぎりぎり合格とし，評点3ではそのレベルに楽に合格している場合としている。(x) 情報の量や，質問したり質問に答えたりができるか，(y) 発話のスムーズさや答える文の特徴，レベルで求められる発話のイメージも加味されていることに注意したい。(x) のみで(y) の記述がない

と，決まり文句や断片的な語句レベルの発話だけでもタスクとして要求している行為は成立することがあるため，評点が高くなり，タスクが簡単になり過ぎる原因となる。実際のテストで見られた発話を使った評点２の例（原文ママ）を以下に挙げ，解説する。

表１：A1.3のレベルのタスクのための採点基準例

評点	レベル間 共通の記述	具体的な記述
3	タスクが難なく十分に達成できた[1]	自分のクラブ活動について，聞かれた以上の情報を自ら与えることができる。その上で，留学生である試験官にはどのようなクラブ活動がよいか，情報を詳細に聞き出すことができる。
2	タスクが達成できた	返答は基本的には短いが，決まり文句以外の文が混ざり（通じる程度の誤りは許容），受け答えのタイミングに不自然さはない。自分の部活についての十分な情報提供がある。主語・動詞がある形で質問をして，試験官がどういったことができるのか，何が好きなのかを聞き出すことができる。生徒は質問を１つ行うことができる。
1	タスクが達成できなかった	文が言えたとしても，決まり文句だったり，発話に時間がかかったりする。情報量が不十分で，部活を決める参考にはあまりならない。生徒は質問を１つも行うことができない。質問したとしても，今までの会話に基づいた質問ではなく，決まり文句的な質問，もしくは質問をするのに非常に時間がかかる。

[注] 1 (a) 一貫して苦労なくタスクを行っている場合，または (b) 自分から話そうという前向きな姿勢に加えて，流暢さ，正確さなど，もう一点特に強い面がある場合

教員：What club are you in?

生徒：I'm volleyball club.

教員：How many students are there?

生徒：*Eh* My club is thir thirty people in.

教員：On which days of the week do you play volleyball?

生徒：*Eh* ... Tuesday, Wednesday, Thursday, Friday, Saturday, Sunday.

教員：Wow, that's very hard. What are some good points about your club?

生徒：*Ah* My club is ... mm my club level is so high high. *mm* ... *ehto* the game of level is so high. It's so exciting.

教員：Exciting. But I can't decide. (「質問してください」のカードを見せる)

生徒：*Eto* ... Have you play volleyball?

教員：Yes, when I was an elementary school student.

生徒：*Ah*. What position what is your position?

教員：Well, I don't remember.

生徒：OK. *Mm* My club is so busy. *Eh* ... if you have *eh* have you have something ... to do and other, my club is *mm* ... so busy.

教員：So I'd better not join it.

生徒：Yeah, yes.

教員：I see. Thank you for your good advice. This is the end of the task.

[注]...＝2秒以上のポーズ。イタリックの語＝非流暢さを示す挿入語

　4つの質問すべてに答え，質問を2回している。詳細の情報を提供したり，聞きだしたりしていない。会話の主導権を取るまでには至っていない。もし質問の答えが理解しにくかったり，使う文や語がほぼ同じものだったり，ポーズが多くて会話を進めるのに苦労したりする場合には評点1となる。

❋ CEFR-J スピーキング・テストの実施後の検証

　ディスクリプタに基づいてタスクや採点基準を作ったとしても，それが意図どおりに機能しているかは調べてみないとわからない。その確認のためには，テストをさまざまな点から分析して，テスト作成時に予想していたのと結果が一致しているかを1つ1つ突き合わせていく，妥当性検証という手順を踏むことが必要である（方法の詳細は小泉，2018a 参照）。その中で CEFR-J タスクとして特に重要なのは，（a）CEFR-J レベルの難易度と実際の難易度が一致しているか，（b）テスト結果がレベル判定に使えるかの点検である。（a）は，相関分析や，タスクの難易度の距離関係の検証（例：A1.1とA1.2

のタスクの難易度が近すぎないか，A1.2の複数のタスクが離れすぎていないか）を行う。(b) は，基準設定 (standard setting) と呼ばれる方法で行う（Cizek & Earnest, 2016; Council of Europe, 2009; Fulcher, 2010参照）。

　(a) について，さまざまな熟達度の中学生から大学生を対象にPre-A1からB1.2レベルまでのタスクを実施し，難易度の確認を行い，タスク改訂を行った。以下がその過程で明確になった作成時の注意点である。

・面接官は学習者がどの程度まで自発的に話せるかを確かめる場面では，話し過ぎず，面接官は次の発話をする前に最低5秒は待つようにする。
・面接官がテストで用いるテンプレート的な発話を準備しておく。しかし，趣味や部活を尋ねるタスク等で，趣味を持たない，部活に入っていない等の予想外の反応が返ってくることもある。その場合でも会話を続けていけるように，面接官は準備をしておく。
・面接官はレベルに適した質問をするように心がける。同じトピックが複数のタスク間で重なる場合，理由や描写を求める細かな点を尋ねてしまうこともあるが，低いレベルの学習者には難しすぎる質問のため避ける。
・決まったフレーズを使ってタスクで求めている行為が完了してしまわないように，条件を細かく指定する（例：A2.2の2つ目のタスク「予測できる日常的な状況（郵便局・駅・店など）ならば，さまざまな語や表現を用いてやり取りができる」で，店で家族にお土産を購入するタスクにおいて，「よいお土産を買うために，どんなものがよいかを店員に細かく説明する。あまり高いものは買えない」と条件指定した）。
・レベルに合わせて，ディスクリプタに明確に書かれていない周辺的な行為も含めてタスクにする（例：A1.3の2つ目のディスクリプタ「基本的な語や言い回しを使って，人を映画などに誘ったり，誘いを受けたり，断ったりすることができる」のタスクで，誘いを受けて待ち合わせ場所等を決める行為だけだとこのレベルとしては簡単になるが，「留学生（面接官）はこの地域のことがよくわからないので，あなたから提案してください」と主体的に会話を進めるような指示文を入れた）。

　テスト作成にはタスクを作る以外にもその質を調べる手続きが必要で，それを丁寧に行うことにより，十分機能するテストを作ることができる。

CEFR-J に基づくスピーキング・テスト（やり取り）の作成ポイントを紹介した。

どんなに精密にタスクを作成しても，意図どおりにタスクが機能しないことはよくある。大規模に実施する前に事前調査を行い，結果の検証を行ってタスクを修正し，必要であれば何度もそれを繰り返す手順を取るのが望ましい。

もっと知りたい方へ

CEFR とテストを関連づける方法は，Manual（Q 7 参照）に詳しい。

Q24 CEFR–J に基づくスピーキング・テスト（発表）はどのように作成したらよいか？

　CEFR–J 準拠のテストが測ろうとするのは，実世界で行うような言語行為を遂行する能力である。しかし，テストという人為的に作られた場で，実際の言語行為のそれと近いアウトプット（解答）を引き出すことは容易ではない。また，「話すこと（発表）」のテストは，多肢選択・短答問題などの項目形式よりも，まとまった発話を促すパフォーマンス形式をとることの方が多く，採点の安定性の確保が大きな課題となる。本節では，「話すこと（発表）」のテスト・タスク（A2.2レベル）のパイロット版を実際に作成した際のプロセスを示し，CEFR–J 準拠のスピーキング・テスト作成のポイントを検証する。

※ パイロット版タスクの作成

　「話すこと（発表）」A2.2の CAN-DO ディスクリプタ「写真や絵，地図などの視覚的補助を利用しながら，一連の簡単な語句や文を使って，自分の毎日の生活に直接関連のあるトピックについて，短いスピーチをすることができる」に沿って，主に中高生の受験者を想定したパイロット版タスクが作成された（次ページ図1）。このような内容，形式とした根拠を，テストの質を評価する際の一般的な指標である妥当性，信頼性，真正性の観点から説明する。

○妥当性

　CAN-DO にある「自分の毎日の生活に直接関連のあるトピックについて，短いスピーチをすることができる」がこのタスクで測定対象となる言語能力であるとすると，「ホームタウンについて短い話をする」というパフォーマンスを求めることは妥当といえる。ただし，指導タスクであれば学習者の実際のホームタウンについて話してもらえばよいが，テスト・タスクとなると，採点の安定性確保を優先するために，open-end な形式を取りにくくなる。そこで，受験者共通の架空のホームタウンを設定して，それについて一律解

答してもらう形式を取らざるを得ない。これは，妥当性・信頼性・真正性の
バランスをどう取るかという問題であり，行動指向アプローチのような理念
をテストで実現しようとする時に直面する典型的な困難の1つである。

○信頼性

　受験者に求める具体的な発話内容を明確にするために，「1．景色，レク
リエーション，イベントなど，四季折々の様子を話してください」「2．ど
れか1つは，子どもの頃の思い出を紹介してください」という具体的な指示
が加えられた。また，イラストでは，川沿いで凧揚げや植物観察をする子供
たち，お花見・サイクリングをする人々の様子など，中高生が理解できるよ
うな内容が描かれた。さらに，架空の町の様子について話すことを求められ
る受験生への負荷を考慮し，3分間の準備時間（メモを取ることも可）が設
けられた。

　あなたは，アメリカの高校に留学中です。ある日，各国の留学生たちが集まる
交流会に参加しました。参加者はそれぞれ，自分が母国で住んでいた町につい
て，短いスピーチをすることになりました。あなたの町には自然豊かな川があ
り，町の人たちに親しまれています。下記の絵（写真）を見せながら1分間のス
ピーチをしてください。その際，必ず以下1．と2．の内容をスピーチに盛り込ん
でください。

1．景色，レクリエーション，イベントなど，四季折々の様子を話してください。
2．どれか1つは，子どもの頃の思い出を紹介してください。

　準備時間は3分，話す時間は1分です。

図1：「話すこと（発表）」A2.2テスト・タスクのパイロット版

（タスク作成者：高田智子）

○真正性

　中高生が「留学先（アメリカ）の交流会で」(場面)，「留学生として」(話し手の属性)，「他の留学生に向けて」(聞き手の属性) 話すという設定は，留学経験者や希望者にとっては真正性が高いが，留学に現実味や興味を感じない受験生にとってはそうとはいえない。ただし，平均的な中高生が日本で英語を使ってコミュニケーションする機会の少なさを考えると，「外国（留学先）で英語を使う」という設定自体は，留学が自分ごとではない受験者にとっても少なくとも不自然さは感じない内容だと推測される。

※ パイロット版の検証

　テストを中高生に向けて実施する前に，大学生13名に向けて試験的に実施したところ，主に2つの問題点が明らかになった。

(1) 求められる発話内容のあいまいさ

　本タスクでは，四季の活動と子供の頃の思い出を話すことが求められるが，前者について，四季すべてについて話しているケースと，1つの季節について詳しく話しているケースがあり，それらを同等に評価すべきかどうか，判断が難しくなることがうかがわれた。指示文「四季折々の様子を話してください」が，求める発話内容を明確に伝えきれていないことが原因と考えられた。

(2) 制限時間の長さの感覚をつかめないことによるタスク未達成

　制限時間のほとんどを季節の活動について話すことに費やし，子供の頃の思い出を話すに至らないケースがあった。このような時間切れの原因として，話す内容をまとめられない，または適切な英語表現が出てこないこと，および1分間に話せる分量の目安がわからないことの2パターンがあると推測した。前者は話す能力自体に関わるので，テスト・デザインの工夫による回避には限界があるが，後者の回避にはテスト環境の改善が必要であると考えた。

※ パイロット版の改訂

　パイロット版の検証で明らかになった問題点を踏まえ，パイロット版を次ページの図2のように改訂した。検証された(1)の内容に関して，「景色，レクリエーション，イベントなど，四季折々の様子を話してください」という

指示文を，「イラスト内の２つ以上の事柄に触れて，住んでいる町の様子を伝えてください」へと変更し，発話内で触れるべき項目の数を明示した。

　検証された(2)の内容への対策として，制限時間のカウントダウン表示を行うと共に，このタスクの前に，「ウォームアップ（評価対象外）」として１分間の自己紹介タスクを設け，受験者が１分間の長さや話す分量の目安をつかむ機会とした。また，このウォームアップの場面設定もA2.2タスクと同じ留学生交流会とし，同一の場での連続した言語活動として取り組めるよう工夫した。

（前半部分は図１の旧版と同じ）
　その際，必ず以下１. と２. の内容をスピーチに盛り込んでください。
1. イラスト内の２つ以上の事柄に触れて，住んでいる町の様子を伝えてください。
2. 1. で述べた事柄のうちどれか１つについては，子どもの頃の思い出を紹介してください。
　準備時間は３分，話す時間は１分です。
（イラストは図１と同じ）

図２：A2.2テスト・タスクの改訂版（下線部が変更点）

※ 採点基準の設定

　タスクの基になったCAN-DO（測ろうとしている能力）や，試験的に実施したテストでの解答を検証し，「発話項目数」と「言語の質」の二軸からなる判定基準を設定した。まず，発話項目数は，タスクの指示文（図１）にある１. と２. が発話内容に含まれているかどうかということである。ここでは，解答で触れられている事柄を単純にカウントし，必要な項目数を満たしているかどうか判定する。次に，言語の質の検証として，タスク達成に足りる程度の使用領域の幅，正確さ，流暢さ，一貫性があるかどうか，それぞれ４段階（A・Bはタスク達成に足りる質を満たしている，C・Dは満たしていない）で評価する。本節ではこの基準の詳細は記載しないが，基本的には，CEFR (Council of Europe, 2001, pp.28–29) やCEFR Companion Volume (Council of Europe, 2018, pp.155–156) の "Table 3. Common Reference Levels: qualitative aspects of spoken language use" に記載の話し言葉の質的側面に関する基準を踏襲している。最後に，発話項目数と言語の質の各評価を総

合して，4段階（A・BはA2.2レベルに達している，C・Dは達していない）で
最終判定を下す。

※ 改訂パイロット版の実施——解答のレベル判定

　高校1年生72名に，改訂したパイロット版テスト・タスクに取り組んで
もらい，設定した採点基準に則って判定を行った。そのうち，ちょうど
A2.2レベル（B）と判定された解答例を以下に示す。

> I recommend you to a beautiful river and plants in my country.
> There are a lot of plants, so the plants is very beautiful. So we can
> research the abou ... research about the plants in my classes, so my
> science was very good. And we have a very beautiful river. There are
> a lot of fish in the, in the river. So, ... when I was young, we wen ...
> we went the river and caught the fish and throw into the ... threw a
> lot of stones (?) in the river. Very ... Very beautiful, so we can work
> cycling along a lot of fish.（原文ママ）

　この解答では，受験者は植物と川の美しさに言及した上で，植物観察とサ
イクリングを子供の頃の思い出として話しており，必要な発話項目数を満た
している。言語の質に関しては，町の様子を紹介する表現（there are a lot
of plants など）や，活動を表す表現（caught the fish など）を使って情報を
伝えているので，使用領域の幅は B，一部文法の誤りはあるが，単純な構造
や簡単な語彙を概ね正しく用いており発話意図が伝わるので，正確さは B と
評価した。言い淀みや話すスピードの極端な変化により，一部の内容（threw
a lot of stones など）が不明瞭になってしまったため，流暢さは C，and や
so（少々多用気味）を用いてまとまりのある話をしているため，一貫性は B
と評価された。そして，発話項目数を満たしており，言語の質面でも平均し
て B の水準にあることから，総合的に B（ちょうど A2.2レベル）と判定された。

　行動指向アプローチのスピーキング能力は，話す内容とそれを伝えるため
の言語運用能力の総合力であり，後者を個別に測ることはできない。ただし，
前者が受験者の足かせとなりすぎないよう，受験者が一定の現実味を感じら
れるような場面やトピックを選ぶことが重要である。また，実世界とのつな

がりを考えると，受験者が自分自身として解答できるタスクが望ましいが，解答パタンが爆発的に増えないよう，たとえ真正性が低下しようとも，必要に応じて話す内容の自由度や話し手の属性を限定し，採点の安定性を担保する。

　評価ではタスクの達成度を最重視する。解答の言語上の正確さや流暢さなども，あくまでもタスクの達成に足るレベルで保たれているかどうかを基準にすることを徹底し，必要以上の正確性，流暢性を求めない。

［まとめ］

　本節では，A2.2テスト・タスク作成のプロセスを説明した。この後，タスクの質を精密に考察するために，項目応答理論に基づいて困難度を分析したり，その他客観的な指標を用いて妥当性，信頼性などを検証する必要がある。しかし，上記の過程で，下記「まとめ」に示すような留意点がすでに明らかになった。日本の英語教育にCEFR（–J）的理念が導入され始めてからまだ日が浅い（本稿執筆の2020年1月現在）ことを考えると，教師はテスト実施ばかりを急ぐよりも，まずは指導でCAN–DOを学習者としっかりと共有し，タスク・ベースの言語活動に慣れる機会を設けることが重要である（Q30の「話すこと（発表）」の指導に関する解説を参照されたい）。

［もっと知りたい方へ］

　スピーキング・タスクを作成する際，各CEFRレベルの能力感（どの程度話せるのか）を把握しておくことが重要である。CAN–DOからだけではそれが読み取りにくい場合，さまざまな英語教育機関が公開するCEFRレベル付きのサンプル発話音声（例えば，フランス国際教育研究所が公開する動画。http://www.ciep.fr/en/books-and-cd-roms-dealing-with-assessment-and-certifications/）が役立つ。また，CEFR準拠のタスクやテストを精力的に作成・公開している国際交流基金の『JF日本語教育スタンダード』(https://jfstandard.jp/top/ja/render.do) からは，英語とは異なる言語でありながら，学ぶことが多い。

Q25 スピーキングの自動採点技術は どの程度進んでいるか？

※ 概要

　音声情報処理技術を用いることで，スピーキング・テストの採点を自動化することが期待されている。現在の技術では，発話の流暢さなどを人手で評価したスコアと相関の高いスコアは一定程度実現している一方で，制約のない条件下で発話内容を高精度で認識することは非母語話者音声が不明瞭な発声を含むこともあり難しさがある。自動採点がどの程度うまくいくかはテストの内容や対象者にも大きく依存するため，自動採点システムの構築を考える場合には慎重な設計が必要だ。また一般に，機械学習システムの学習には大量のデータを用意する必要がある。

　スピーキングの自動採点には，どのような問題を設定し何を評価対象とするかによりいろいろなバリエーションがあり，必要な技術も異なってくる。10年前にはこの分野の研究発表の機会は限られていたが，ここ最近は Interspeech など音声情報処理分野におけるトップレベルの国際会議で教育応用のセッションが設けられている。システム性能の評価値は，問題設定の難易度や試験の対象者により変化する。そのため異なる条件のシステムの比較は直接的にはできず，慎重に行う必要がある。

　以下では，音声情報処理の技術的観点からのスピーキング・テストの設問タイプの分類，自動採点の仕組み，自動スピーキング・システムを構築する際に考慮すべき事項などについて解説する。

※ スピーキング・テストにおける設問の種類と自動採点の難易度

　音声認識は一般に，受験者が回答すべき発話の内容が限定されているほど容易で，制約が少ないほど難しくなる。以下に典型的な問題タイプと，その自動採点の難易度を示す。

①文章の読み上げ

　文章で指定された英文を受験者が正しく読み上げることができるかを問うタイプの設問である。受験者が何を発声すべきかがあらかじめ決まっているため，システムの役割は受験者の発声が想定どおりかどうかを判定することになる。想定どおりの単語が発声されたかどうかの判定は，音声技術的に比較的対応しやすい部類に入る。併せて母語話者の発声とイントネーションがどの程度近いかを示すこともできる。ただし，話者の個人差や収録環境の違いなどの影響を受けないようにしつつ精密な評価を行うことは，必ずしも容易ではない。

②選択肢の読み上げ

　受験者が問題文および選択肢の内容を理解し，正しい回答を選択して読み上げることができるかどうかを問うタイプの設問である。数通りの候補中から正しい文が発声されたかどうかだけを判定すればよいことから，音声認識にとっては基本的で容易なタスクとなる。

③文生成

　イラストなどを示しながら質問を行い，状況に即した回答を発話できるかを問うタイプの設問である。②の選択肢の読み上げと比べると受験者の回答の自由度が大きくなる。適切なキーワードが含まれているかどうかの判定は，比較的シンプルな部類の認識タスクである。

④自由回答

　一定のテーマのもとに，受験者が指定された時間内で自由に発話するタイプの設問である。発声の流暢さや発話の分量，語彙の豊富さや構文の正しさなどが評価の対象とされる。音声認識の観点からは，発話内容を正しく認識するのが一番難しいタスクである。しかし一方で，音声波形のエネルギーやスペクトルパターンなどのような音響的な手掛かりを用いることにより，人手による評価値と相関の高い自動評価スコアを得ることはある程度できている。

❋ 音声の収録条件の影響

　音声の収録条件によって自動処理の難易度は大きく変わる。周りからの雑音がなく，収録に用いるマイクの性能も高く，機種が固定されていれば，音声処理は容易になる。反対にエアコンなどの動作音や音楽や雑踏，複数の受験者が同じ部屋で受験している場合の他の受験者の音声などが混入してきたり，異なる特性のマイクが混在していたりすると，それらが自動採点結果に影響してしまう。例えば，スマートフォンのアプリケーションとしてシステムを構築する場合，さまざまな機種を用いてさまざまな場所で収録された音声を扱うことになり，それら収録状況の影響を受けることになる。

❋ 受験者の特質の影響

　言語学習者の発音は，母語の影響を受ける。また，子供の発声と大人の発声では音響的な特徴に違いがある。その他にも，受験者ごとに発声に個人差が存在する。音声認識を行う場合には，比較的認識が容易な話者とそうでない話者が出てくることがある。同程度のスピーキング能力を持った受験者に対する評価スコアがばらつかずに一貫性を保てるよう，工夫が必要になる。

　初級学習者の場合，発音の明確さ以前に発声を求められても何も発声しなかったり，発声がとぎれとぎれであったり，母語で発声をしてしまうことがある。このような特性は，高精度な音声認識を困難にする。一方で，音響的にこれらの特徴を捉えることで，受験者の熟達度を評価する上での手掛かりとして用いることもできるだろう。

❋ 自動スピーキング・テストシステムの基本アプローチ

　自動スピーキング・テストシステムの構成法として，音声認識を用いて一度音声の書き起こしを作成した後に言語処理により採点するアプローチと，音響的な特徴をもとに直接評価スコアを求めるアプローチ，および両者を統合したアプローチがある。複数の機能部品を組み合わせて情報システムを構成する方法と対比させて，1つの一体的なニューラルネットを用いて入力から出力を直接求める方法は End-to-End なアプローチと呼ばれている。End-to-End なスピーキング・テストシステムでは，評価スコアを単一のニューラルネットを用いて発話音声から直接推定する。

　音声認識システムを用いると，語彙や構文など音声の言語的な構成要素を

把握した上での採点が可能になる。しかし音声認識の精度は完全ではないので，認識誤りの存在が問題になる。また音声認識の精度は受験者のスピーキング能力以外の要因によっても大きく変動する点にも注意が必要だ。

　音声認識を用いずに音響的な特徴を入力とした回帰モデルやニューラルネットなどにより，評価スコアを推定することもできる。例えば発声の流暢さは，単純に指定時間内で実際に発声が行われた時間の割合を評価するだけでも，人手による採点スコアと一定の相関を得ることができる。また，語彙の豊富さや構文の正しさなども発声の流暢さと相関があることから，間接的に人手による採点スコアとある程度の相関を得ることができる。音響的な特徴としては，発話区間の割合以外にもさまざまな特徴量を用いることができるだろう。言語的な意味内容を直接反映した評価はできないが，その代わり認識誤りの影響を受けない利点がある。

　音声認識結果から言語処理により語彙の多様性や構文の正確さなどを反映したスコアを特徴量として抽出し，音響的な特徴量と合わせて，最終的な評価スコアの推定を行うことも可能である。これにより，自動評価に両者の長所を取り入れることができる。Qian et al. (2019) では，複合的な評価システムを用いることで，専門家間の評価一致度の程度以上に高い性能の自動評価スコアが得られることが示されている。

✳ 音声認識システム

　音声認識システムには，生成モデルに基づいた方式と，識別モデルに基づいた方式がある。生成モデルに基づいた方法では，発音記号と音声の対応をモデル化した音響モデル，単語と発音記号の対応を記述した発音辞書，単語並びをモデル化した言語モデルを組み合わせることで認識システムを構築する。選択肢読み上げ問題などでは言語モデルが表現する単語並びを回答候補のみに限定することで，認識結果を回答候補のいずれかに限定することができる。これにより受験者の回答を選択肢にない文章に誤認識することを避けられる。選択肢に示される文章以外が発話される可能性を考慮して，さまざまな発話にマッチするように作成した「ガーベージモデル（Garbage Model）」を用意することもある。文章の読み上げ問題は，選択肢が1つだけの選択肢読み上げ問題と捉えることもできるだろう。ガーベージモデルと選択肢のどちらの事後確率が高いかを比較し，選択肢の方の確率が高ければ正しく読み

上げられたと判断するなどだ。自由回答問題では、さまざまな発話の可能性に対応できるよう、より一般的で大規模な言語モデルの使用が必要になる。

　識別モデルに基づいて一般的な発話の音声認識ができるようになったのは、ニューラルネット技術が進展したここ数年のことである。この方式では、1つのニューラルネットを用いて入力音声から直接認識結果を得ることができる。そのため、End-to-End音声認識とも呼ばれている。必要に応じて別に用意した言語モデルを用いて、認識結果を限定したり精度を向上させたりすることもできる。End-to-End音声認識システムは構成がシンプルになる特徴がある。後段の言語処理システムなど他のサブシステムとシームレスに接続するなど、フレキシブルな構成が可能な点も長所である。他方で一般に、システムの学習には大量の音声データが必要になる。

　Mulholland et al. (2016) では、非ネイティブ話者の音声をスピーキング・テストの専門家でない一般の人が限定的なコンテキスト情報のもとで認識した場合と、音声認識システムが認識した場合の単語誤り率を比較している。音声認識システムは、認識対象の音声と特性の合致する800時間以上の大量の音声を用いて学習されている。この条件において、人間の単語誤り率の平均が26.4％であるのに対して、音声認識システムの単語誤り率が30.8％であることが示されている。人間による認識の誤り率も低くなく、非母語話者音声の難しさを示しているが、5名の人間による認識結果を多数決により統合すると単語誤り率が18.5％まで低下することも示されている。

　音声認識を利用する自動スピーキング・テストシステムを構築しようとする場合、クラウドサービスのAPIを用いる方法と、自前で音声認識を動かす方法が考えられる。前者には手軽に実装できる利点があり、後者には対象ドメインの音声を用いてシステムを更新するなど自由なチューニングが可能な利点がある。Cheng (2018) では十分な認識性能を得るためとして、独自の実装を選択している。独自の実装を行う場合、KaldiやHTKなどの音声認識ツールキットが多く用いられている。

※ 音声コーパス
　機械学習技術に基づいて自動スピーキング・テストシステムを構築するためには、システムの学習に用いる音声データが必要になる。教師あり学習によりシステムを学習する場合、音声データはスピーキング・テストシステム

で評価を行おうとする音声と同様に収録され，人手により評価スコアがつけられている必要がある。

　音声認識システムを用いる場合は，音声認識システムを学習するための音声データも必要になる。特に音声認識システムの教師あり学習には，音声とその書き起こしが必要だ。言語学習者の音声は母語話者の音声と大きく異なるため，母語話者音声のみを用いて学習したシステムでは正確な認識は期待できない。スピーキング・テストの受験者か，受験者と同様の非母語話者の音声を大量に集めて書き起こしを作成する必要がある。また，自然に話した音声と読み上げた音声では音響的・言語的な特徴が異なるため，自由回答問題の音声を精度よく認識しようとするような場合には，自由に発話した音声を後から書き起こす作業がどうしても必要になる。

　自動スピーキング・テストシステムの研究開発に不可欠な非母語話者音声データだが，現状では大規模なデータは教育系の企業や試験機関が保有しているのみである。規模や収録場面の点で限定されるが，一般に入手可能な非母語話者英語音声コーパスとしては，Speech Accent Archive, CSLU：Foreign Accented English, ISLE Speech Corpus, L2-ARCTIC, UME-ERJ などがある。

【 まとめ 】

　スピーキング・テストの自動採点技術について，近年の技術レベルや採点の仕組み，システムを構築する場合に考慮が必要な点などについて解説した。

【 もっと知りたい方へ 】

　〇音声認識ツールキット

　　・Kaldi：https://kaldi-asr.org/

　　・HTK：http://htk.eng.cam.ac.uk/

　　・ESPnet https://github.com/espnet/espnet

　〇日本語自動スピーキング・テスト

　　・SJ-CAT：https://www.sj-cat.org/

Q26 CEFR-J に基づくライティング・テストはどのように作成したらよいか？

※ CEFR-J のライティングの CAN-DO ディスクリプタ分析

　ライティングのテストを作成する前に，まずは CAN-DO ディスクリプタの分析を行う。当該のディスクリプタを，投野（2013）が示す行為（performance），質（quality），条件（condition）の3要素に分解することで，そのディスクリプタの特徴を分析的に把握することが可能になる。表1では，A1.2レベルのライティングのディスクリプタを例示しているが，最初の「行為」は「どのようなタスクができるか」を示しており，行動指向のコンセプトを持つ CAN-DO statement のディスクリプタには必ず含まれる。次の「質」は「どのような言語の質でできるか」を表しており，特に A レベルのディスクリプタの中には「簡単な」や「基礎的な」といったように，初級学習者を想定して，使用可能な言語リソースのレベルを示している。最後の「条件」は「どのような条件下でできるか」を示しており，例えば，身近な内容であれば書くことができるといったトピックの親密度や，辞書を使えば書くことができるといった条件などに関わる要素となる。

表1：A1.2レベルのライティングのディスクリプタ

ディスクリプタ	行為	質	条件
簡単な語や基礎的な表現を用いて，メッセージカード（誕生日カードなど）や身近な事柄についての短いメモなどを書ける。	・メッセージカードを書くことができる ・短いメモを書くことができる	簡単な語や基礎的な表現を用いて	誕生日などの身近な事柄

※ ライティング・テスト作成のためのディスクリプタの加工

　次は，当該のディスクリプタから実際にテストを作る際の最初のステップを紹介する。表1で示したディスクリプタ（A1.2レベル）を引き続き例として取り上げる。まず，行為に挙げられている2つのうちから1つを選び，タス

クを決定する。ここでのタスクは「メッセージカード（誕生日カード）を書くことができる」とする。残りの2つの要素の質と条件はそのまま用いて，今回作成するテストに特化したディスクリプタを次のように設定した。

○ A1.2レベルのテスト用に加工したディスクリプタ
簡単な語や基礎的な表現を用いて，メッセージカード（誕生日カード）を書くことができる

　このように，「行為」・「質」・「条件」のうち，複数の事柄が書かれているものは1つに限定するか，2つ以上が共存する場合は慎重に検討して複数の事柄を残した上で，テスト用に加工したディスクリプタを作成する。

※ ライティング・テストの具体的なタスク作成
　テストタスクを作成する次のステップは，テスト用に加工したディスクリプタから実際にテストの指示文を作る過程となる。ここで留意すべき点は，CEFR および CEFR-J は行動指向の考え方に基づいていることから，実際の行動（ここでは実生活の場面の中で書くという行為）を考慮して，書く目的，読み手，状況などを設定することである。これらを踏まえて，テストの指示文を以下のように作成した。

○ A1.2レベルのテストの指示文
あなたは先月アメリカでホームステイをしていました。来週，ホストシスターが誕生日なので，メッセージカードを書いて送りましょう。

　続いて，この指示文に合う英文（解答例）を作ってみると，右のようになる。次に，この英文を Text Profile や Grammar Profile を用いて，その英文レベルを推定することで，

> Happy Birthday !
> I miss you !
> Hope to see you again !

ターゲットのレベルを測定するのにふさわしいテストになっているかどうかを検証する。想定しているレベルと大きく異なる推定レベルが算出された場合は，指示文を変更するなどして，想定のレベルに近づける試みをする。

※ ライティング・テストの具体的例
　ここでは，これまで示した方法で作成した，他のレベルのライティング・

テストを紹介する。レベルは A2.1であり，ディスクリプタおよび3要素の分析結果は表2のとおりである。

表2：A2.1レベルのライティングのディスクリプタ

ディスクリプタ	行為	質	条件
・文と文を and, but, because などの簡単な接続詞でつなげるような書き方であれば，基礎的・具体的な語彙，簡単な句や文を使った簡単な英語で，日記や写真，事物の説明文などのまとまりのある文章を書くことができる。	・日記を書くことができる ・写真，事物の説明文を書くことができる。	・文と文を and, but, because などの簡単な接続詞でつなげるような書き方で ・基礎的・具体的な語彙，簡単な句や文を使った簡単な英語で ・まとまりのある	（なし）

次に，テスト用に加工したディスクリプタを以下のように作成した。最初の要素の行為については，「事物の説明文を書く」ことに限定した。

○ A2.1レベルのテスト用に加工したディスクリプタ
文と文を and, but, because などの簡単な接続詞でつなげるような書き方であれば，基礎的・具体的な語彙，簡単な句や文を使った簡単な英語で，事物の説明をまとまりのある文章で書くことができる。

この加工したディスクリプタから，以下のテストの指示文を作成した。紹介する事物を「日本の年賀状」とし，行動指向アプローチの考え方を反映するために，書く目的や状況，読み手を組み込んだ指示文を設定した。

○ A2.1レベルのテストの指示文
あなたのクラスでは，来月から来るアメリカ人交換留学生 David のために，日本文化を紹介する冊子を作っています。事前に彼から次のような質問が来ています。日本の年賀状を50語程度の英語で説明する返信メールを書きなさい。

In America, we usually send Christmas cards to our friends. How about in Japan? Do you have a similar custom in Japan?
David

※ テストをどのように評価したらよいか

　CEFR に準じたテストのライティング評価には4つの観点がある。①タスクの達成度，②語彙の適切さと多様性，③文法の適切さ構造の多様性，④文の結束と流れと一貫性，である。しかし，これらのすべてを CEFR–J のどのレベルでも求められるわけではない。例えば Pre-A1 のディスクリプタは，アルファベットの大文字・小文字や単語のつづりである。この場合は，①のタスクの達成度を見るしかない。このようにレベルにおいて評価する基準も異なってくる。大まかに言うと，Pre-A1や A1では主にタスクの達成度や語彙の適切さが重要になる。A2レベルからは語彙の多様性や文法の適切さに重きが置かれる。さらにB1から文の結束性や流れと一貫性が大切な指標となる。

※ 評価基準の作成

　評価方法には代表的なものに「分析的評価法（analytic evaluation）」と「全体的評価法（holistic evaluation）」がある。分析的評価法は，例えば上の4項目などの異なる構成要素で評価し，それぞれの尺度で得点を与えるものである。一方，全体的評価法は，書く能力を統合的言語能力と考え，言語熟達度を1つの尺度で測る。CEFR–J ではこれら両方をレベルに合わせて統合した手法がよいと思われる。CEFR の各レベルの基準に準拠しているテストであるケンブリッジ英検の最終評価は大まかに3段階である。1．該当レベルに達していない。2．該当レベルに達している。3．該当レベルを達成しさらに優れた点がある。同様に CEFR–J のテストでも分析的な項目を配慮した上で3段階の全体的評価を行うことが考えられる。以下に CEFR–J の Pre-A1から A1.3までの各レベルの評価基準の案をディスクリプタと例題と共に記載する。

　Pre-A1上段　アルファベットの大文字・小文字，単語のつづりをブロック体で書くことができる。

【例題】 6つの単語を出題

評価3	6つすべて正解している。
評価2	5つ正解している。
評価1	4つ以下しか正解していない。

Pre-A1下段 単語のつづりを1文字ずつ発音されれば，聞いてそのとおり書くことができる。また書いてあるものを写すことができる。

【例題】6つの単語を出題

評価3	6つすべて正解している。
評価2	5つ正解している。
評価1	4つ以下しか正解していない。

A1.1 上段 住所・氏名・職業などの項目がある表を埋めることができる。

【例題】3つの項目を埋める

評価3	3つの情報についてエラーがなく記入できている。
評価2	3つの情報が記入できている。スペリングなどの間違いは多少見られても，意味の理解を阻害しない。
評価1	3つ以下の情報しか正しく記入できていない。

A1.1 下段 自分について基本的な情報（名前，住所，家族など）を辞書を使えば短い句または文で書くことができる。

【例題】3つの項目を埋める

評価3	3つの情報について間違いがなく記入できている。
評価2	3つの情報が記入できている。スペリングなどの間違いは多少見られても，意味の理解を阻害しない。
評価1	2つ以下の情報しか正しく記入できていない。

A1.2 上段 簡単な語や基礎的な表現を用いて，身近なこと（好き嫌い，家族，学校生活など）について短い文章を書くことができる。

【例題】学校の名前，好きな授業，苦手な授業について書く

評価3	3つの項目とプラスの情報がエラーもなく書かれている。
評価2	3つの項目が書かれている。エラーがあったとしても，意味が阻害されないもの。
評価1	3つの項目が書かれていない，またはエラーが多く意味が不明。

A1.2 下段 簡単な語や基礎的な表現を用いて，メッセージカード（誕生日カードなど）や身近な事柄についての短いメモなどを書ける。

【例題】母の日のカード：お祝いのことば，日ごろの感謝，体を気遣う

評価3	3つの情報が正確に記入できている。エラーはマイナーなスペリング位で意味は十分通じる。
評価2	3つの情報が適切に記入できている。エラーは多少あっても意味は通じる。
評価1	3つの情報が正しく記入できていない。またはエラーが多く意味が不明である。

A1.3 上段　自分の経験について，辞書を用いて，短い文章を書くことができる。

【例題】週末にしたこと，理由，場所を記述

評価3	3つの必須の情報と，さらに何か情報が記入されている。エラーはマイナーなスペリング位で意味は十分通じる。
評価2	3つの情報が適切に記入できている。エラーは多少あっても意味は通じる。
評価1	3つの情報が正しく記入できていない。またはエラーが多く意味が不明である。

A1.3 下段　趣味や好き嫌いについて複数の文を用いて，簡単な語や基礎的な表現を使って書くことができる。

【例題】好きな果物とその理由，および嫌いな果物を書く

評価3	3つの必須の情報と，さらに何か情報が記入されている。エラーはマイナーなスペリング位で意味は十分通じる。
評価2	3つの必須の情報が適切に記入できている。エラーは多少あっても意味は通じる。
評価1	3つの情報が正しく記入できていない。またはエラーが多く意味が不明である。

｛まとめ｝
　ライティングテスト作成のポイントは，当該の CAN-DO ディスクリプタを「行為」，「質」，「条件」に分類した上で，CEFR の行動指向のコンセプトが反映されるテストタスクを作成することである。また，各テストの内容によって達成度の基準を工夫する必要がある。さらに上位の B1 レベルからは，詳細な英文の結束や一貫性を考慮してテストを作成する必要がある。

Q27 CEFR-J に基づくリスニング・テスト はどのように作成したらよいか？

　テストを作成するには，(1) テスト・スペック (test specifications) を作る，(2) タスク（設問）を作る，(3) 実際の受験者層と英語力などの各種特徴が似た学習者層に実施し，実施結果に基づきタスクを修正する，(4) その後も修正が必要か定期的に確認する，ことが必要である。テスト・スペックはテストの設計図のことであり，授業を行う前には授業計画が必要であるように，テスト作成では設計図を作り，設計図に沿ってタスクを作ることが必要である（詳細は小泉・印南・深澤，2017；根岸，2017を参照）。CEFR-J でのテスト作成では，タスク作成時に CEFR-J ディスクリプタと関連させることで，CEFR-J 上での学習者評価が可能になる（Q23参照）。以下では，CEFR-J プロジェクトでのリスニング・テスト作成を，上記 (2) と (3) について述べる。

※ タスク（設問）の作成
　CEFR-J ディスクリプタを常に念頭に置き，特に以下の点に留意した。

○全体に関すること
・CEFR-J ディスクリプタを細分化し，タスクで測っている能力を明示した。例えば，ディスクリプタに「学校の宿題，旅行の日程など…」のように複数のトピックがある場合，「学校の宿題，旅行の日程など…」のように下線を引き，どのトピックを対象にタスクを作成したかを明示した。
・タスクの指示文の中に文脈を入れ，どこで，何をしていて，何の目的で聞くかを明示した。その結果，次にとるべき行動が明確になるため，CEFR (-J) が行動指向的であり，そのようにディスクリプタが作られていることとも一致する。
・状況や場面などの親密度や現実性が低くとも，内容が予測できる場合はタ

スク化した。例えば，日本人中高生は「空港のアナウンス」を聞いた経験は少ないかもしれないが，状況や内容が予測できそうな場合（例：遅延，出発ゲートの変更）はタスク化した。

- 聞く回数は，その状況で実際に聞く回数を前提とした（CEFR-J ディスクリプタには記載がない）。なお，特に低いレベル（Pre-A1，A1，A2）のタスクでは重要な情報は自然な方法で繰り返したため，１度のみの放送でも実際には複数回聞いている。
- メモを取ることは，CEFR-J ディスクリプタを反映する限りは，特に指定しない。

○スクリプトに関すること

- 各スクリプトの長さは Pre-A1 レベルを除き，Aptis General technical manual（Version 1.0）(O'Sullivan & Dunlea, 2015) に基づいた。この長さは，CEFR に基づく Cambridge ESOL suite（Field, 2013, Tables 3.2, 3.4）とも概ね一致した。スクリプトの長さおよび関連事項を以下の表１にまとめる。ただしこれは大まかな目安であり，CEFR-J ディスクリプタの内容を反映する限りは，この基準を外れてもよい。

表１：スクリプト作成の目安

レベル	長さ	語数 （速さ[1]）	各設問の 語数	各質問文 の長さ	各選択肢 の長さ	正解に関 わる範囲
Pre-A1	30秒	60〜80語 （2〜2.7語／ 1秒）	15〜30秒 で1設問	最大8語	最大3語	1文内
A1.1〜A1.3						
A2.1 & A2.2					最大5語	2文以上
B1.1 & B1.2		70〜90語 （2.4〜3.0語／ 1秒）		最大10語	最大8語	
B2.1 & B2.2		90〜100語 （3.0〜3.6語／ 1秒）		最大12語	最大10語	

[注] 1　CEFR-J ディスクリプタのB1.1までの多くに「ゆっくりはっきりと」話すとある。

○設問に関すること

- 文字または絵を用いた３択（以上の）多肢選択式を用いた。設問の難易度および弁別力は文字を用いた３択と４択の場合は同じである（Rodriguez,

2005；Shizuka, Takeuchi, Yashima, & Yoshizawa, 2006）。

- 指示文とともに選択肢と質問文はテスト用紙に書いてあり，本文を聞く前に見ることができる。何の目的で聞くかを明示するためである。
- CVLA（CEFR-based Vocabulary Level Analyzer）で，使用単語（外来語・固有名詞は除く）レベルが対象の CEFR-J レベルに合うことを確認した。例えば，以下は A1.3 レベルの 1 つ目のディスクリプタである「ゆっくりはっきりと話されれば，自分自身や自分の家族・学校・地域などの身の回りの事柄に関連した句や表現を理解することができる。」に対応するよう作ったタスクである。単語レベルを分析した箇所に下線部を引いた。四角で囲んだ 4 語（moved, last, worry, lot）は A2 レベル，それ以外の語はA1 レベルと判定され，単語レベルは適していたといえる。lot は単独でなく，a lot で一塊りとして学習していると思われ，問題ないと思われる。

(Female) Yumi：Hi, Shinji. Are you coming to the picnic this week-
     end? You just moved in last month so you are new here.

(Male) Shinji：Thank you very much, Yumi. I am really interested,
     but I don't have many friends here.

(Female) Yumi：Don't worry. My friends want to talk to you. You will
     soon become friends with them. They love swimming, and
     you do too. You can talk a lot about swimming.

［5 seconds］

(Female) Question number 18：When is the picnic?

［15 seconds］

(Female) Question number 19：Why is this a good chance for Shinji?

［15 seconds］

(Female) Question number 20：What sport is Shinji interested in?

［15 seconds］

では，次の問題に進みます。

ユミさんはクラスメートのシンジ君をピクニックに誘っています。2 人の会話を聞き，最も適切なものを選びましょう。聞くことができるのは 1 度のみです。解答時間は，問題ごとに15秒です。30秒後に放送が始まります。

Question number 18 : When is the picnic?

① this weekend

② in two weeks

③ next Wednesday

Question number 19 : Why is this a good chance for Shinji?

① He can enjoy sports with his friends.

② He can get to know about the new town.

③ He can meet new friends and talk to them.

Question number 20 : What sport is Shinji interested in?

① basketball

② swimming

③ table tennis

解答：Q18①，Q19③，Q20②

○音声録音に関すること

・強い訛りがないネイティブスピーカー（主に米英）に依頼した。音の同化（例：Do you を Doya と発音），脱落（例：should have を shouldav と発音），言い淀み（例：ポーズ，フィラー［例：well, let's see］）などの音声言語の特徴を自然な限り取り入れ，スクリプトにあらかじめ記載し，録音した。

・録音スタジオを借りるのが望ましい。借りられない場合，パソコンにUSB 接続でマイクをつなぎ，静かな部屋で録音した。

・誰が話しているかを明示するため，可能な限り男女ペアの対話。

・録音後に，設問間のポーズの長さを統一，不必要なノイズの削除を音声編集ソフト Audacity（version 2.2.0）を用い行った。

※ 実際の受験者層と英語力などの各種特徴が似た学習者層に実施し，実施結果に基づくタスクの修正

　Pre-A1レベルから A2.2レベルまで総計35問のリスニング・テストを，高校 2 年生と 3 年生総計161名に2018年10月に実施した。各ディスクリプタに対応するタスクが 2 ～ 5 問あり，3 択～ 5 択形式で作成した。ラッシュ分

析を用い，以下の点から分析した。

(a) タスクの難易度は意図どおりか

(b) タスクが測る力は一貫しているか

(c) 受験者の能力推定値は安定しているか

(d) 受験者を Pre-A1〜 A2.2の6レベルに区分できるか

(e) タスクの難易度を Pre-A1〜 A2.2の6レベルに区分できるか

　結果は概ね良好であったが，(a) (d) (e) について注意事項を述べる。(a) について，CEFR–J に基づき想定される難易度順と，実際の難易度が一致しない箇所があった（このような不一致は Cox & Malone［2018］が ACTFL (American Council on the Teaching of Foreign Language) によるテストでも報告しており，CEFR–J のみでなくリスニング・テスト作成全般の難しさといえる）。例えば，A1.1レベルに対応するタスクには5問あるが，そのうち4問が Pre-A1レベルの設問よりも簡単であることがわかった。設問ごとでなく，タスクごとにまとめて難易度を計算すると，一致度が上がった（例：A1.1レベルの1つ目のディスクリプタ対応の3問の難しさの平均）。さらに，同レベルのタスクをまとめて難易度を計算すると，一致度がさらに増えた（例：A1.1レベルの1つ目のディスクリプタ対応の3問，A1.1レベルの2つ目のディスクリプタ対応の3問，を合わせた総計6問の難しさの平均）。つまり，設問ごとよりもタスクごと，タスクごとよりもレベルごとにまとめて得点化すれば，CEFR–J に受験者をより正確に位置づけることができそうだ。

　(d) について，受験者を6レベルに区分することはできなかった。受験者の分離指数（separation index）が1.36であり，受験者を2つのレベル以上に区分できないことがわかった。つまり，受験者はほぼ1つの団子状態であり，今回のタスクでは受験者をリスニング力で区分できなかった。タスク・設問を難しくする，各タスクの設問を増やすことが必要だろう。

　(e) について，タスクの難易度を6レベルに区分することはできなかった。タスクの分離指数が5.15であり，タスクを5.15レベルまでは区分できる。したがって，各タスクは難易度の点からはばらついており，ある程度好ましい結果であったが，6レベルに区分するには不十分であった。上記 (d) で受験者を区分できなかったことと合わせて考えると，タスク・設問を難しくする，各タスクの設問を増やすことで(d) と (e) を改善できるかもしれない。

　その他に気づいた3点を述べる。第1に，受験者は話者の声質や話し方に

慣れる必要があるため，スクリプト冒頭の10秒程度の部分に答えがある設問は可能な限り避けたい。特にA2.1の2つ目，B1.1の2つ目，B1.2の2つ目のディスクリプタには「なじみのある発音」と明記されており，これらのレベルのタスクの作成時に気をつけ，以後も注意すべき点である。なお，上記で例示した1.3レベルの1つ目のディスクリプタに対応するよう作ったタスクには該当しないが，リスニング・テスト作成の一般的な点からは避けるべきである。

　第2に，録音スタジオ以外でダイアログを録音する時は，話者それぞれにマイクを用意するべきである。1つのマイクを机上に置き，録音話者が交互に口を近づけて録音するやり方だと，音が反響してしまう。

　第3に，テキストを音声化する技術を活用すべきである。例えば，Google Cloud Text-to-Speech といったウェブサイトにテキストを入力すると，非常に自然な音声に変換できる。英語では，豪州・英国・インド・米国英語，男性・女性，スピード，ピッチを選ぶことができる。日本語テキストを入力し，音声化することもできる。リスニング・テストを作るには，英文テキストや日本語の指示文を作成・修正するごとに録音が必要であり，時間・費用・労力が膨大にかかる。音声化技術を使うとその負担がかなり減らせる。また，いつでも自由に編集できるのは大きな利点である。ただし，非常に自然な音声ではあるが，感情が伴うわけではないので，そのような内容のテキストは音声化には向かない。少なくとも，日本語の指示文は感情が伴う必要はないので，すべて音声化してもよいだろう。最後に，ダイアログは話者ごとにまとめて1つのテキストとして音声化し，1ターンごとに音声を切り貼り編集する必要がある。ターンが増えたり，ターンの長さが異なったり，話し声が同時に重なる場面があると，編集作業が複雑になる。

［まとめ］

　テスト・スペックを作る，CEFR–J ディスクリプタを参考にタスクを作る，タスクを学習者に実施し難易度などを確認することで，CEFR–J に基づくタスクを作ることができ，学習者のリスニング力を CEFR–J 上に位置づけることができる。タスク作成時の留意事項を，リスニングスクリプト，設問，音声録音の点からまとめ，難易度の確認方法などを概括した。

Q28 CEFR-J に基づくリーディング・テストはどのように作成したらよいか？

※ リーディング・テストの作成手順

　CEFR–J に基づいたリーディング・テスト作成にあたっては，テストの設計書（仕様書）にあたるテスト・スペック（test specification）を各レベルの CAN–DO ディスクリプタの基準特性（criterial feature）から読み解き，必要に応じて情報を補いながら，評価タスクを決定することが最初のステップとなる。また，コミュニカティブなテストを作成する際は，この段階でタスクの目的や場面・状況を具体化する。その後，インプットとして，読みの直接の対象となるテキストと理解の補助となる図表，絵などをタスクに応じて作成し，語彙や文法などの言語面のレベルチェックを行う。また，タスクで期待される反応を引き出し，理解を確認するために適した解答形式（多肢選択肢や自由記述等）を決定した上で，状況や場面に合わせて，解答を引き出すための図表，絵などを必要に応じて作成する。問いや選択肢がテキストの場合は言語面のレベルチェックを行い，採点基準を作成する。

① CAN–DO ディスクリプタからのテスト・スペックの読み解き及びタスク決定→コミュニケーションの目的や状況・場面の具体化
② インプット（テキスト等）の作成及びレベルチェック
③ 解答形式の決定及び選択肢の作成
　　→問いや選択肢のレベルチェック及び採点基準の作成

　CEFR–J には各レベルに 2 つのディスクリプタがあるが，それぞれのディスクリプタで複数のタスクを作成することで，より信頼性の高い情報を得ることができる。また，到達レベルを判定するには，前後のレベルのタスクも作成することで，段階的な達成を確認することができる。テキストのレベルチェックに関しては，本書の語彙や文法のセクション（Q12–14）に譲り，テスト・スペックとタスクの作成について以下に述べる。

※ リーディング・テストのテスト・スペック作成

CEFR–J のリーディングの CAN–DO ディスクリプタは，行動指向アプローチの考えのもと，受容技能であっても，どのような「タスク（機能）」を，どのような「条件」のもとにこなせるかを記述している。また，タスクにおいて，何を読むのかといった読みの対象となる「テキスト」に関する言及がなされている点が特徴であり，こうした要素に分解することで，テスト・スペックの骨子を決めることができる。従来の伝統的なリーディング・テストとは異なり，テキストのレベルだけではなく，タスクで求められる機能のレベルやそれに応じた言語表現，また，その遂行レベルを確認するために適した解答形式を選定する必要がある。

CEFR–J の CAN–DO ディスクリプタは各レベルの代表的なタスクを扱っており，前後のレベルで必ずしもタスクが連続しているわけではない。CEFR/CV では，コミュニケーション活動におけるマクロ機能を「創造・対人言語使用（creative, interpersonal language use）」，「取引言語使用（transactional language use）」，「評価・問題解決言語使用（evaluative, problem-solving language use）」に分類しており，特定のタスクの発達段階を考える際に参考となる。たとえば，「取引言語使用」にあたる現実社会における実用的なテキストから情報を得て理解するタスクを，CEFR–J のフレームワークから読み解くと，下記のような読みの発達段階が見て取れる。

A1.1	「駐車禁止」，「飲食禁止」等の日常生活で使われる非常に短い簡単な指示を読み，理解することができる。
	ファーストフード・レストランの，絵や写真がついたメニューを理解し，選ぶことができる。
A1.2	簡単なポスターや招待状等の日常生活で使われる非常に短い簡単な文章を読み，理解することができる。
A2.2	簡単な英語で表現されていれば，旅行ガイドブック，レシピなど実用的・具体的で内容が予想できるものから必要な情報を探すことができる。
B1.1	ゲームのやり方，申込書の記入のしかた，ものの組み立て方など，簡潔に書かれた手順を理解することができる。

こうした実用的なテキストでの理解確認タスクでは，周辺的な情報から必要な情報を選択的に読み取る必要がある。レベルに応じて，様々なテキストタイプを読めるようになっていくが，「内容が予想できる」といった条件にも見られるように，ガイドブックではこうした内容が期待されるといったよ

うな読みのスキーマがあるかどうかによっても理解が左右される。実世界を意識しつつ，オーセンティックでかつ馴染みのあるタスクを両立しないと，解答の難易度が個人の経験により変わる可能性がある。

　「創造・対人言語使用」にあたる物語文の理解では，下記のような段階的記述がある。条件としては，「口頭で既に慣れ親しんだ」や「挿絵のある」といった理解の補助があり，テキストの分量が長くなるのに応じて，単語レベルの理解からあらすじの理解へと発達している。

Pre-A1	口頭活動で既に慣れ親しんだ絵本の中の単語を見つけることができる。
A1.3	簡単な語を用いて書かれた，挿絵のある短い物語を理解することができる。
A2.1	簡単な語を用いて書かれた短い物語や伝記などを理解することができる。
B1.2	平易な英語で書かれた長めの物語の筋を理解することができる。

　「評価・問題解決言語使用」では，特定の目的のもとでの実用的な探索的読みとは異なり，説明文などの全体の要点や論旨の読み取りといった精読的な読みが求められる。テキストの決定にあたっては，「旅の思い出」や「生活，趣味，スポーツ」といったトピック（話題）の選択が重要となり，身近な個人的な関心のあるものから，より幅広いものを読めるようになっていく。

A1.2	身近な人からの携帯メールなどによる，旅の思い出などが書かれた非常に短い簡単な近況報告を理解することができる。
A1.3	簡単な語を用いて書かれた，スポーツ・音楽・旅行など個人的な興味のあるトピックに関する文章を，イラストや写真も参考にしながら理解することができる。
A2.1	簡単な語を用いて書かれた人物描写，場所の説明，日常生活や文化の紹介などの，説明文を理解することができる。
A2.2	生活，趣味，スポーツなど，日常的なトピックを扱った文章の要点を理解したり，必要な情報を取り出したりすることができる。
B1.1	学習を目的として書かれた新聞や雑誌の記事の要点を理解することができる。

　この機能がさらに上のレベルとなると，トピックの専門性が高くなることに加えて，「文章の構成を意識しながら」「図表と関連づけながら」(B1.2)，「複数の視点の相違点や共通点を比較しながら」(B2.1)，「読む速さや読み方を変えて」(B2.2)などと読みのストラテジーが多様化し，一読して文章の重要度を判断する読みから，より綿密で正確な読みまで理解の深さが変わる。

※ リーディング・タスクの作成

　実用的なテキストでは，比較的タスクをイメージしやすい。例えば，A1.1の簡単な指示の理解では，「あなたがカフェに入ったところ，右のような看板が目にとまりました。看板の指示を読み，あなたが取るべき適切な行動を絵の中から選びなさい。」などと目的と状況を設定し，右図のようにテキストを状況とともに図示することができる。また，選択肢として行動を図示することで，理解がタスク遂行につながったかを測ることができる。また，p.163に挙げたA1.1のメニューの理解であれば，「あなたはファーストフード・レストランに来ていて，弟にハンバーガーのセットを買って帰ることにしました。条件に挙げた弟の好みに最も合うものを絵の中から選びなさい。」などとして，条件に合うものを絵のついたメニューから選択することも考えられる。

　他にもA1.2のポスターの理解であれば，「あなたは語学研修に行ったアメリカで課外イベントに参加しようと考えています。学校の掲示板に貼られたイベントのお知らせを読み，その内容として最も適切なものを絵の中から選びなさい。」などと設定し，タスクで求められる行動を選択肢とするのでなく，内容そのものの理解として，下図のようにポスターで示された条件に合う状況を絵で示すこともできる。

　こうしたテキストの内容の図示は，物語文の理解でも可能であり，話に合う挿絵を選ばせたり，話の粗筋を絵で示して並べ替えさせたりするタスクを作ることができる。タスクの必然性を出すには，「あなたは英語のストーリー

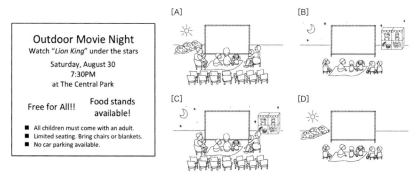

図1：ポスターの理解を問うリーディング・タスク例

をもとに紙芝居を作っています。5枚の絵を描きましたが，順番がバラバラになってしまいました。」といった並べ替えが必要な状況を設定することもできるが，すべてのタスクにおいて現実性を求めるのは難しく，とりわけ，物語文を楽しみのために読むような目的においては，コミュニカティブなタスクとテストタスクは区別して考える必要があるだろう。

　説明文などの要点や概要の理解のタスク作成でも同様に現実的な課題解決場面を考えることができる。例えば，p.164に挙げたA2.1の紹介文では，「あなたは語学学校主催の週末のサマーキャンプに参加しようと考えています。ウェブサイトの情報から何ができるかを読み取って，下に挙げたすべての希望に合うキャンプを選びなさい。」といったタスクが考えられる。条件として，「① 夏休みの思い出に何か冒険的な体験がしたい。② せっかくなので新しいことに挑戦してみたい。③ 将来の職業のために何か役に立つことをしたい。」などと設定し，それぞれのキャンプの紹介説明の短いテキストを読んで，条件に合うキャンプを選ぶことになる。

　他にもB1.1の雑誌記事の要点理解であれば，「あなたは留学先の授業でゲーミフィケーションに関するレポートを書くこととなり，下の雑誌記事を見つけ

Gamification is ... (1)

Digital natives ➡ Companies' working environment ➡ Companies must adapt!!
　…… easy access to digital media / love of play / …

What should companies do?
(2)

In our daily life with smartphone ⇒ gamified sites
・Shop: You can use your location information to record your visit, gain points,
　　　　share comments and photos, get discount coupons, etc.
・Station: You can get special images, information (and prizes) with AR software.

Things to be **avoided** in gamification:
(3)

図2：雑誌記事の要点をまとめたグラフィック・オーガナイザー

ました。記事の要点をまとめるためにノートを作成しています。」といった状況も考えられる。図2のように記事の要点をまとめたノートをグラフィック・オーガナイザーとして示し，ノートの穴埋め問題形式とする。穴埋め箇所に入る語句や文を選択肢として示すこともでき，従来のようなぶら下がり形式の選択肢問題と比べて，要点理解であることが伝わりやすく，図示された情報が理解の手掛かりともなる。同様の形式で，海外からの友人と旅行をすることになっており，友人からの問い合わせに対して，情報を調べたなどといった状況を想定し，返信のメールの穴埋めを行うなどのタスクも考えられる。

　B1.2やB2.1レベルのディスクリプタでは，図表との関連づけや相違点や共通点の比較など，全体の構成を整理したよりマクロ的な読みが求められる。グラフィック・オーガナイザーは理解を可視化する上でも有効であろう。

【まとめ】

　CEFR-Jのリーディング・テスト作成においては，CAN–DOディスクリプタからタスクと条件を読み解くことが重要となる。また，テキストのレベルだけでなく，タスクのレベルも意識して，理解を引き出すための解答形式を選択する。タスクをテキストのマクロ機能で分類することで，タスクごとに段階的なテストを作成することもできる。

【もっと知りたい方へ】

Council of Europe (2009). *Relating Language Examinations to the Common European Framework of Reference for Languages: Learning, Teaching, Assessment (CEFR): A Manual.* Council of Europe.
　理解におけるレベルごとの特徴（状況，行動，理解，素材，制限）をまとめた表（Table A2）が参考となる。また，詳細なスペック作成のための内容分析の枠組みもある（Appendix B）。
Brian, N. (2014). *English Profile Studies 4: The CEFR in Practice.* Cambridge University Press.
　5章の評価の章において，理解における下位技能（micro-skills）のレベルごとの特徴をまとめている。また，書き言葉のテキストについても，テキストタイプとレベルのマトリックスが示されており参考となる。

Q29 CEFR–J に基づく話すこと（やり取り）のタスクはどのように作成したらよいか？

　言語活動としてのタスクの作成には決まった手順はなく，CEFR–J のディスクリプタから自分の経験と知識に基づいて自由に作成することも可能だ。ここでは，CEFR–J ディスクリプタに類似したタスクを授業で使用するため，数種類作成する状況を想定し，作成方法の一例を挙げる。また本節では，教室で指導に使うための指導用タスク（pedagogic tasks）の作成に限定し，テストタスクの作成に関しては Q23 を参照されたい。

※ CEFR–J ディスクリプタの分析

　CEFR–J のディスクリプタはすべて「～できる」という CAN–DO 形式で表記されている。これは明らかにコミュニケーション活動としてのタスクを意識してのものであろう（投野，2013, p.205）。最近，英語教育の場で頻繁に耳にする「タスク」であるが，その意味するところは非常に幅広い。教室で行う英語活動を指して漠然と「タスク」と言うこともあるが，ここでは，Task-based Language Teaching/Testing（タスクに基づく指導・テスト，TBLT）におけるタスクを念頭に置き，タスク作成の方法を述べたい。

　Doughty and Long（2003），Ellis（2003）などによると TBLT におけるタスクには以下のような特徴がある。

① 意味のやり取りが最も重要である。
② 実社会における言語使用処理を伴う。
③ 明確に定義されたコミュニケーションの成果がある。
④ 言語4技能のどれでも作成可能である。

　①の「意味」と対比されるのは「言語形式」である。つまり，多少英語のミスはあってもタスクを十分達成できるだけの「意味」を即時に伝えることが優先される。また，学習者本人が実際に使うであろう言語処理を伴うので

あるから，厳密に言うと学習者1人1人にとって適切なタスクは異なることになる。そして，言語を使ったコミュニケーションの結果，何かを手に入れたり，行為を受けたり，といった明確な成果が伴う。言い換えれば，言語使用はその成果を手に入れることを目的としている。4技能のいずれでもタスクを作ることは可能だが，本節ではスピーキングのやり取りに限って議論する。

　以上のように定義されるタスクを，CEFR-J のディスクリプタから作成するためにはどうすればよいのか。もちろんディスクリプタそれぞれがタスクの例であるから，それをそのまま使うことも可能であるが，CEFR や CEFR-J は「参照枠」であり，ディスクリプタは使用する教育現場に合わせて調整することが推奨されている。加えて，実際の教育現場では適切なレベルの授業用タスクを複数準備する必要があろう。

　CEFR-J を作成する際，CEFR に倣い以下の3つの要素を含むよう配慮されている（投野，2013, p.102）。

　○行為：何をするか。
　○質：どのような質でできるか。
　○条件：どういう条件なら成し遂げられるか。

　例えば，表1のようにディスクリプタを分解することができる。ここでは

表1：話すこと（やり取り）のディスクリプタの分析

ディスクリプタ	行為	質	条件
【A1.2】基本的な語や言い回しを使って日常のやり取り（何ができるかできないかや色についてのやり取りなど），において単純に応答することができる。	・やり取りに応答する。	・基本的な語や言い回しを使う。 ・単純な応答。	日常に関すること（何ができるかできないかや色について）。
【B1.2】駅や店などの一般的な場所で，間違った切符の購入などといったサービスに関する誤りなどの問題を，自信を持って詳しく説明することができる。相手が協力的であれば，丁寧に依頼したり，お礼を言って，正しいものやサービスを受けることができる。	・サービスに関する誤りなどの問題を説明する。 ・丁寧に依頼したり，お礼を言う。 ・正しいものやサービスを受ける。	・自信を持って詳しく。	・駅や店などの一般的な場所。 ・相手が協力的。

初級レベルの A1.2 と，中級の入り口である B1.2 レベルを例に挙げる。

「基本的」「単純」「詳しく」がどのような発話を指すかは，CEFR レベルに親しんでいれば教員が経験や直感に基づいて判断してもよいし，すでに整備されている CEFR-J Wordlist（東京外国語大学投野由紀夫研究室，2019），CEFR-J Text Profile（本書 Q14，Q17），これらを利用した CEFR-J Vocabulary Level Analyzer（Uchida & Negishi, 2018）や Grammar Profile（本書 Q12，Q13，Q16，Q18）を参考にしてもよいだろう。また，厳密に言えば B1.2 の「行為」の「正しいものやサービスを受ける」は話し手ではなく聞き手の行為によるものではあるが，それを可能にするような詳細な説明や丁寧な依頼ができた結果，その成果として与えられるとも言えるため，Performance とした。ディスクリプタによっては，この 3 つの要素を明確に特定するのが難しいものもあるが（例えば，A1.1 の「なじみのある定型表現を使って」が「質」とも「条件」ともなり得る），そのような場合は教員が適宜判断すればよいであろう。

※ タスクの作成

ディスクリプタを 3 つの要素に分解したら，その意図を勘案しながら，各教育現場に合わせたタスクを作成する。ただし，すべての要素がタスクの一部として組み込めるわけではない。例えば，「質」は，引き出された発話を評価する際に考慮すべき観点を含む場合が多く，タスクでどのような「質」の発話を引き出せるかまで設定するのは難しいだろう。上の B1.2 の例では，「自信を持って詳しく」話すかどうかは学習者次第であり，タスクに包含させるためには「詳しく話してください」という指示を入れるのが限界であろうし，「相手が協力的」という条件をタスクの一部にするには，相手が協力的であることが想像される状況で行われるタスク（例：客と店員）にすることで対応するのが関の山であろう。

まず，「行為」と「条件」からタスクを組み立てる。その際，タスク使用者である学習者の背景や，英語学習の目的をできる限り考慮しトピックを決める。TBLT におけるタスクは「実社会における言語使用処理を伴う」ため，現実にその学習者に起こることを想像するのが難しくない状況設定にする必要があり（North, 2014, p.151），自分ではない人間を演じるタスクは本来望ましくないが，日本人同士が英語で会話をしなければいけない自然な状況は

限られているため，タスクによってはこの点は妥協せざるを得ないかもしれない。以下にシンプルなタスクの例を示す。

A1.2（やり取りのペアワークの例）

> あなたたちは，来週やって来る留学生と英語で話をしたいと思っています。その準備のため，暇な時は何をしているか，英語でお互いに質問して答えてみましょう。

【実施上の注意】

・学生のレベルによっては，先に質問を書き出させる等，事前タスク（pre-task）が必要な場合もある。

・A1.2の「行為」は「やり取りの中での応答」であるため，質問することは必要とされていないが，指導の中で使用する場合は質問するという行為も含めてよいと思われる。

・質問を順にOHPやコンピュータスクリーンに提示し，それに答えさせるモノローグ形式の，個人で行うタスクに変更することも可能である。

B1.2（個人の例）

> あなたは海外旅行をしています。電車の切符を窓口から買いましたが，一等車両をお願いしたのに，渡された切符は二等車両の切符だったことに気づきました。窓口に戻り，①二等車両の切符は間違いであることを詳しく説明し，②一等車両の切符に変更してくれるよう丁寧に依頼してください。

【実施上の注意】

・この設定では，駅員の絵などを前（CALL教室ならコンピュータスクリーン）に提示し，その人に対して話すよう指示してもよい。しかし，駅員との「やり取り」ではないため，「正しいサービスを受け，お礼を言う」という部分の練習はできない。

・「丁寧な依頼」は，そのための言語形式の学習と共に，別立てのタスクとして扱うことも可能であろう。

・1人が海外旅行客でもう1人が駅員という設定のペアワークにすると，「やり取り」にはなるが，学生のうち1人は海外の駅員という現実に起こることが想像しにくい役割を演じなくてはいけなくなる。状況に合わせ，

より適切な設定を教員が選ぶことで対応すべきであろう。

・海外旅行をすることが現実的である学習者に使うタスクではあるが，場合によっては必要な語彙を事前に学習させる必要があるかもしれない。

・具体的な情報を使ってタスクを遂行させるため，いつ，どこからどこまでの切符，一等車両，二等車両それぞれの料金などの情報をまとめたタスクカード，もしくは切符のプロップを準備してもよい。

　発話の評価を厳密に行う場合は，評価ルーブリックやガイドラインを定める必要があるため，Q23を参照してもらいたい。日常的に行う指導用タスクの場合，評価は行ったとしても簡便なものでよいのではないだろうか。CALL教室で行うならコンピュータを使い，またもし状況が許せば，学生のスマートフォンで発話を録音・録画させ，自己評価をさせたり，発話量や長い沈黙の有無程度で教員が簡易的に評価することも可能であろう。スピーキング活動は，習慣的に実施するだけでも学習者が持つ英語を話すことに対する抵抗が減少することが予想されるため，厳密さよりも量を重んじるべきではないだろうか。

※ タスク作成にあたっての留意点

　ここでは，CEFR-Jディスクリプタに類似したタスクを量産することを想定し，作成・運用に教師の手間があまりかからないタスクを紹介した。タスクの難易度に影響する要因の研究は進んでおり，さらに大がかりな指導用タスクを作成する場合には，当該学習者の背景，英語学習ニーズ，運用能力，モティベーションと，以下のようなタスク難易度を左右する要因を念頭に置き，タスクを作成するとよいだろう。

(1) 必要とされる言語の複雑さ (code complexity)，認知的複雑さ (cognitive complexity)，コミュニケーション上の圧力 (communicative stress) (Skehan, 1998)

(2) 物語の構造が堅固かどうか (structuredness) (Skehan & Foster, 1999)

(3) 物語を語るタスクにおいて，第1人称か第3人称か (perspective)，今ここに関することか (immediacy)，物語を完結させるため，話者が情報を補う必要があるか (adequacy)，準備時間 (planning time) (Elder, Iwashita, & McNamara, 2002; Iwashita, McNamara, & Elder, 2001; Wig-

glesworth, 2001)

(4) タスク実施中，試験官による誘導があるか，タスクに馴染みがあるか（familiarity），話す相手が英語母語話者かどうか（interlocutor）

(5) タスクの複雑さ（task complexity），タスク実施条件（task conditions），個々の学習者にとってのタスクの難易度（task difficulty）(Robinson, 2001)

(6) 構造が堅固かどうか（tightness of structure），物語の裏で，別の出来事が起きているか（background information），登場人物の動機や意図を説明する必要があるか（intentional reasoning），タスクに登場する物・人の数（number of elements）(de Jong & Vercellotti, 2016)

　タスクの難易度に影響を与える要因は，これらに尽きるものではないが，タスク研究者自身，タスク作成時にこれらの要因を操作することで，タスクの難易度を変化させたり，学習者発話に一貫した影響を与えたりすることには懐疑的である（Bachman, 2002; Foster & Skehan, 1997; Fulcher & Reiter, 2003; Iwashita, et al., 2001など）ことに注意したい。しかし，タスクを使った教授法は，明確なゴールを持ったコミュニケーションの中で，学習した言語形式を使うことが目的であり，指導用タスクの作成に関してはあまり厳密に難易度をコントロールすることを目指す必要はないのではないだろうか。

【 まとめ 】
　本節では，CEFR-J ディスクリプタと同質の話すこと（やり取り）のタスク作成を中心に解説したが，指導用タスクは，タスクが必要とする言語機能，言語形式のみならず，学習者要因，タスクを使用する目的，与えられた時間など，さまざまな情報を考慮して作成する必要がある。

【 もっと知りたい方へ 】
　CEFR を利用したタスクの作成全般に関しては North（2014），pp.146–154が参考になる。

Q30 CEFR-J に基づく話すこと（発表）の タスクはどのように作成したらよいか？

※ 話すこと（発表）の言語活動とは何か

　「発表」という用語は，スピーチやプレゼンテーションといったフォーマルな場面での発話を連想させるが，それにとどまらない。CEFR Companion Volume (2017, p.68) が，"Spoken production is a 'long turn,' which may involve a short description or anecdote, or may imply a longer, more formal presentation. (話すこと（発表）とは，短い説明や逸話などの「長めのターン」，あるいはもっと長く改まったプレゼンテーションのこともある)" と述べているように，聴衆に向けた発話とは限らず，会話の中で少し長く話すことも「発表」に含まれる。簡単な意見を言う，行動計画を述べる，自分の夢を語る，などがその例である。この点については，高等学校学習指導要領（平成30 (2018) 年告示）の「話すこと［発表］」の目標について，同解説も「必ずしも…大人数の前で話すことのみを指すものではない。ペアやグループにおける聞き手に対し，要約や報告の形で話して伝えることなども含むことに留意する (p.27)」としている。

　また，自分の気持ちや考えを述べる活動に限らず，書かれたテキストを朗読すること，あらかじめ練習した役割を演じること，歌うことも「発表」の活動例である（CEFR 本体，p.58）。CEFR-J にはこれらに該当するディスクリプタはないが，CEFR-J 準拠タスク達成への橋渡しとして，聞き手に伝わるよう朗読したり，対話文を演じたりすることも指導過程に組み込めることは，心に留めておいてよい。多くの学習者にとって，自分の気持ちや意見を発表するのは容易ではなく，小さな段階を設けることが必要である。これは指導用タスク作成にあたって，特に留意したい点である。

※ CEFR-J に準拠したタスクの作成

　以下に示す CEFR-J の A2.2 の 1 つ目のディスクリプタを例に，CEFR-J

に準拠したタスク作成を試みよう。

[話すこと（発表）A2.2の１つ目のディスクリプタ]
　　写真や絵，地図などの視覚的補助を利用しながら，一連の簡単な語句や
　　文を使って，自分の毎日の生活に直接関連のあるトピック（自分のこと，
　　学校のこと，地域のことなど）について，短いスピーチをすることができる。

　タスクは言語を実際に使用してある成果を得るものである（Ellis, 2003）
から，「短いスピーチ」によりどのような成果を求めるのかを明確にしなけ
ればならない。そこで，聞き手が誰か，スピーチの目的は何か，という具体
的なコンテクストを設定する。A2は高等学校外国語必修科目修了時のレベル
とされていることから，高校生を念頭に次のように設定してみよう。

[話すこと（発表）のタスク例]
　　あなたはアメリカの高校に留学しています。近々，この高校で学ぶ各国
　　の留学生たちの交流会が行われます。参加者はそれぞれ自分が母国で住ん
　　でいた町について，短いスピーチをすることになりました。写真また
　　は絵を見せながら，自分や自分が住む町について話しなさい。

　聞き手は外国の高校生で，おそらく日本のことをあまりよく知らない。ス
ピーチの目的は，留学生として日本のある地域を紹介することである。場所
を説明する一般的な内容と同時に，日本らしさの一端も紹介できれば望まし
い。交流会の一環なので，おそらくスピーチが終わった後，留学生同士のイ
ンフォーマルな懇親の場もあるだろう。自分や自分の住んでいた町，国に関
心を示してくれた聞き手が，そのような場で話しかけてくれるようなスピー
チになれば，このタスクの成果が得られたと考えてよいだろう。
　このように，汎用的につくられたディスクリプタを具体化する際，設定し
た言語使用場面で学習者に期待される行動に注目して考えるとよい。タスク
実施に際しては，期待される行動を事前に説明し，学習者が設定場面に身を
置いて主体的にタスクに取り組めるよう，地ならしをすることが肝要である。

※ 評価基準の設定および模範例の作成
　次に，「一連の簡単な語句や文を使って」行う「短いスピーチ」が，どの
程度できたらこのタスクを達成したと判断するのかを決める。つまり，パ

フォーマンスの評価基準を設定する。評価基準の根拠として，まず CEFR の「話し言葉の質的側面」の共通参照レベル（CEFR 本体，pp.28-29）を参照する。これは，使用領域の幅，正確さ，流暢さ，やり取り，一貫性の５つの観点を示すもので，A2レベルで「発表」に関わる観点は，「やり取り」を除く以下の４つである。

○**使用領域の幅**：覚えた言い回し，語句の集まり，定型表現を使って基本的な構文を用い，簡単な日常場面における限られた情報を伝えている。

○**正確さ**：単純な文構造は正確に使うが，絶えず同じ基本的な誤りが見られる。

○**流暢さ**：休止，言い出しの誤り，言い直しが顕著に見られるが，非常に短い発話を理解してもらうことができる。

○**一貫性**：and, but, because といった簡単な接続詞を使って，語句の集まりを結びつけることができる。 （筆者訳）

この４つが評価の観点となるが，「覚えた言い回し，語句の集まり，定型表現」や「基本的な構文」が具体的に示されていない。そこで，地域を紹介するときに A2レベルの学習者が使いそうな語句や構文を，特定概念ごとにリストしてみる。

- 地域：city / suburb / village / island
- 地域の特徴：busy / quiet / a small population
- 位置：in the west part of ... / ... miles away from ...
- 自然環境：hill / mountain / field / forest / river / sea / beach
- 事物：park / tennis court / station square / museum / farm
  There is / are ... / Our town has ...
- 地域の行事：festival / shrine / food stall / folk dancing
- 地域での生活：walking / jogging / cherry blossom viewing

このリストをもとに，接続表現も用いながら，この程度できればタスク達成と判断できるスピーチ原稿を作成する。以下はその例である。見せる写真として，元旦に撮影した富士山の写真を用意する。

[スピーチ原稿例]

　Hello, everyone. I'm from a small town in the suburbs of Tokyo. It is several miles away from the center of the city. As you know, Tokyo is one of the busiest cities in the world, but in my town, there is a beautiful river and quiet natural parks. Also, there is a perfect spot to see Mt. Fuji, the highest mountain in Japan. We can see it from Tamagawa Sengen Shrine. The shrine is on a low hill along the Tama River. Visiting the shrine on New Year's Day is the tradition of my family. After we pray for happiness and good health, we enjoy the fantastic view from the shrine. I like to look down the river and to see Mt. Fuji covered with snow. Thank you.

　使用した語句や文構造，テキストの難易度がA2.2として適切かどうか，簡単に利用できる分析ツールで調べてみると，Flesch-Kincaidでは4.9，CEFR-J Wordlistに基づいて分析するCVLA（Uchida & Negishi, 2018）ではA1.3であった。CVLAは受容技能タスクで用いられるテキストを対象としているので，A2学習者の発表技能パフォーマンスのレベルがCVLAのA1であれば妥当と言ってよいだろう。このほか文法事項のチェックには，東京工業大学奥村研究室のEnglish Level Checker，「中学で学ぶ英単語」（開隆堂）やA2相当の高校英語教科書，海外のコースブックなどを参考に調整する。個々の単語のレベルチェックにはEnglish Vocabulary Profileも役立つ（Q 9参照）。

　このサンプルは，余裕をもってA2のタスクが達成できた場合を想定している。また実際には，パフォーマンスの段階で「基本的な誤り」や「休止，言い出しの誤りが顕著に見られる」こともあろうが，指導者側が成功例のイメージを明確にもち，学習者とこの目標規準を事前に共有し，見通しをもって指導・学習することが重要である。なお，評価規準についてはQ24を参照されたい。

※ 指導手順を考える

　学習者がタスクに慣れていない場合は多くの支援を要するので，目標に到達するまでの指導手順を以下のような数段階に分けて計画する。

①求められる行動を理解する

　留学生交流会において，日本に関する予備知識があまりない外国の高校生を対象に，自分の町を紹介するという役割を理解する。そのためにどのような話題を選び，どのような情報を伝えるかを考える。

②見通しをもつ

　目標規準の具体的イメージをもつ。先に挙げたスピーチ原稿例を使って指導者がデモンストレーションをする，模範になる過年度作品の映像を見せる，などの方法がある。また，サンプルのスクリプトの朗読または暗誦を，最終ゴールへの橋渡しとして行ってもよい。

③タスク達成を支える語彙・文構造を理解する

　文法は意味を伝えるために必要な資源であり，学習指導要領は「コミュニケーションを支えるものとして捉え」ている。当該スピーチで使いそうな語彙・文構造を，意味のあるコンテクストの中で使う練習を繰り返す。例えば前項で挙げた「地域の特徴」「地域の行事」などの特定概念とそれに関連する語句を2〜3提示し，一定の時間内に同じカテゴリーに属する語句をできるだけ多くリストさせる。グループ対抗にしてもよい。次にその語句を利用して，次のような簡単なコミュニケーション活動ができる。

［言語活動の例］

　A：How do you describe your town?

　B：It's a quiet town with a small population. How about yours?

　A：Mine is a small town, but when we have a summer festival, it gets busy.

　あるいは tennis court, station square などの「事物」や「場所」を取り上げ，there is/are 構文を用いた同様のペア活動も可能である。このように，言語活動と効果的に関連づけた文法指導を十分行い，準備を整えることにより，学習者は自信をもってタスクに取り組むだろう。

④スピーチ原稿作成のためのブレーンストーミングをする

　聞き手を意識して原稿を書けるよう，ペアでブレーンストーミングを行う。次のような質問を用いて，書きたい内容のキーワードをメモしたり，アイディアマップを作成したりする。

[ブレーンストーミングの質問例]
　　・Where is your hometown located?
　　・How do you describe your hometown?
　　・Are there any parks / rivers / lakes etc. in your hometown?
　　・What activities do you do there?
　　・Are there any festivals or traditional events?

⑤スピーチ原稿作成，自己評価・相互評価，教師評価，推敲
　　原稿作成にあたり，ここでもスピーチ原稿例を使って前述の評価の観点を確認する。練習した語彙や文構造がどのように使われているか，一貫性の観点から接続詞がどのように使われているか等に注目し，期待されるレベルを理解する。第1稿を書いた後，流暢さを除く3観点，すなわち使用領域の幅，正確さ，一貫性の観点から自己評価・相互評価・教師評価を行い，評価をもとに第2稿を作成する。

　　なお，このように原稿を用意する発表のほか，原稿の代わりにメモやキーワードを用意して発表する場合もある。中学校学習指導要領は，原稿を書いてそれを暗誦するのではなく，「…簡単な語句や文を用いて即興で話すことができるようにする」ことを「話すこと（発表）」の目標のひとつとしている。ただし「即興で」といっても準備を全くしないのではなく，「メモやキーワードを頼りにしながら」発表することも「即興」であると同解説は述べている。

　　高等学校学習指導要領「英語コミュニケーションⅠ」の目標は「即興で話す」ことを含めていない。しかし同解説に「発表のアウトラインや発表用のメモを書いたりするなどの時間を十分確保する」とあるので，中学校と同様，十分準備した上で「即興で」話すことを実践するとよいだろう。

⑥発表練習，自己評価・相互評価，教師評価
　　「聞き手が理解できるようはっきり話す」という流暢さの観点から，練習のパフォーマンスを評価し，改善点を見つけ本番に備える。

⑦発表，自己評価・相互評価・教師評価
　　交流会を模して発表を行う。質疑の時間を設けると，実際の言語使用により近い場面を作り出すことができ，聞き手の反応から生徒自身がタスクの成果を判断することもできる。

ほかのトピックでも同様のタスクを繰り返して，このディスクリプタから作成されたテスト（Q24参照）を自力で達成できることを目指すとよい。

【もっと知りたい方へ】

　Speaking の質的側面に関しては CEFR 本体の自己評価表の後に出てくる記述部分が詳しい。活動の具体例は Core Inventory の Scenario が参考になる（Q 8 参照）。

Q31 CEFR-J に基づく書くことのタスクはどのように作成したらよいか？

※ タスク作成の流れを確認する

　ライティングのタスクを作成するためには，以下４つの手順を踏み，作成していく必要がある。ここでは，タスク作成上考慮すべき点も含め，その手順を紹介する。

　(1) CAN-DO ディスクリプタを分析する。
　(2) 文脈に関連づけたディスクリプタに書き換える。
　(3) ディスクリプタからタスクの指示文を書いてみる。
　(4) 指示文に必要なプロンプトやワークシートを添え，タスクとする。

(1) CAN-DO ディスクリプタを分析する

　例えば，CEFR-J「書くこと」A2.2レベルのタスクを作成することとする。ディスクリプタを確認すると，以下３つの要素に分けられることがわかる。

> ① 聞いたり読んだりした内容(生活や文化の紹介などの説明や物語)であれば
> ② 基礎的な日常生活語彙や表現を用いて
> ③ 感想や意見などを短く書くことができる。

　その上で，まず文脈から離れた（context-free）ディスクリプタから文脈に関連づけた（context-relevant）ディスクリプタに書き換えていく（Green, 2012, p.45）。その際，「①聞いたり読んだりした内容（生活や文化の紹介などの説明や物語）であれば」から，どのような内容や条件（condition）を添えるべきか，「②基礎的な日常生活語彙や表現を用いて」から，どのような言語活動の質（quality）まで求めるべきか，「③感想や意見などを短く書くことができる」から，どのようなライティング（writing performance）を求めるべきかを考えていく。

（2）文脈に関連づけたディスクリプタに書き換える

　まず，「①聞いたり読んだりした内容（生活や文化の紹介などの説明や物語）であれば」から，生徒に身近な状況を想像し具体的な内容を考えていく。例えば，聞いた内容であれば，ラジオで聞いたエピソード，TV番組で聞いた言葉，人から聞いた噂，などが思い浮かぶ。一方，読んだ内容であれば，本で読んだ説明，雑誌で読んだ情報，新聞で読んだ事件，などが思い浮かぶ。さらに踏み込み，文学・歴史・音楽・芸術など「見える文化」や，日常生活の文脈に溶け込んだ慣習・行動・価値観など「見えない文化」（Brown, 2014, p.175）にも注目し，細やかに内容を考えていくこともできる。

　次に，「②基礎的な日常生活語彙や表現を用いて」から，状況とともに言語活動の質を具体的に考えていく。まず，日常生活の場面として，家庭生活（例：衣・食・住），学校生活（例：授業や部活動），公共生活（例：地域活動・ボランティア活動）などを思い浮かべる。その際，状況特有の基礎的な語彙や定型表現もともに想像していく。例えば，学校生活で天気のやり取りを思い浮かべる。「週末は雨のようです」という状況であれば，天気の基本的な語彙で生徒はタスクを行えるだろう。ただし「大雨洪水警報が出ているようです」と特殊な状況を設定してしまうと，生徒は大雨洪水警報（a heavy rainfall warning）など専門用語で天気のやり取りをせざるをえない。このように「日常生活の場面」といっても易しい語彙のみでやり取りするとは限らない。特に場面の真正性にこだわり，リアルさを求めると，固有名詞や専門用語を生徒に英語で求めてしまうので注意が必要となる。言語活動の質を考える際は，CEFRレベルに配慮した語彙資料（例：English Vocabulary Profile）や文法資料（例：English Grammar Profile）などを参照し，生徒に適した言語活動の質を考えていく必要がある。

　最後に，「③感想や意見などを短く書くことができる」から，具体的にライティング行動をいくつか想像していく。例えば，手紙で感謝の気持ちを伝える，メールでアイディアを提案する，SNSに映画の感想を投稿する，などが思い浮かぶ。ここで大切なのが，いかに生徒にとって身近な場面を想像できるかである。日々生徒と接する中で，生徒がどのようなライティング行動を行っているかをよく観察しておくことが重要となる。

　上記のことをふまえ，ここでは，生徒に身近な「感想や意見をメールに短く書く」文脈に関連づけたディスクリプタに書き換えてみると，以下のよう

なものをいくつか書くことができる。

> 1) ① ○○で○○についてを聞き，② 簡単な英語で，③ 友人○○に自分
>   の感想や意見をメールに短く書いて送ることができる。
> 2) ① 友人○○から届いた○○についてのメールを読み，② 簡単な英語で，
>   ③ 自分の感想や意見をメールに短く書いて送ることができる。

(3) ディスクリプタからタスクの指示文を書いてみる

　今度は，上記2タイプの文脈に関連づけたディスクリプタのうち，(2)の
ディスクリプタからタスクの指示文をいくつか書いてみる。ここでは，ディ
スクリプタの特に①の部分を状況設定（例：○○から○○のメールが届きまし
た）としてタスクに示していく必要がある。

> 1a) 友人の律からコンサートAに行かないかと誘いのメールが届きました。
>   簡単な英語で自分の意志をメールに短く書いて返信しましょう。
> 1b) アメリカの友人 Ana から映画Aが面白かったとメールが届きました。
>   簡単な英語で自分の感想や意見をメールに短く書いて返信しましょう。
> 1c) イギリスの友人 John から英語の名前に san を付けることについてど
>   う思うかとメールが届きました。簡単な英語で自分の感想や意見を
>   メールに短く書いて返信しましょう。
> 1d) カナダの友人 Carol から箸の持ち方について悩んでいるメールが届
>   きました。簡単な英語で持ち方をメールに短く書いて返信しましょう。

　この段階では，具体的に指示文を何種類か書いては見直し，書き直す必要
が出てくる（Johnson, 2000）。例えば，(1a) を見ると，日本人から英語で
メールが届くという状況設定が不自然。目標となる行動は「誘いに応える」
でディスクリプタには合わない。次に (1b) を見ると，状況設定は自然。
目標となる行動も問題ない。内容を映画Aに特定すると観ていない人が書
きにくくなる。(1d) については，状況設定は自然。目標となる行動が「悩
みに応える」でディスクリプタとは合わない。また，内容が箸の持ち方に特
定されると主要な指や箸の部分を英語で説明する必要が出てきて難しくなる。
最後に (1c) を検討してみる。場面設定は自然で，目標となる行動は「感
想や意見を書く」で適切。内容や求める言語活動の質もそれほど高くない。

候補の指示文の中では生徒にとって取り組みやすいタスクと言えるだろう。

　上記のように，具体的な指示文を書こうとすると考慮すべき点がいろいろと見えてくる。特に，場面の真正性を追求し過ぎると，ディスクリプタに合わなかったり（例：箸の持ち方を教える），言語活動の質を高く求め過ぎたり（例：指や箸の固有名詞を使って解説せざるをえない）するので注意が必要となる。教育的には，生徒が書いてやり取りする交流の真正性をまず重視すべきで，指示文の文言を少しおおまかにまとめることも大切となる。このように，指示文の文言を少し変えるだけで設定状況も変わり，タスクの複雑さやタスクの難易度も変わる。そのため，作成したタスクを生徒に実際に行ってもらい，タスクに基づくパフォーマンスを観察し指示文を書き換えながら，タスクの複雑さや難易度について経験知を積み重ねていく必要があるだろう。

(4) 指示文に必要なプロンプトとワークシートを添え，タスクとする

　上記（1c）の指示文に，必要なプロンプト（きっかけを与えるもの）とワークシートを添えると以下のようなタスクを作ることができる。

[タスク例]

　イギリスの友人 John から英語の名前に san を付けることについてどう思うかとメールが届きました。簡単な英語で自分の感想や意見をメールに短く書いて返信しましょう。

The other day, one of my Japanese friends called me in English "John *san*". I felt a bit strange when hearing my name. How do you feel? Would you like to use "*san*" after English names?

John

To :
Subject :

Dear John,

_____
_____
_____
_____
_____

※ 具体的な指導例

　作成したタスクを実際に指導する際，すぐに書きなさいと指示しても生徒は取り組みにくい。そこで，何らかの学習支援を行い，生徒がタスクにスムーズに取り組めるよう促すことが必要となる。ここでは，ワークシートとやり取りの2つの支援を紹介する。

(1) ワークシートを利用した支援

　以下のようなワークシートを使うと，生徒が自分の感想や意見を整理しやすくできる。

---

① 英語の名前に san を付けるのを聞くとどのように感じますか。友人と話し合ってみよう。

② 英語の名前に san を付けて呼ぶ方ですか。付けないで呼ぶ方ですか。自分の立場を○で囲んでみよう。

　　　　　○　san を付ける　　　　　　　× san を付けない

③ 2つの立場に分けてそれぞれ理由を書き出してみよう。

○ san を付ける理由	× san を付けない理由
1.	1.
2.	2.
3.	3.
…	…

④ 自分の立場と理由をふまえて John に英語でメールの返事を書いてみよう。

⑤ 友人と自分が書いた英文を交換し読んで評価してみよう。

図1：ワークシートの例

表1：ルーブリック評価のシート例

	Grade		
1. 英語の名前に san を付けることについて自分の感想を書いて伝えることができる。	A	B	C
2. 英語の名前に san を付けることについて自分の立場を書いて伝えることができる。	A	B	C
3. 英語の名前に san を付けることについて自分の立場に理由を添えて書くことができる。	A	B	C

(2) やり取りを通した支援

　英語で授業する場合，授業の最初に以下のようなやり取りを行うと，ワークシートのタスク①〜③につなげることもできる。

Teacher：How do you call your ALT teacher When you meet with him? John? or John *sensei*? OK. Make pairs and talk about it with your partners.

　　　　　(Students are ready to talk in face to face.)

Keiko：How do you call him?

Kenji：John *sensei*.

Keiko：Why?

Kenji：Because I respect him.

Teacher：But "John *sensei*" is not English. What do you think?

Kenji：Um ... But I just want to respect him.

Teacher：Um, I see what you mean. How about you, Keiko?

Keiko：Me? I call John.

Teacher：Oh. You call him John.

Keiko：Yes. I call him John.

Teacher：Why?

Keiko：Because he call me Keiko, not Keiko *san*.

Teacher：Oh, he calls you Keiko. That makes sense. Good. OK.

　上記のように，やり取りの中で時に生徒の間違い（例：I call John./Because he *call* me Keiko,）に気づくことがある。そのような場合，生徒の表現を口頭で言い直し（recast）たり，時に文法用語を使いながら言語についてのやり取りを行うことも必要となる。書く前の段階で，生徒が語彙や文法的な誤りに気づき自分で修正する機会が与えられれば，生徒も自分の表現により自信を持ってタスクに取り組むことができるだろう。

　書くことのタスクを作成する際，CAN–DO ディスクリプタから生徒の身近な場面を想定しタスクの指示文に落とし込むプロセスが特に大切となる。生徒にとって身近なタスクを作成するためには，日頃から生徒のライティング行動をよく観察しておく必要がある。

　また，場面の真正性に配慮しつつも，求める言語活動の質が高くなり過ぎないよう注意が必要となる。

　CAN–DO ディスクリプタの分析や文言の工夫については Green（2012），タスクデザイン熟練者の状況設定の工夫については Johnson（2000），形成的評価を意識しタスクを利用する留意点については Jones（2009）がそれぞれ詳しい。

Q32 CEFR-J に基づく聞くことのタスクはどのように作成したらよいか？

※ タスク作成の手順と具体例

　CEFR-J に準拠したリスニングのタスク作成は以下の 4 つの手順で行うとよい。なおここで示している手順は，基本的に CEFR-J に準拠したリスニング・テスト作成の方法と同じであるので Q27 も参照されたい。

> 手順 1．CEFR-J のディスクリプタに基づき，細分化したり具体化したりする。
> 手順 2．聞くことのタスクの文脈や応答の形式を決定する。
> 手順 3．スクリプトを作成する。

　第 1 の手順は，ディスクリプタに基づき，細分化したり具体化したりすることである。例として，CEFR-J の A1.2 の聞くことに関する 2 つのディスクリプタを取り上げる。

> ・趣味やスポーツ，部活動などの身近なトピックに関する短い話を，ゆっくりはっきりと話されれば，理解することができる。
> ・日常生活の身近なトピックについての話を，ゆっくりはっきりと話されれば，場所や時間等の具体的な情報を聞きとることができる。

　最初のディスクリプタには，「趣味やスポーツ，部活動などの身近なトピック」というように複数の項目が並記されている。このような場合には，「趣味に関する短い話を，ゆっくりはっきりと話されれば，理解することができる」，「スポーツに関する短い話を，ゆっくりはっきりと話されれば，理解することができる」，「部活動に関する短い話を，ゆっくりはっきりと話されれば，理解することができる」というように細分化した上で，どのトピックを扱うのかを決定する。あるいは，「など」と書かれている場合には，他の身近なトピックを取り上げてもよい。

２つ目のディスクリプタには，「日常生活の身近なトピック」というように一般的で抽象的な表現が用いられている。このような場合は，具体的にどのような話題なのかを決定する。例えば，「天気予報に関する話」なのか，「時間割に関する話」なのかなどを明確にする。

　第２の手順は，タスクの文脈を考えたり，応答の形式を考えたりすることである。「タスクの文脈」とは，コミュニケーションを行う目的や場面，状況等の情報のことである。何のために聞くのか，どこで聞くのか，どのような人が話す英語を聞くのかなどを決める。さらに，「応答の形式」は，聞いたことに基づいて行われると想定される行動に基づいて決定する。その際，生徒が実生活で行う可能性がある行動か否かを考えることが重要である。

　例えば，上述のA1.2の聞くことの２つ目のディスクリプタに基づいて，「天気予報に関する話を，ゆっくりはっきりと話されれば，場所や天気などの具体的な情報を聞きとることができる」というように具体化したとする。「タスク」の文脈の点からは，「傘を持っていくかどうかを決めるために，朝ラジオを聞いている」のか，「遊びに行く約束をするために，天気予報を聞いた友人が天気について話している」のか，聞くことの目的や場面，状況などを決定する。聞いた後の「応答の形式」としては，「予定変更のメールを書く」や「傘を持っていく」などが考えられる。リスニング・テストと異なり，指導のためのタスクの場合には，応答の形式を比較的柔軟に設定することができる。実際に行動をとらせてもよいし，話したり書いたりなどの言語行為で応答させてもよい。また，実際の指導場面では，「予定を変更するのか否かを決める」や「傘を持っていくか否かを決める」など，行動をとるための判断をさせるだけでもよい。その際，できるだけ自然な認知プロセス（普段行っている思考や判断と類似のプロセス）であるようにする。

　第３の手順は，聞くことのタスクのスクリプトを作ることである。スクリプトを作る際に，まずタスクが学習者にとってなじみがあるかどうかを考える必要がある。例えば，空港を利用したことのない学習者にとっては，経験のある学習者に比べて，空港のアナウンスのタスクは難しいと考えられる。なじみがない場合には，タスクに関する背景的な知識を与えることが助けとなる。次に，聞く回数を決定する必要がある。２回以上聞かせる場合には，その繰り返しが自然であるかどうかを検討するとよい。例えば，会話をしている場合，同じことがそのまま繰り返されることはあまりないが，重要な部

分だけが繰り返されたり，確認のために本人や相手が繰り返したりすることは起こり得る。空港のアナウンスはすべての情報がそのまま繰り返されることがよくあるが，テレビやラジオの天気予報は重要な情報を除き2度繰り返されることはめったにない。このようにリスニング・タスクの特徴を考慮しながら，自然な繰り返しを含むスクリプトを作成するようにする。指導の際には，リスニング・タスクの音声を複数回聞かせることも可能であるが，できるだけ1回で聞き取れるようにリスニング力を高めていくことが必要である。教科書などのリスニング・タスクの中には，対話の聞き取りもよく見られるが，対話を聞くことが自然な状況かどうかを検討する必要がある。例えば，3人で会話をしている状況で，他の2人がやり取りしていることを聞くことは，自然な場面でもあり得るが，見ず知らずの人の会話を聞き取ることはあまり自然ではない。

　スクリプトを作成する際には，英語の長さや速さ，使われる語彙や文の難易度を考慮することが重要である。長さや速さの目安についてはQ27を参照されたい。英語の速さについては，CEFR-Jのディスクリプタに「ゆっくりはっきり話されれば」というような特徴づけがされている場合があるので，指導の際には留意する。また，使われる語彙の難易度の検討の際には，Q17で紹介されているCVLA（CEFR-based vocabulary level analyzer）が利用できる。意図したタスクのレベルや学習者のレベルが合わない語がある場合には，他の語に変えて修正したり，あらかじめ語と意味を提示するなどの指導を行ったりするとよい。

※ CEFR-J を活用したリスニングの指導

　前項では CEFR-J のリスニング・タスクの作成方法を説明した。タスクの作成方法は，テストの作成と重複すると述べた。一方で，リスニング・タスクを活用して指導する際には，テストとは異なる点も生じる。例えば，日々の指導においては，指導者がリスニング・タスクを自作するよりも，主として教科書などのリスニング・タスクを活用することが多い。また，リスニング・テストでは，学習者が CEFR-J のどのレベルのリスニング力を有しているかを判断することが目的であるのに対して，指導の場合には，学習者の能力に応じて適切な支援を与えたり，事前活動や事後活動を設定したりして，リスニング力を向上させることが目的である。そこで，以下では，リ

スニング・タスクを自作しない場合にどうしたらよいのか，また，どのように支援や事前活動・事後活動を設定したらよいのかについて述べる。

✳ 教科書など既存のリスニング・タスクを活用する場合

　タスクを自作せずに教科書などのリスニング・タスクを活用する場合，まず CEFR–J に基づいてタスクとスクリプトのレベルを検討するとよい。タスクのレベルが特定できれば，CEFR–J のレベルを考慮しながら，類似したタスクを作成するなどして，リスニングの指導を繰り返し実施することが可能となる。また，低いレベルのタスクからより高いレベルのタスクを並べるなど，複数のタスクを配列する際の参考となる。また，自然な繰り返しを与えたり，ゆっくりはっきりと発音された英語を聞かせたりといった支援を与える際の判断材料となる。スクリプトのレベルが特定できれば，既習の語彙だけでなく，学習者や学習到達目標のレベルに合った語彙など，教科書などの教材以外の語句に触れさせることができる。また，学習者のレベルを勘案したときに，難しい語句については，事前に指導したり他の語句と入れ替えたりするなど，支援を行うことができる。

　ある教科書に「遊園地のアナウンス」というリスニング・タスクが掲載されていたとしよう。服装や身に付けている物などが異なる子どもが描かれている遊園地のイラストを見ながら，アナウンス（例：A little girl is lost. Her name is Kate. She is three years old. She is wearing a blue shirt and a white skirt. She has a yellow bag.）を聞いて迷子の子どもを探すというタスクである。このリスニング・タスクは，服装や身に付けている物などの具体的な情報を聞き取り，その人物を示す絵を特定するタスクである。CEFR–J に照らしてみると，「日常生活の身近なトピックについての話を，ゆっくりはっきりと話されれば，場所や時間等の具体的な情報を聞きとることができる」（A1.2）に相当すると考えられる。

　このディスクリプタを参考にすると，類似のタスクを設定することができる。このタスクやディスクリプタにおける具体的な情報とは，服装や身につけている物のことである。これらの情報を聞き取り，教室内の人物を特定したり，イラスト内の人物を特定したりするなど，類似のタスクが考えられる。

　また，1 文レベルの描写を聞き取るタスクから，徐々に文を増加させ，容易なものから複雑なものへとタスクを配列することができる。次は，タスク

1とタスク2という類似のタスクを段階的に設定し，教科書に掲載されている「遊園地のアナウンス」リスニング・タスクを遂行できるように意図したタスク配列の例である。

【タスク配列の例】

タスク1：先生が描写をする人物を探す（例：Who has long hair in this classroom?）。このタスクでは，先生は一文レベルの英語で人物を描写し，髪型や服装，身につけている物などを聞き取らせる。

タスク2：先生が描写するイラストを探す（This boy has a red cap. He has a green bag. He is running. Can you find him?）。ここでは，教科書に掲載されている遊園地のイラストを用い，先生は複数の文でイラストの中の人物を描写し，具体的な情報を聞き取らせる。「遊園地のアナウンス」で言及されない人物を描写する。

タスク3：アナウンスを聞いて，迷子を探す。ここでは，教科書で掲載されているリスニング・タスクである「遊園地のアナウンス」を行う。

　この例では，教科書に掲載されているリスニング・タスクに対して，事前活動を設定した。他にも，学習者のレベルよりリスニング・タスクのレベルが高い場合には，さまざまな支援を与えることによって，リスニング・タスクに応答できるようにすることができる。例えば，服装や身につけている物などに焦点を当てさせるために，Is his hair long or short?，What is he wearing?，Is he wearing a cap? と質問し，聞き取るべき具体的な情報のポイントを明確にしてから，教科書のリスニング・タスクを実施すれば，ハードルが下がるだろう。一方で，学習者のレベルがこのタスクのレベルより高い場合には，事前活動を行ったり，支援を与えたりするのではなく，より難易度の高いタスクを作成し，事後活動として実施したほうがよい。

　スクリプトのレベルは，CVLA を用いて，使用されている英語の特徴を把握することができる。使われているテキストや語彙のレベルが低い場合には，適切なレベルの語彙を用いて類似のタスクを作成するなどの工夫をするとよい。また，逆に，使われているテキストや語彙のレベルが高すぎる場合は，事前に語句の指導を行うことが必要である。

【まとめ】

CEFR-J の聞くことのタスクの作成にあたって検討するべき点を紹介した。また，指導にあたっては，CEFR-J のディスクリプタを参考にし，タスクやスクリプトのレベルを把握することによって，学習者に必要な支援や事前活動・事後活動を実施し，ターゲットとなるタスクを遂行できるようにする。また，類似のタスクを繰り返し行い，処理の自動化を目指すことも重要であろう。そして，徐々に支援や事前活動・事後活動をなくして，学習者が独力で当該レベルのリスニング・テストに回答できるようにすることを目指したい。支援や事前活動・事後活動を常に与えていては，そのような助けがないリスニング・テストに応答できることにはつながらないだろう。

【もっと知りたい方へ】

Listening と Speaking は統合的に教えることが多く，4 つの活動目的に分類した聞くこと・話すことの指導には，Nation & Newton (2008) の解説が参考になる。

Q33 CEFR-J に基づく読むことのタスクはどのように作成したらよいか？

※ CEFR-J に基づく読むことのタスクの使用場面

　CEFR-J に基づくリーディング・タスクについては，年度はじめや年度末に使用することで，学習者の読む力の現状やニーズ，学習効果などを見取ることができる。また，そのような英語学習の事前事後のレベル判定ツールとしてだけではなく，学習のプロセスにおける単元のゴールタスクとして設定することで，教科書英文を使って練習した読解スキルが順調に身についているかどうかを確認する，いわば「腕試し」をさせることができる。その場合は特に，学習者が，内容に関する予備知識（内容スキーマ）や教科書英文の構成や学習した語彙・文法についての知識（形式スキーマ）を活用できるように，CEFR-J のディスクリプタを参照しながら，リーディング・タスクのテキストタイプやトピックを教科書英文とできるだけ揃えるようにするとよいだろう。

※ リーディング・テキストを準備する

　学校現場の英語教師にとって，リーディングのタスクやテスト問題を作成するときに，もっとも悩ましいのは，素材となる英文をどう用意するかということだろう。英字新聞やインターネット上の英文などをそのまま使用することには，著作権の問題がともなう。そうかといって，一から英文を書き下ろすことは，特に非母語話者の英語教師にとっては簡単なことではないだろう。そうなると，既存の英文を基にして，リライトを試みるしかないかもしれない。その場合，書き上げたテキストを ALT など英語の母語話者にチェックしてもらうことが肝要である。一見，文法的には正しいと思える英文でも，母語話者から見れば，使っている語彙が不自然であったり，文同士のつながりや流れがよくなかったりするのは，よくあることである。そのような自然な英語らしからぬ英文を学習者に読ませることは，できるだけ避けたい。多

忙な現場教師にとって，リライトすることはそれなりに時間と労力を要することである。しかし，自分なりに書いてみて，母語話者によるチェックを受けると，「なるほど」と思えることが少なからずあり，教師にとってはリーディング・テキストの準備と英文ライティングのスキルアップが同時にできるだろう。

ウェブサイト "Project Gutenberg"（https://www.gutenberg.org）には，米国の著作権の有効期限が切れた膨大なテキストがさまざまな形式で提供されている。物語文が大多数を占めているが，よく知られた名作のテキストなども見つけることができる。作品のタイトルや著者名による検索機能もある。また，Project Gutenberg のテキストをリーダビリティーなどの指標で検索できるサイト "Readability Square"（http://readability.mackayst.com）も存在しているので，そのようなツールを使えば，より学習者のニーズに合った英文を探すことができるだろう。

※ テキストのレベルを調整する

英文読解に際し，学習者が最も困難に感じることは，語彙の難しさや文構造の複雑さであろう。学習者のレベルを直感的に理解している現場教師がリライトしたテキストを準備するときには，意識して難しい語彙や文構造を避けるかもしれない。しかし，その後母語話者にチェックを依頼した段階で，英語としてより自然なテキストにするために，語彙や文構造が変わってしまうこともありうる。著作権フリーの英文にも，学習者の知識レベルを超えた語彙や文構造が含まれているかもしれない。そこで，英文テキストの準備がとりあえずできたら，そのテキストが設定したい CEFR–J のレベルに合致しているかどうかを確認し，合っていなければレベルの調整をする必要がある。

信頼性の高いレベル調整を効率的に行うには，内田 諭氏（九州大学）が開発した WEB ベースのツール CVLA（CEFR-based Vocabulary Level Analyzer）を活用するとよいだろう。電子データ化したテキストを所定のボックスにコピー＆ペーストし，"Reading" テキストの指定を確認したら，所定のパスワードを入力し，"Submit" するだけで，使われている語の CEFR レベル（色やフォントで区別：次ページ図 1）とテキスト全体の CEFR レベル判定（Estimated Text Level）などを提示してくれる（次ページ図 2）。図の例は，前述の Project Gutenberg 収載の "A Tale of Two Cities"（Charles Dickens）

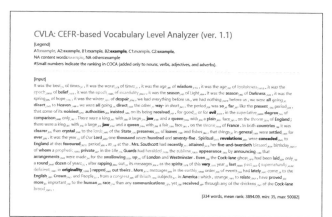

図1：CVLA によるテキストの語彙レベル分析

Mode: R				
CEFR	ARI	VperSent	AvrDiff	BperA
A1	5.73	1.49	1.31	0.08
A2	7.03	1.82	1.41	0.12
B1	10.00	2.37	1.57	0.18
B2	12.33	2.88	1.71	0.26
Input	20.41	6.12	1.96	0.51
Estimated level	C2	C2	C2	C2

Estimated Text Level:C2

図2：CVLA の各指標によるテキスト分析

のテキストを CVLA で分析したものであるが，C レベルの語や B2レベルの語がかなり含まれており，テキスト全体のレベルも C2となっている。

　例えば，このテキストを高校生に読解タスクとして読ませるには，かなりレベルを下げる必要があるだろう。まず，C レベルや B2レベルの語彙を中心に，より平易な語彙に書き換えてみる。テキストはそのままにして難解語に注を付けるというやり方も考えられるが，それらによって内容が予測されてしまうと読解力が測れなくなるので，やはりある程度の書き換えは必要になる。当然のことながら，コロケーションの違いなどによって，当該の語を

入れ替えただけではすまない場合が多いだろう。実はこの作業プロセスも，教師にとっては，自分の言語知識を確認したり，使える表現を拡充したりするためのよい練習になるので，一石二鳥である。

　次にすることは，文構造の調整である。1文が長かったり，複雑な接続構造，修飾構造になっている文が多かったりすると，学習者にとっては読解を妨げる大きな要因になり，分析するとリーダビリティーの指標値が高くなって，テキスト全体のレベルも高くなる。そこで，学習者の英語力レベルを超えていると思われる複雑な複文や，関係節を含む文などを2文に分けたりして，文構造の平易化を図ることで，テキストのレベルを下げることができる。

　ここでは，高すぎるテキストのレベルを下げる方法を示したが，反対に易しい語を難易度の高い語に書き換えたり，2文になっているものを1文にして長くしたり，複雑さを高めたりすれば，テキストのレベルを上げることにつながるだろう。

　この作業では，ある程度の試行錯誤は避けられないだろう。文ごとの難易度のバランスに気をつけながら，改訂とレベルチェックを何度かくり返し行う必要があるかもしれない。その結果，極めて不自然な英文にしてしまうこともありうるので，できれば最終稿を母語話者に見てもらうことが望ましい。

✳ タスクの真正性を考える

　入試や問題演習でなく，日常生活で日本人が英文を読む場面を考えてみると，関心のある作品を楽しむ読書をする，英語で書かれたメールや新聞・雑誌等の記事・SNS の投稿などを読む，といったところだろう。このような英文読解には多少なりとも「目的」があり，読んだ後の行動をともなう場合が多い。それが何について書かれたものか，誰が何のために書いたものか，自分にとってどれくらい重要であるかどうかをすばやく判断し，そこに含まれる必要な情報を読み取って他者に内容を伝えたり，メール等であれば返信をしたりという行動に移すこともあるだろう。CEFR-J に基づくリーディング・タスクの大きな特徴の1つは，このような「何のために読むのか」という目的や場面・状況が明確に設定されていることである。「次の英文を読んで設問に答えなさい」というようなテスト問題形式ではなく，実際の使用場面を想定した「タスク」なのである。本来ならば，読む目的と対象である英文はセットになっている，もしくは目的の方が先行するべきものだろう。し

かし，学習者用のレベル設定をした CEFR-J に基づくタスクでは，学習者の年齢・特徴・生活なども考慮する必要があるため，ある程度は後づけで（仮空の）目的・場面・状況を設定し，タスクの真正性を付与しなければならないこともある。例えば，「あなたは〜について調査し，発表をすることになりました」「修学旅行の班別自主行動のリーダーとして，現地の旅行案内を見て日程表を作成しなければなりません」「姉妹校との共同研究の代表者であるあなた宛てにきた電子メールを読んで，チームのメンバーに伝えるために正確な情報を読み取りましょう」「留学先の授業で，好きな物語についてブックレポートを書く課題が与えられました。報告すべき情報を整理しましょう」というような設定が考えられる。この目的・場面・状況の設定は，たとえ仮空のものであっても，読み飛ばされても支障のないお飾りのようなものではなく，学習者があたかも疑似体験しているようなものにするのが理想である。

❋ 設問を考える

目的・場面・状況の設定があれば，設問で問う読解スキル，すなわち「何を読み取るか」は決まってくるだろう。何かについて説明した文章であれば，何について書かれたものかということ（概要）や，そのことに関する重要な情報（要点）が読み取れているかを問う必要がある。筆者の意見を述べた文章では，筆者の立場や意向，その論拠などが読解のポイントになるだろう。物語文であれば，人物・事物の特徴，時系列に沿った出来事などを把握しながら読めているかどうかを，設問で確認しなければならない。設問が些細な事柄の情報検索ばかりを促すことは避けなければならない。

また，設問自体やそこに含まれる選択肢などから内容を予測するということは，テストのストラテジーとしてよく挙げられるが，それらが読解を手助けし過ぎないように気をつけたい。テキストを読まなくても正答できてしまうことは避けたい。大切なのは，設問に答えていくことで，そのテキストを読む目的が果たされるように設問配置をするということだろう。このように適切な設問を考えるときには，さまざまな英語民間試験，大学入試センター試験，韓国版のセンター試験「大学修学能力試験（スヌン）」なども参考になる。

※ 実際に解いてみる

　最後に，至極当然のことであるが，リーディングタスクがひとまず仕上がったら，実際に解いてみて最終チェックをする。字句の誤りはないか，設問および選択肢は適切か，設問間に相互依存（1番の問題が2番のヒントになっている，1番を間違えると2番も間違えてしまうなど）がないか，解答にかかる時間はどれくらいか，などがチェックポイントになるだろう。

> **［ まとめ ］**
>
> 　CEFR-J に基づく読むことのタスクは，① CEFR-J のディスクリプタを参照しながらテキストを準備する，②レベル調整を行う，③目的・場面・状況を設定する，④適切な設問を考える，といった手順で作成することができる。テキストの準備やレベル調整には，人的・物的な支援・ツールを有効活用するとよい。

［ もっと知りたい方へ ］

　Reading と Writing に関するタスクの作成・教授に関心のある方は，Nation (2008) が具体的で実践的な事例が多く，参考になる。

付 録

付録1　CEFR-J ディスクリプタ（Version 1.2）

	レベル	Pre-A1	A1.1	A1.2	A1.3	A2.1	A2.2
理解	聞くこと	ゆっくりはっきりと話されれば，日常の身近な単語を聞きとることができる。	当人に向かって，ゆっくりはっきりと話されれば，「立て」「座れ」「止まれ」といった短い簡単な指示を理解することができる。	趣味やスポーツ，部活動などの身近なトピックに関する短い話を，ゆっくりはっきりと話されれば，理解することができる。	ゆっくりはっきりと話されれば，自分自身や自分の家族・学校・地域などの身の回りの事柄に関連した句や表現を理解することができる。	ゆっくりはっきりと放送されれば，公共の乗り物や駅や空港の短い簡潔なアナウンスを理解することができる。	スポーツ・料理などの一連の行動を，ゆっくりはっきりと指示されれば，指示通りに行動することができる。
		英語の文字が発音されるのを聞いて，どの文字かわかる。	日常生活に必要な重要な情報（数字，品物の値段，日付，曜日など）を，ゆっくりはっきりと話されれば，聞きとることができる。	日常生活の身近なトピックについての話を，ゆっくりはっきりと話されれば，場所や時間等の具体的な情報を聞きとることができる。	（買い物や外食などで）簡単な用をたすのに必要な指示や説明を，ゆっくりはっきりと話されれば，理解することができる。	学校の宿題，旅行の日程などの明確で具体的な事実を，はっきりとなじみのある発音で指示されれば，要点を理解することができる。	視覚補助のある作業（料理，工作など）の指示を，ゆっくりはっきりと話されれば，聞いて理解することができる。
	読むこと	口頭活動で既に慣れ親しんだ絵本の中の単語を見つけることができる。	「駐車禁止」，「飲食禁止」等の日常生活で使われる非常に短い簡単な指示を読み，理解することができる。	簡単なポスターや招待状等の日常生活で使われる非常に短い簡単な文章を読み，理解することができる。	簡単な語を用いて書かれた，スポーツ・音楽・旅行など個人的な興味のあるトピックに関する文章を，イラストや写真も参考にしながら理解することができる。	簡単な語を用いて書かれた人物描写，場所の説明，日常生活や文化の紹介などの，説明文を理解することができる。	簡単な英語で表現されていれば，旅行ガイドブック，レシピなど実用的・具体的で内容が予想できるものから必要な情報を探すことができる。
		ブロック体で書かれた大文字・小文字がわかる。	ファーストフード・レストランの，絵や写真がついたメニューを理解し，選ぶことができる。	身近な人からの携帯メールなどによる，旅の思い出などが書かれた非常に短い簡単な近況報告を理解することができる。	簡単な語を用いて書かれた，挿絵のある短い物語を理解することができる。	簡単な語を用いて書かれた短い物語や伝記などを理解することができる。	生活，趣味，スポーツなど，日常的なトピックを扱った文章の要点を理解したり，必要な情報を取り出したりすることができる。

B1.1	B1.2	B2.1	B2.2	C1	C2
外国の行事や習慣などに関する説明の概要を，ゆっくりはっきりと話されれば，理解することができる。	自然な速さの録音や放送（天気予報や空港のアナウンスなど）を聞いて，自分に関心のある，具体的な情報の大部分を聞き取ることができる。	自然な速さの標準的な英語で話されていれば，テレビ番組や映画の目標言語の話者同士の会話の要点を理解できる。	非母語話者への配慮としての言語的な調整がなされていなくても，目標言語の話者同士の多様な会話の流れ（テレビ，映画など）についていくことができる。	構成が明瞭ではなく，事柄の関係性が暗示されているだけで明示的になっていないときでも，長い話を理解できる。また，特別に努力しないでもテレビ番組や映画を理解することができる。	生であれ，放送されたものであれ，自然な速さの発話でも，話し方の癖に慣れる時間の余裕があれば，ほとんどどんな種類の話し言葉も容易に理解することができる。
自分の周りで話されている少し長めの議論でも，はっきりとなじみのある発音であれば，その要点を理解することができる。	はっきりとなじみのある発音で話されれば，身近なトピックの短いラジオニュースなどを聞いて，要点を理解することができる。	トピックが身近であれば，長い話や複雑な議論の流れを理解することができる。	自然な速さで標準的な発音の英語で話されていれば，現代社会や専門分野のトピックについて，話者の意図を理解することができる。		
学習を目的として書かれた新聞や雑誌の記事の要点を理解することができる。	インターネットや参考図書などを調べて，文章の構成を意識しながら，学業や仕事に関係ある情報を手に入れることができる。必要であれば時に辞書を用いて，図表と関連づけながら理解することができる。	現代の問題など一般的関心の高いトピックを扱った文章を，辞書を使わずに読み，複数の視点の相違点や共通点を比較しながら読むことができる。	記事やレポートなどのやや複雑な文章を一読し，文章の重要度を判断することができる。綿密な読みが必要と判断した場合は，読む速さや読み方を変えて，正確に読むことができる。	長い複雑な事実に基づくテクストや文学テクストを，文体の違いを認識しながら理解できる。自分の関連外の分野での専門的記事や長い技術的説明書も理解できる。	抽象的で，構造的にも言語的にも複雑な文章，例えばマニュアル・専門的記事・文学作品のテクストなど，事実上あらゆる形式で書かれた英文を容易に読むことができる。
ゲームのやり方，申込書の記入のしかた，ものの組み立て方など，簡潔に書かれた手順を理解することができる。	平易な英語で書かれた長めの物語の筋を理解することができる。	難しい部分を読み返すことができれば，自分の専門分野の報告書・仕様書・操作マニュアルなどを，詳細に理解することができる。	自分の専門分野の論文や資料から，辞書を使わずに，必要な情報や論点を読み取ることができる。		

	レベル	Pre-A1	A1.1	A1.2	A1.3	A2.1	A2.2
話すこと	やりとり	基礎的な語句を使って，「助けて!」や「〜が欲しい」などの自分の要求を伝えることができる。また，必要があれば，欲しいものを指さししながら自分の意思を伝えることができる。	なじみのある定型表現を使って，時間・日にち・場所について質問したり，質問に答えたりすることができる。	基本的な語や言い回しを使って日常のやりとり(何ができるかできないかや色についてのやりとりなど)，において単純に応答することができる。	趣味，部活動などのなじみのあるトピックに関して，はっきりと話されれば，簡単な質疑応答をすることができる。	順序を表す表現である first, then, next などのつなぎ言葉や「右に曲がって」や「まっすぐ行って」などの基本的な表現を使って，単純な道案内をすることができる。	簡単な英語で，意見や気持ちをやりとりしたり，賛成や反対などの自分の意見を伝えたり，物や人を較べたりすることができる。
		一般的な定型の日常の挨拶や季節の挨拶をしたり，そうした挨拶に応答したりすることができる。	家族，日課，趣味などの個人的なトピックについて，(必ずしも正確ではないが)なじみのある表現や基礎的な文を使って，質問したり，質問に答えたりすることができる。	スポーツや食べ物などの好き嫌いなどのとてもなじみのあるトピックに関して，はっきり話されれば，限られたレパートリーを使って，簡単な意見交換をすることができる。	基本的な語や言い回しを使って，人を誘ったり，誘いを受けたり，断ったりすることができる。	補助となる絵やものを用いて，基本的な情報を伝え，また，簡単な意見交換をすることができる。	予測できる日常的な状況(郵便局・駅・店など)ならば，さまざまな語や表現を用いてやり取りができる。

204

B1.1	B1.2	B2.1	B2.2	C1	C2
身近なトピック（学校・趣味・将来の希望）について、簡単な英語を幅広く使って意見を表明し、情報を交換することができる。	病院や市役所といった場所において、詳細にまた自信を持って、問題を説明することができる。関連する詳細な情報を提供して、その結果として正しい処置を受けることができる。	ある程度なじみのあるトピックなら、新聞・インターネットで読んだり、テレビで見たニュースの要点について議論することができる。	一般的な分野から、文化、学術などの、専門的な分野まで、幅広いトピックの会話に積極的に参加し、自分の考えを正確かつ流暢に表現することができる。	言葉をことさら探さずに流暢に自然に自己表現ができる。社会上、仕事上の目的に合った言葉遣いが、意のままに効果的にできる。自分の考えや意見を正確に表現でき、自分の発言を他の話し手の発言にうまくあわせることができる。	いかなる会話や議論でも無理なくこなすことができ、慣用表現、口語体表現をよく知っている。自分を流暢に表現し、細かい意味のニュアンスを正確に伝えることができる。表現上の困難に出会っても、周りの人に気づかれないように修正し、うまく繕うことができる。
個人的に関心のある具体的なトピックについて、簡単な英語を多様に用いて、社交的な会話を続けることができる。	駅や店などの一般的な場所で、間違った切符の購入などといったサービスに関する誤りなどの問題を、自信を持って詳しく説明することができる。相手が協力的であれば、丁寧に依頼したり、お礼を言って、正しいものやサービスを受けることができる。	目標言語の話者同士の議論に加われないこともあるが、自分が学んだトピックや自分の興味や経験の範囲内のトピックなら、抽象的なトピックであっても、議論できる。	幅広い慣用表現を使って、雑誌記事に対して意見を交換することができる。		

	レベル	Pre-A1	A1.1	A1.2	A1.3	A2.1	A2.2
話すこと	発表	簡単な語や基礎的な句を用いて，自分についてのごく限られた情報（名前，年齢など）を伝えることができる。	基礎的な語句，定型表現を用いて，限られた個人情報（家族や趣味など）を伝えることができる。	前もって発話することを用意した上で，限られた身近なトピックについて，簡単な語や基礎的な句を限られた構文に用い，簡単な意見を言うことができる。	前もって発話することを用意した上で，限られた身近なトピックについて，簡単な語や基礎的な句を限られた構文に用い，複数の文で意見を言うことができる。	一連の簡単な語句や文を使って，自分の趣味や特技に触れながら自己紹介をすることができる。	写真や絵，地図などの視覚的補助を利用しながら，一連の簡単な語句や文を使って，自分の毎日の生活に直接関連のあるトピック（自分のこと，学校のこと，地域のことなど）について，短いスピーチをすることができる。
		前もって話すことを用意した上で，基礎的な語句，定型表現を用いて，人前で実物などを見せながらその物を説明することができる。	基礎的な語句，定型表現を用いて，簡単な情報（時間や日時，場所など）を伝えることができる。	前もって発話することを用意した上で，日常生活の物事を，簡単な語や基礎的な句を限られた構文に用い，簡単に描写することができる。	前もって発話することを用意した上で，日常生活に関する簡単な事実を，簡単な語や基礎的な句を限られた構文に用い，複数の文で描写できる。	写真や絵，地図などの視覚的補助を利用しながら，一連の簡単な語句や文を使って，身近なトピック（学校や地域など）について短い話をすることができる。	一連の簡単な語句や文を使って，意見や行動計画を，理由を挙げて短く述べることができる。

206

B1.1	B1.2	B2.1	B2.2	C1	C2
使える語句や表現を繋いで，自分の経験や夢，希望を順序だて，話を広げながら，ある程度詳しく語ることができる。	短い読み物か短い新聞記事であれば，ある程度の流暢さをもって，自分の感想や考えを加えながら，あらすじや要点を順序だてて伝えることができる。	ある視点に賛成または反対の理由や代替案などをあげて，事前に用意されたプレゼンテーションを聴衆の前で流暢に行うことができ，一連の質問にもある程度流暢に対応ができる。	要点とそれに関連する詳細の両方に焦点を当てながら，流暢にプレゼンテーションができ，また，あらかじめ用意されたテキストから自然にはなれて，聴衆が興味のある点に対応してプレゼンテーションの内容を調整し，そこでもかなり流暢に容易に表現できる。	複雑なトピックを，派生的問題にも立ち入って，詳しく論ずることができ，一定の観点を展開しながら，適切な結論でまとめ上げることができる。	状況にあった文体で，はっきりと流暢に記述・論述ができる。効果的な論理構成によって聞き手に重要点を把握させ，記憶にとどめさせることができる。
自分の考えを事前に準備して，メモの助けがあれば，聞き手を混乱させないように，馴染みのあるトピックや自分に関心のある事柄について語ることができる。	自分の関心事であれば，社会の状況（ただし自分の関心事）について，自分の意見を加えてある程度すらすらと発表し，聴衆から質問がでれば相手に理解できるように答えることができる。	ディベートなどで，そのトピックが関心のある分野のものであれば，論拠を並べ自分の主張を明確に述べることができる。	ディベートなどで，社会問題や時事問題に関して，補助的観点や関連事例を詳細に加えながら，自分の視点を明確に展開することができ，話を続けることができる。		

	レベル	Pre-A1	A1.1	A1.2	A1.3	A2.1	A2.2
書くこと	書くこと	アルファベットの大文字・小文字，単語のつづりをブロック体で書くことができる。	住所・氏名・職業などの項目がある表を埋めることができる。	簡単な語や基礎的な表現を用いて，身近なこと（好き嫌い，家族，学校生活など）について短い文章を書くことができる。	自分の経験について，辞書を用いて，短い文章を書くことができる。	日常的・個人的な内容であれば，招待状，私的な手紙，メモ，メッセージなどを簡単な英語で書くことができる。	身の回りの出来事や趣味，場所，仕事などについて，個人的経験や自分に直接必要のある領域での事柄であれば，簡単な描写ができる。
		単語のつづりを1文字ずつ発音されれば，聞いてそのとおり書くことができる。また書いてあるものを写すことができる。	自分について基本的な情報（名前，住所，家族など）を辞書を使えば短い句または文で書くことができる。	簡単な語や基礎的な表現を用いて，メッセージカード（誕生日カードなど）や身近な事柄についての短いメモなどを書ける。	趣味や好き嫌いについて複数の文を用いて，簡単な語や基礎的な表現を使って書くことができる。	文と文を and, but, because などの簡単な接続詞でつなげるような書き方であれば，基礎的・具体的な語彙，簡単な句や文を使った簡単な英語で，日記や写真，事物の説明文などのまとまりのある文章を書くことができる。	聞いたり読んだりした内容（生活や文化の紹介などの説明や物語）であれば，基礎的な日常生活語彙や表現を用いて，感想や意見などを短く書くことができる。

208

B1.1	B1.2	B2.1	B2.2	C1	C2
自分に直接関わりのある環境（学校，職場，地域など）での出来事を，身近な状況で使われる語彙・文法を用いて，ある程度まとまりのあるかたちで，描写することができる。	新聞記事や映画などについて，専門的でない語彙や複雑でない文法構造を用いて，自分の意見を含めて，あらすじををまとめたり，基本的な内容を報告したりすることができる。	自分の専門分野であれば，メールやファックス，ビジネス・レターなどのビジネス文書を，感情の度合いをある程度含め，かつ用途に合った適切な文体で，書くことができる。	自分の専門分野や関心のある事柄で，複雑な内容を含む報告書や論文などを，原因や結果，仮定的な状況も考慮しつつ，明瞭かつ詳細な文章で書くことができる。	いくつかの視点を示して，明瞭な構成で，かなり詳細に自己表現ができる。自分が重要だと思う点を強調しながら，手紙やエッセイ，レポートで複雑な主題について書くことができる。読者を念頭に置いて適切な文体を選択できる。	明瞭で流暢な文章を適切な文体で書くことができる。効果的な論理構造で事情を説明し，その重要点を読み手に気づかせ，記憶にとどめさせるよう，複雑な手紙，レポート，記事を書くことができる。仕事や文学作品の概要や評論を書くことができる。
身近な状況で使われる語彙・文法を用いれば，筋道を立てて，作業の手順などを示す説明文を書くことができる。	物事の順序に従って，旅行記や自分史，身近なエピソードなどの物語文を，いくつかのパラグラフで書くことができる。また，近況を詳しく伝える個人的な手紙を書くことができる。	そのトピックについて何か自分が知っていれば，多くの情報源から統合して情報や議論を整理しながら，それに対する自分の考えの根拠を示しつつ，ある程度の結束性のあるエッセイやレポートなどを，幅広い語彙や複雑な文構造をある程度使って，書くことができる。	感情や体験の微妙なニュアンスを表現するのでなければ，重要点を強調したり，補足事項を統合したり，筋道だった議論を展開しつつ，明瞭で結束性の高いエッセイやレポートなどを，幅広い語彙や複雑な文構造を用いて，書くことができる。		

付録2　CEFR-J Text Profile

　以下の表は，CEFR コースブックコーパスの英文が CEFR レベル別にどのような特徴があるかを示す統計指標の一覧である。

指標：CEFR コースブックコーパスから抽出したレベル弁別に関係しそうな言語特徴指標を選定。主に単語の長さ，文の長さ，語彙難易度レベル，統語的複雑さなどに関係する指標がある。

レベル：A1，A2，B1，B2，C の CEFR レベル

平均：各 CEFR レベル別コーパスから得られた平均値。この値がレベル上昇に伴って順当に上昇している項目はレベル判定に有効な要素である可能性が高い。

中央値：この値が CEFR レベルを通してゼロに近いと分布が偏っていることが想定される（例：関係詞などは低頻度なので，ごく一部のテキストにしか現れず中央値も低い）

分散：指標の平均値がどの程度ばらつきがあるかを示す。

標準偏差：分散と同様散らばり度を示す。分散の平方根の値。

指標	レベル	平均	中央値	分散	標準偏差
平均単語長 （1〜3字の割合）	A1	0.553	0.545	0.025	0.159
	A2	0.511	0.512	0.019	0.136
	B1	0.498	0.500	0.015	0.123
	B2	0.475	0.477	0.013	0.116
	C	0.471	0.467	0.009	0.093
平均単語長 （4〜6字の割合）	A1	0.358	0.356	0.014	0.119
	A2	0.376	0.370	0.012	0.109
	B1	0.367	0.364	0.008	0.092
	B2	0.367	0.359	0.009	0.095
	C	0.360	0.357	0.006	0.078
平均単語長 （7字以上の割合）	A1	0.113	0.100	0.008	0.088
	A2	0.133	0.122	0.008	0.088
	B1	0.156	0.143	0.009	0.096
	B2	0.174	0.167	0.009	0.095
	C	0.188	0.183	0.006	0.079

指標	レベル	平均	中央値	分散	標準偏差
平均単語長（平均字数）	A1	3.724	3.693	0.427	0.653
	A2	3.929	3.890	0.386	0.621
	B1	4.081	4.041	0.429	0.655
	B2	4.196	4.176	0.410	0.640
	C	4.305	4.297	0.284	0.533
平均文長 （文あたりの平均単語数）	A1	7.862	6.667	22.472	4.740
	A2	9.403	7.852	47.305	6.878
	B1	11.812	10.444	75.108	8.666
	B2	13.483	11.815	67.913	8.241
	C	14.361	12.500	76.529	8.748
A1レベルの語の割合 ※代名詞，冠詞，前置詞を除く	A1	0.858	0.885	0.020	0.143
	A2	0.800	0.818	0.021	0.146
	B1	0.746	0.761	0.021	0.146
	B2	0.692	0.702	0.023	0.150
	C	0.669	0.677	0.018	0.134
A2レベルの語の割合 ※代名詞，冠詞，前置詞を除く	A1	0.084	0.067	0.008	0.091
	A2	0.119	0.109	0.010	0.099
	B1	0.147	0.141	0.009	0.093
	B2	0.165	0.160	0.008	0.091
	C	0.171	0.167	0.007	0.083
B1レベルの語の割合 ※代名詞，冠詞，前置詞を除く	A1	0.040	0.000	0.006	0.075
	A2	0.058	0.041	0.005	0.072
	B1	0.076	0.064	0.005	0.074
	B2	0.096	0.085	0.006	0.079
	C	0.105	0.095	0.006	0.075
B2レベルの語の割合 ※代名詞，冠詞，前置詞を除く	A1	0.011	0.000	0.001	0.034
	A2	0.018	0.000	0.001	0.037
	B1	0.025	0.000	0.002	0.041
	B2	0.039	0.026	0.003	0.052
	C	0.044	0.036	0.002	0.046

指標	レベル	平均	中央値	分散	標準偏差
C1レベルの語の割合 ※代名詞，冠詞，前置詞を除く	A1	0.001	0.000	0.000	0.006
	A2	0.001	0.000	0.000	0.008
	B1	0.002	0.000	0.000	0.012
	B2	0.004	0.000	0.000	0.014
	C	0.005	0.000	0.000	0.016
C2レベルの語の割合 ※代名詞，冠詞，前置詞を除く	A1	0.001	0.000	0.000	0.008
	A2	0.001	0.000	0.000	0.007
	B1	0.001	0.000	0.000	0.009
	B2	0.003	0.000	0.000	0.014
	C	0.004	0.000	0.000	0.019
単語難易度平均	A1	1.202	1.164	0.056	0.236
	A2	1.293	1.250	0.059	0.244
	B1	1.390	1.350	0.072	0.268
	B2	1.501	1.464	0.092	0.303
	C	1.555	1.526	0.074	0.272
内容語数の平均	A1	6.158	5.250	13.611	3.689
	A2	7.129	6.000	19.383	4.403
	B1	8.800	8.000	21.696	4.658
	B2	9.909	9.000	29.290	5.412
	C	10.367	9.333	26.891	5.186
内容語の割合	A1	0.807	0.804	0.013	0.114
	A2	0.786	0.784	0.012	0.107
	B1	0.769	0.769	0.010	0.099
	B2	0.754	0.753	0.010	0.101
	C	0.737	0.737	0.008	0.088
木の深さの平均	A1	5.321	5.000	4.733	2.176
	A2	6.116	5.625	6.401	2.530
	B1	7.346	7.000	7.546	2.747
	B2	8.165	7.800	10.595	3.255
	C	8.571	8.096	10.161	3.188

指標	レベル	平均	中央値	分散	標準偏差
名詞句数の平均	A1	3.337	2.886	5.340	2.311
	A2	3.756	3.125	7.859	2.803
	B1	4.244	3.750	6.264	2.503
	B2	4.670	4.148	7.396	2.720
	C	4.818	4.286	6.185	2.487
動詞句数の平均	A1	1.571	1.286	1.657	1.287
	A2	1.916	1.600	2.407	1.551
	B1	2.689	2.462	2.870	1.694
	B2	3.140	2.917	4.250	2.062
	C	3.300	3.000	4.326	2.080
前置詞句数の平均	A1	0.618	0.500	0.594	0.770
	A2	0.764	0.625	0.488	0.699
	B1	1.019	0.882	0.695	0.834
	B2	1.248	1.000	1.018	1.009
	C	1.429	1.210	1.002	1.001
副詞句数の平均	A1	0.400	0.286	0.305	0.553
	A2	0.504	0.375	0.347	0.589
	B1	0.662	0.545	0.397	0.630
	B2	0.783	0.667	0.535	0.732
	C	0.820	0.667	0.571	0.756
形容詞句数の平均	A1	0.727	0.444	1.747	1.322
	A2	0.827	0.542	1.850	1.360
	B1	1.095	0.800	2.440	1.562
	B2	1.213	1.000	1.589	1.260
	C	1.279	1.000	1.207	1.099
等位接続詞数の平均	A1	0.352	0.140	0.349	0.591
	A2	0.410	0.222	0.529	0.727
	B1	0.518	0.333	0.449	0.670
	B2	0.591	0.429	0.503	0.709
	C	0.655	0.500	0.619	0.787

指標	レベル	平均	中央値	分散	標準偏差
等位接続句数の平均	A1	0.277	0.067	0.262	0.512
	A2	0.305	0.143	0.327	0.572
	B1	0.393	0.250	0.340	0.583
	B2	0.444	0.326	0.345	0.587
	C	0.481	0.333	0.404	0.636
補部数の平均	A1	0.071	0.000	0.029	0.170
	A2	0.140	0.000	0.070	0.264
	B1	0.239	0.143	0.115	0.339
	B2	0.299	0.200	0.142	0.377
	C	0.308	0.214	0.132	0.363
関係詞数の平均	A1	0.042	0.000	0.048	0.220
	A2	0.085	0.000	0.061	0.247
	B1	0.141	0.000	0.168	0.410
	B2	0.207	0.000	0.158	0.397
	C	0.228	0.012	0.143	0.379
自由関係詞数の平均	A1	0.078	0.000	0.087	0.296
	A2	0.110	0.000	0.104	0.323
	B1	0.149	0.000	0.137	0.370
	B2	0.195	0.000	0.198	0.445
	C	0.248	0.000	0.224	0.474
トレース数の平均	A1	0.242	0.000	0.626	0.791
	A2	0.333	0.000	0.759	0.871
	B1	0.392	0.049	0.645	0.803
	B2	0.486	0.200	0.744	0.863
	C	0.545	0.333	0.556	0.746
WH 節数の平均	A1	0.123	0.000	0.111	0.333
	A2	0.126	0.000	0.102	0.320
	B1	0.111	0.000	0.112	0.334
	B2	0.102	0.000	0.094	0.307
	C	0.151	0.000	0.126	0.355

指標	レベル	平均	中央値	分散	標準偏差
名詞句の割合	A1	0.447	0.429	0.018	0.134
	A2	0.422	0.400	0.017	0.129
	B1	0.377	0.363	0.010	0.101
	B2	0.364	0.346	0.011	0.104
	C	0.350	0.338	0.006	0.080
動詞句の割合	A1	0.200	0.200	0.010	0.101
	A2	0.205	0.207	0.009	0.096
	B1	0.232	0.235	0.008	0.087
	B2	0.231	0.236	0.008	0.089
	C	0.227	0.231	0.007	0.081
前置詞句の割合	A1	0.075	0.070	0.004	0.061
	A2	0.081	0.077	0.003	0.055
	B1	0.085	0.083	0.002	0.050
	B2	0.090	0.089	0.002	0.049
	C	0.099	0.096	0.002	0.047
副詞句の割合	A1	0.054	0.042	0.004	0.061
	A2	0.058	0.048	0.003	0.057
	B1	0.060	0.053	0.003	0.051
	B2	0.062	0.055	0.003	0.051
	C	0.057	0.054	0.002	0.045
形容詞句の割合	A1	0.085	0.067	0.009	0.096
	A2	0.083	0.070	0.007	0.081
	B1	0.087	0.077	0.006	0.075
	B2	0.086	0.078	0.004	0.062
	C	0.087	0.082	0.003	0.054
等位接続詞の割合	A1	0.036	0.022	0.002	0.046
	A2	0.037	0.031	0.002	0.039
	B1	0.039	0.037	0.001	0.035
	B2	0.039	0.036	0.001	0.036
	C	0.040	0.037	0.001	0.034

指標	レベル	平均	中央値	分散	標準偏差
等位接続詞句の割合	A1	0.028	0.012	0.001	0.038
	A2	0.027	0.020	0.001	0.033
	B1	0.029	0.025	0.001	0.030
	B2	0.029	0.026	0.001	0.028
	C	0.029	0.026	0.001	0.027
補部の割合	A1	0.009	0.000	0.000	0.020
	A2	0.014	0.000	0.001	0.023
	B1	0.020	0.014	0.001	0.025
	B2	0.021	0.017	0.000	0.022
	C	0.020	0.017	0.000	0.021
関係詞の割合	A1	0.004	0.000	0.000	0.016
	A2	0.008	0.000	0.000	0.019
	B1	0.010	0.000	0.000	0.020
	B2	0.014	0.000	0.001	0.023
	C	0.015	0.001	0.001	0.023
自由関係詞の割合	A1	0.010	0.000	0.001	0.033
	A2	0.012	0.000	0.001	0.031
	B1	0.013	0.000	0.001	0.032
	B2	0.015	0.000	0.001	0.032
	C	0.019	0.000	0.001	0.032
トレースの割合	A1	0.030	0.000	0.004	0.063
	A2	0.034	0.000	0.004	0.059
	B1	0.034	0.004	0.003	0.054
	B2	0.038	0.015	0.003	0.056
	C	0.041	0.024	0.003	0.053
WH 節の割合	A1	0.022	0.000	0.003	0.056
	A2	0.020	0.000	0.003	0.050
	B1	0.014	0.000	0.002	0.041
	B2	0.012	0.000	0.001	0.035
	C	0.017	0.000	0.002	0.041

付録3　CEFR-J Grammar Profile

　次ページ以下では，CEFR–J Grammar Profile に含まれるデータの一部を示す。CEFR–J Grammar Profile では，主に研究者や教材開発者向けの詳細な情報（以下「詳細版」と呼ぶ）に加えて，東京外国語大学投野由紀夫研究室で作成した，各文法項目を導入すべき時期の情報を含む教員向けデータ（以下「教員版」と呼ぶ）が提供されている。

　CEFR–J Grammar Profile の詳細については本文（どのように制作されたかについては Q12，教員版と活用法については Q17）を参照されたい。

　CEFR–J Grammar Profile は現在も CEFR–J 科研チームで開発が続いているが，本付録では，本項執筆時点の最新版（詳細版は2018年3月15日版，教員版は2020年2月5日版）のデータのうちの一部を示す。データの全体や，本付録に含まれないデータ，また各データの最新版については，CEFR–J のウェブサイトで公開されているため，そちらを参照されたい。特に教員版に関しては，本付録では各文法項目の導入時期である CEFR–J レベルのみを示しているが，完全版では，各文法項目が各レベルで実際にどのように使用・導入されているのかについての情報も付されているため，特に英語教員が指導の際に参照する場面で有用な情報になると思われる。

　以下に収録する CEFR–J Grammar Profile のデータは以下の通りである。

A．文法項目のリストと検索用正規表現

B．CEFR コースブック・コーパス（レベル別）における各文法項目の頻度・分布

C．CEFR コースブック・コーパス（文法・受容・発信の技能別）における各文法項目の頻度・分布

D．JEFLL コーパス（現在非公開の元データ）における各文法項目の頻度・分布

E．中高の英語検定教科書のデータにおける各文法項目の頻度・分布

F．CEFR コースブック・コーパス CEFR–J レベル対応版における各文法項目の頻度・分布

G．CEFR–J　Grammar Profile 教員版

A．文法項目のリストと検索用正規表現

ID	文法項目	文タイプ (不問のも のは空欄)	Shorthand Code	Grammatical Item
1	人称代名詞主格 (I)+be：I am	肯定平叙	PP.I_am	I am
1-1	人称代名詞主格 (I)+be：I am not	否定平叙	PP.I_am_not	I am not
1-2	人称代名詞主格 (I)+be：Am I …?	肯定疑問	PP.am_I	Am I …?
1-3	人称代名詞主格 (I)+be：Am I not …?	否定疑問	PP.am_I_not	Am I not …?
2	人称代名詞主格 (you)+be：You are	肯定平叙	PP.you_are	You are
2-1	人称代名詞主格 (you)+be：You are not	否定平叙	PP.you_are_not	You are not
2-2	人称代名詞主格(you)+be：Are you …?	肯定疑問	PP.are_you	Are you …?
2-3	人称代名詞主格 (you)+be：Aren'␣t you …? / Are you not …?	否定疑問	PP.aren'␣t_you	Aren'␣t you …?
3	人称代名詞主格 (he / she)+be：he / she is	肯定平叙	PP.he.she_is	he / she is
3-1	人称代名詞主格 (he / she)+be：he / she is not	否定平叙	PP.he.she_is_not	he / she is not
3-2	人称代名詞主格 (he / she)+be：Is he / she …?	肯定疑問	PP.is_he.she	Is he / she …?
3-3	人称代名詞主格 (he / she)+be：Isn'␣t he / she …? / Is he / she not …?	否定疑問	PP.isn'␣t_he.she	Isn'␣t he / she …?
4	人称代名詞主格 (we)+be：we are	肯定平叙	PP.we_are	we are
4-1	人称代名詞主格 (we)+be：we are not	否定平叙	PP.we_are_not	we are not
4-2	人称代名詞主格 (we)+be：Are we …?	肯定疑問	PP.are_we	Are we …?
4-3	人称代名詞主格 (we)+be：Aren'␣t we …? / Are we not …?	否定疑問	PP.aren'␣t_we	Aren'␣t we …?

Sentence Type (Blank means being applicable to all types.) * AFF.=AFFIRMATIVE, NEG.=NEGATIVE, DEC.=DECLARATIVE, INT.=INTERROGATIVE, IMP.=IMPERATIVE	備考	正規表現（TreeTagger ベース；コーパスは1文1行が前提）
AFF. DEC.		I_PP_I (am|'m)_VBP_be(?! (not|n't)_)
NEG. DEC.		I_PP_I (am|'m)_VBP_be (not|n't)_¥S+
AFF. INT.	文頭（相当）または接続詞直後の位置・疑問符で終わる文に限定	(^|¥S+_(`|'|"|¥(|,|:|LS|CC|IN(/ that)?)_¥S+) ¥Kam_VBP_be I_PP_I(?! not_) .+? ¥?_SENT_¥?
NEG. INT.	文頭（相当）または接続詞直後の位置・疑問符で終わる文に限定	(^|¥S+_(`|'|"|¥(|,|:|LS|CC|IN(/ that)?)_¥S+) ¥K(am_VBP_be I_PP_I not_¥S+|are_VBP_ be n't_¥S+ I_PP_I) .+? ¥?_SENT_¥?
AFF. DEC.	文頭（相当）位置に限定	(^|¥S+_(`|'|"|¥(|,|:|LS)_¥S+)¥Kyou_PP_you (are|'re)_VBP_be(?! (not|n't)_)
NEG. DEC.	文頭（相当）位置に限定	(^|¥S+_(`|'|"|¥(|,|:|LS)_¥S+)¥Kyou_PP_you (are|'re)_VBP_be (not|n't)_¥S+
AFF. INT.	文頭（相当）または接続詞直後の位置・疑問符で終わる文に限定	(^|¥S+_(`|'|"|¥(|,|:|LS|CC|IN(/ that)?)_¥S+) ¥Kare_VBP_be you_PP_you(?! not_) .+? ¥?_SENT_¥?
NEG. INT.	文頭（相当）または接続詞直後の位置・疑問符で終わる文に限定	(^|¥S+_(`|'|"|¥(|,|:|LS|CC|IN(/ that)?)_¥S+) ¥Kare_VBP_be (n't_¥S+ you_PP_you|you_ PP_you not_¥S+) .+? ¥?_SENT_¥?
AFF. DEC.		¥b(he|she)_PP_(he|she) (is|'s)_VBZ_be(?! (not|n't)_)
NEG. DEC.		¥b(he|she)_PP_(he|she) (is|'s)_VBZ_be (not|n't)_¥S+
AFF. INT.	文頭（相当）または接続詞直後の位置・疑問符で終わる文に限定	(^|¥S+_(`|'|"|¥(|,|:|LS|CC|IN(/ that)?)_¥S+) ¥Kis_VBZ_be (he|she)_PP_(he|she)(?! not_) .+? ¥?_SENT_¥?
NEG. INT.	文頭（相当）または接続詞直後の位置・疑問符で終わる文に限定	(^|¥S+_(`|'|"|¥(|,|:|LS|CC|IN(/ that)?)_¥S+) ¥Kis_VBZ_be (n't_¥S+ (he|she)_PP_ (he|she)|(he|she)_PP_(he|she) not_¥S+) .+? ¥?_SENT_¥?
AFF. DEC.		we_PP_we (are|'re)_VBP_be(?! (not|n't)_)
NEG. DEC.		we_PP_we (are|'re)_VBP_be (not|n't)_¥S+
AFF. INT.	文頭（相当）または接続詞直後の位置・疑問符で終わる文に限定	(^|¥S+_(`|'|"|¥(|,|:|LS|CC|IN(/ that)?)_¥S+) ¥Kare_VBP_be we_PP_we(?! not_) .+? ¥?_SENT_¥?
NEG. INT.	文頭（相当）または接続詞直後の位置・疑問符で終わる文に限定	(^|¥S+_(`|'|"|¥(|,|:|LS|CC|IN(/ that)?)_¥S+) ¥Kare_VBP_be (n't_¥S+ we_PP_we|we_ PP_we not_¥S+) .+? ¥?_SENT_¥?

B．CEFR コースブック・コーパス（レベル別）における各文法項目の頻度・分布

（総語数 / 教科書点数）

ID	文法項目	文タイプ （不問のものは空欄）	
1	人称代名詞主格 (I)+be：I am	肯定平叙	
1-1	人称代名詞主格 (I)+be：I am not	否定平叙	
1-2	人称代名詞主格 (I)+be：Am I ...?	肯定疑問	
1-3	人称代名詞主格 (I)+be：Am I not ...?	否定疑問	
2	人称代名詞主格 (you)+be：You are	肯定平叙	
2-1	人称代名詞主格 (you)+be：You are not	否定平叙	
2-2	人称代名詞主格 (you)+be：Are you ...?	肯定疑問	
2-3	人称代名詞主格 (you)+be：Aren't you ...? / Are you not ...?	否定疑問	
3	人称代名詞主格 (he／she)+be：he／she is	肯定平叙	
3-1	人称代名詞主格 (he／she)+be：he／she is not	否定平叙	
3-2	人称代名詞主格 (he／she)+be：Is he／she ...?	肯定疑問	
3-3	人称代名詞主格 (he／she)+be：Isn't he／she ...? ／ Is he／she not ...?	否定疑問	
4	人称代名詞主格 (we)+be：we are	肯定平叙	
4-1	人称代名詞主格 (we)+be：we are not	否定平叙	
4-2	人称代名詞主格 (we)+be：Are we ...?	肯定疑問	
4-3	人称代名詞主格 (we)+be：Aren't we ...? / Are we not ...?	否定疑問	

168,156	283,441	490,788	586,086	273,078	17	21	26	23	8
RELATIVE FREQ. (per mil. words)					RANGE				
A1	A2	B1	B2	C1	A1	A2	B1	B2	C1
4,656	4,022	2,588	2,051	1,604	17	21	24	22	8
767	515	346	343	209	15	18	23	21	8
48	18	10	3	4	4	3	3	2	1
0	0	0	0	4	0	0	0	0	1
749	395	442	413	403	16	17	24	21	8
161	67	43	22	44	9	7	8	9	4
957	610	283	198	135	17	18	23	19	7
0	4	0	7	0	0	1	0	4	0
3,110	1,799	1,135	788	926	17	20	26	23	8
630	243	92	56	70	17	16	16	12	7
250	141	26	9	11	11	10	8	3	2
0	0	2	2	0	0	0	1	1	0
1,237	790	630	645	582	17	20	25	22	8
303	64	45	36	73	11	7	11	11	6
54	18	14	9	4	6	3	4	3	1
0	0	2	3	0	0	0	1	2	0

C. CEFR コースブック・コーパス（文法・受容・発信の技能別）における 各文法項目の頻度・分布

GRAMMAR / RECEPTION / PRODUCTION

RELATIVE FREQ.

ID	文法項目	文タイプ （不問のもの は空欄）	G: A1–C1 / R: A1–C1 / P: A1–C1
1	人称代名詞主格 (I)+be：I am	肯定平叙	
1-1	人称代名詞主格 (I)+be：I am not	否定平叙	
1-2	人称代名詞主格 (I)+be：Am I …?	肯定疑問	
1-3	人称代名詞主格 (I)+be：Am I not …?	否定疑問	
2	人称代名詞主格 (you)+be：You are	肯定平叙	
2-1	人称代名詞主格 (you)+be：You are not	否定平叙	
2-2	人称代名詞主格 (you)+be：Are you …?	肯定疑問	
2-3	人称代名詞主格 (you)+be：Aren't you …? / Are you not …?	否定疑問	
3	人称代名詞主格 (he / she)+be：he / she is	肯定平叙	
3-1	人称代名詞主格 (he / she)+be：he / she is not	否定平叙	
3-2	人称代名詞主格 (he / she)+be：Is he / she …?	肯定疑問	
3-3	人称代名詞主格 (he / she)+be：Isn't he / she …? / Is he / she not …?	否定疑問	
4	人称代名詞主格 (we)+be：we are	肯定平叙	
4-1	人称代名詞主格 (we)+be：we are not	否定平叙	
4-2	人称代名詞主格 (we)+be：Are we …?	肯定疑問	
4-3	人称代名詞主格 (we)+be：Aren't we …? / Are we not …?	否定疑問	

17	21	26	23	8	17	21	26	23	8	17	21	26	23	8

RANGE FOR G.　　**RANGE FOR R.**　　**RANGE FOR P.**

A1	A2	B1	B2	C1	A1	A2	B1	B2	C1	A1	A2	B1	B2	C1
9	11	14	9	4	17	20	24	21	8	13	14	18	15	6
6	8	6	4	1	14	14	21	19	8	8	8	7	13	3
2	2	1	0	0	2	2	3	1	1	1	0	0	1	0
0	0	0	0	0	0	0	0	0	1	0	0	0	0	0
7	2	7	5	2	13	12	24	20	8	8	6	8	8	3
6	3	1	0	0	4	4	7	8	4	3	2	3	1	1
5	6	7	2	1	14	15	18	19	6	10	7	7	10	2
0	0	0	0	0	0	1	0	3	0	0	0	0	1	0
10	12	15	8	5	17	19	25	22	8	10	15	11	13	5
6	6	6	2	3	11	13	11	10	6	8	3	1	2	1
5	4	1	1	0	7	6	7	3	2	3	2	0	0	0
0	0	1	0	0	0	0	0	1	0	0	0	0	0	0
9	10	9	9	3	16	18	25	22	8	8	7	8	13	4
6	4	2	2	2	10	5	9	8	5	2	0	0	2	1
4	2	0	0	0	2	1	4	2	1	1	0	0	1	0
0	0	0	0	0	0	0	0	2	0	0	0	0	0	0

D．JEFLL コーパス（現在非公開の元データ）における各分法項目の頻度・分布

（総語数）

ID	文法項目	文タイプ （不問のものは空欄）	
1	人称代名詞主格 (I)+be：I am	肯定平叙	
1-1	人称代名詞主格 (I)+be：I am not	否定平叙	
1-2	人称代名詞主格 (I)+be：Am I …?	肯定疑問	
1-3	人称代名詞主格 (I)+be：Am I not …?	否定疑問	
2	人称代名詞主格 (you)+be：You are	肯定平叙	
2-1	人称代名詞主格 (you)+be：You are not	否定平叙	
2-2	人称代名詞主格 (you)+be：Are you …?	肯定疑問	
2-3	人称代名詞主格 (you)+be：Aren't you …? / Are you not …?	否定疑問	
3	人称代名詞主格 (he／she)+be：he／she is	肯定平叙	
3-1	人称代名詞主格 (he／she)+be：he／she is not	否定平叙	
3-2	人称代名詞主格 (he／she)+be：Is he／ she …?	肯定疑問	
3-3	人称代名詞主格 (he／she)+be：Isn't he／ she …? / Is he／she not ...?	否定疑問	
4	人称代名詞主格 (we)+be：we are	肯定平叙	
4-1	人称代名詞主格 (we)+be：we are not	否定平叙	
4-2	人称代名詞主格 (we)+be：Are we …?	肯定疑問	
4-3	人称代名詞主格 (we)+be：Aren't we …? / Are we not …?	否定疑問	

RELATIVE FREQ. (per mil. words)   RELATIVE FREQ. (per mil. words)

A1_original	A2_original	B1_original	B2_original		A1_corrected	A2_corrected	B1_corrected	B2_corrected
4,858	3,049	2,512	2,888		3,574	2,979	2,573	3,410
198	220	179	231		266	239	216	330
0	3	5	0		13	6	4	0
0	0	0	0		0	0	0	0
38	81	132	231		52	77	154	220
15	10	0	116		13	9	0	110
68	16	47	347		58	30	53	330
0	0	5	0		0	0	9	0
1,232	895	749	809		364	543	463	550
15	36	19	116		6	18	4	110
0	6	0	116		0	6	0	0
0	0	0	0		0	0	0	0
494	426	452	0		156	213	313	0
8	16	24	0		6	3	26	0
0	0	0	0		0	0	0	0
0	0	0	0		0	0	0	0

E．中高の英語検定教科書のデータにおける各文法の項目頻度・分布

（総語数）

corpus version: 4.0 (20180205) / Grammatical Item List version: 20180315

ID	文法項目	文タイプ （不問のものは空欄）	
1	人称代名詞主格 (I)+be：I am	肯定平叙	
1-1	人称代名詞主格 (I)+be：I am not	否定平叙	
1-2	人称代名詞主格 (I)+be：Am I …?	肯定疑問	
1-3	人称代名詞主格 (I)+be：Am I not …?	否定疑問	
2	人称代名詞主格 (you)+be：You are	肯定平叙	
2-1	人称代名詞主格 (you)+be：You are not	否定平叙	
2-2	人称代名詞主格 (you)+be：Are you …?	肯定疑問	
2-3	人称代名詞主格 (you)+be：Aren't you …? / Are you not …?	否定疑問	
3	人称代名詞主格 (he / she)+be：he / she is	肯定平叙	
3-1	人称代名詞主格 (he / she)+be：he / she is not	否定平叙	
3-2	人称代名詞主格 (he / she)+be：Is he / she …?	肯定疑問	
3-3	人称代名詞主格 (he / she)+be：Isn't he / she …? / Is he / she not …?	否定疑問	
4	人称代名詞主格 (we)+be：we are	肯定平叙	
4-1	人称代名詞主格 (we)+be：we are not	否定平叙	
4-2	人称代名詞主格 (we)+be：Are we …?	肯定疑問	
4-3	人称代名詞主格 (we)+be：Aren't we …? / Are we not …?	否定疑問	

| 31,838 | 45,032 | 47,022 | 229,397 | 314,168 | 309,041 | 81,179 | 81,179 | 6 | 6 | 6 | 25 | 25 | 21 | 17 | 13 |

RELATIVE FREQ. (per mil. words) RANGE

中1	中2	中3	高C1	高C2	高C3	高E1	高E2	中1	中2	中3	高C1	高C2	高C3	高E1	高E2
10,868	5,063	3,254	1,818	1,200	796	5,630	3,262	6	6	6	25	25	21	17	13
2,261	444	149	126	124	100	259	268	6	5	3	16	19	15	10	11
0	0	0	13	6	10	0	10	0	0	0	2	2	3	0	1
0	0	0	0	0	0	0	10	0	0	0	0	0	0	0	1
1,508	666	319	296	242	165	468	248	6	6	5	21	23	18	12	11
126	0	21	13	41	16	49	50	2	0	1	3	9	5	3	4
3,235	733	106	196	137	36	394	129	6	6	4	21	17	7	9	7
0	0	0	4	13	3	0	10	0	0	0	1	3	1	0	1
5,245	1,110	829	754	614	330	1,848	962	6	6	6	24	24	21	16	13
754	133	128	92	38	6	136	20	5	4	3	13	8	2	7	2
597	111	21	22	19	3	86	10	6	3	1	5	4	1	5	1
0	0	0	9	13	0	0	0	0	0	0	1	3	0	0	0
691	378	1,021	458	439	514	751	704	6	6	6	23	22	21	16	13
63	22	0	35	29	29	12	40	1	1	0	7	7	6	1	4
0	0	0	13	3	3	0	20	0	0	0	3	1	1	0	2
0	0	0	4	0	0	12	0	0	0	0	1	0	0	1	0

F．CEFRコースブック・コーパス CEFR-Jレベル対応版における各文法項目の頻度・分布

of words->

ID	文法項目	文タイプ (不問のものは空欄)	
1	人称代名詞主格 (I)+be: I am	肯定平叙	
1-1	人称代名詞主格 (I)+be: I am not	否定平叙	
1-2	人称代名詞主格 (I)+be: Am I …?	肯定疑問	
1-3	人称代名詞主格 (I)+be: Am I not …?	否定疑問	
2	人称代名詞主格 (you)+be: You are	肯定平叙	
2-1	人称代名詞主格 (you)+be: You are not	否定平叙	
2-2	人称代名詞主格 (you)+be: Are you …?	肯定疑問	
2-3	人称代名詞主格 (you)+be: Aren't you …? / Are you not …?	否定疑問	
3	人称代名詞主格 (he / she)+be: he / she is	肯定平叙	
3-1	人称代名詞主格 (he / she)+be: he / she is not	否定平叙	
3-2	人称代名詞主格 (he / she)+be: Is he / she …?	肯定疑問	
3-3	人称代名詞主格 (he / she)+be: Isn't he / she …? / Is he / she not …?	否定疑問	
4	人称代名詞主格 (we)+be: we are	肯定平叙	
4-1	人称代名詞主格 (we)+be: we are not	否定平叙	
4-2	人称代名詞主格 (we)+be: Are we …?	肯定疑問	
4-3	人称代名詞主格 (we)+be: Aren't we …? / Are we not …?	否定疑問	

									RANGE								
47,978	53,034	60,099	127,672	143,881	231,446	236,943	281,678	276,694	17	17	17	21	21	26	26	23	23

RELATIVE FREQ. (per mil. words)

A1_1	A1_2	A1_3	A2_1	A2_2	B1_1	B1_2	B2_1	B2_2	A1_1	A1_2	A1_3	A2_1	A2_2	B1_1	B1_2	B2_1	B2_2
7,232	3,243	3,910	4,425	3,677	2,934	2,207	2,350	1,742	17	17	17	21	20	24	24	22	22
1,105	585	715	478	577	423	274	376	300	13	9	13	15	13	20	16	20	16
83	57	17	8	28	22	0	0	7	2	3	1	1	3	3	0	0	2
0	0	0	0	0	0	0	0	0	0	0	0	0	0	0	0	0	0
1,167	603	516	392	424	484	397	430	398	14	10	11	10	16	23	16	18	18
375	94	33	63	76	65	25	36	11	5	3	2	3	6	7	3	7	3
1,376	622	1,032	697	570	255	291	231	170	13	10	14	16	13	15	17	15	14
0	0	0	8	0	0	0	7	7	0	0	0	1	0	0	0	2	2
6,753	1,886	1,481	2,060	1,564	1,313	958	884	679	17	14	17	19	19	25	25	21	20
1,292	415	283	305	202	108	84	71	43	10	9	11	10	10	8	10	10	8
542	132	133	204	97	35	21	11	7	9	4	5	9	6	5	3	3	2
0	0	0	0	0	0	4	4	0	0	0	0	0	0	0	0	1	1	0
1,647	792	1,364	909	737	609	654	618	698	17	11	15	17	19	21	23	21	21
604	151	166	117	21	69	25	39	33	9	4	6	7	1	10	2	8	7
146	38	0	23	14	9	17	11	7	6	2	0	3	1	1	3	1	2
0	0	0	0	0	4	0	0	7	0	0	0	0	0	1	0	0	2

G. CEFR-J Grammar Profile 教員版

ID	文法項目	CEFR-J レベル	A1.1	A1.2	A1.3	A2.1	A2.2	B1.1	B1.2	B2.1	B2.2
13	不定冠詞	A1.1	■								
14	定冠詞	A1.1	■								
117	肯定命令文 (一般動詞)	A1.1	■								
119	Please＋肯定命令文	A1.1	■								
239	疑問詞疑問文 (What …?)	A1.1	■								
58	時制・相 (現在) (be 動詞)	A1.1	■								
59	時制・相 (一般動詞・3人称単数以外)	A1.1	■								
1	人称代名詞主格 (I)＋be：I am	A1.1~A1.2	■	■							
2	人称代名詞主格 (you)＋be：You are	A1.1~A1.2	■	■							
3	人称代名詞主格 (he/she)＋be：he/she is	A1.1~A1.2	■	■							
4	人称代名詞主格 (we)＋be：we are	A1.1~A1.2	■	■							
5	人称代名詞主格 (they)＋be：they are	A1.1~A1.2	■	■							
6	人称代名詞所有格 (my/our/your/her/their)	A1.1~A1.2	■	■							
7	人称代名詞目的格 (me/us/him/her/them)	A1.1~A1.2	■	■							
8	指示代名詞 (this/that)＋be：This/That is	A1.1~A1.2	■	■							
10	指示代名詞 (it)＋be：It is	A1.1~A1.2	■	■							
11	指示形容詞 (This/That＋名詞)	A1.1~A1.2	■	■							
15	決定詞 (some/any)	A1.1~A1.2	■	■							
150	等位接続詞	A1.1~A1.2	■	■							
60	時制・相 (現在) (一般動詞・3人称単数)	A1.1~A1.2	■	■							

ID	文法項目	CEFR-J レベル	A1.1	A1.2	A1.3	A2.1	A2.2	B1.1	B1.2	B2.1	B2.2
21	前置詞	A1.1–A2.2	■	■	■	■	■				
194	S＋V	A1.1–A2.2	■	■	■	■	■				
196	S＋V＋O	A1.1–A2.2	■	■	■	■	■				
246	疑問詞疑問文 (How …?)	A1.1–A2.2	■	■	■	■	■				
88	to 不定詞	A1.1–A2.2	■	■	■	■	■				
33	副詞 (強意)	A1.1–B1.2	■	■	■	■	■	■	■		
247	疑問詞疑問文 (How 形容詞／副詞 …?)	A1.1–B1.2	■	■	■	■	■	■	■		
55	句動詞 (動詞＋パーティクル)	A1.1–B2.2	■	■	■	■	■	■	■	■	■
16	決定詞 (no)	A1.2		■							
117-1	否定命令文 (一般動詞)	A1.2		■							
146	存在の There (There＋be)	A1.2		■							
149	存在の Here (Here is／are)	A1.2		■							
155	副詞節 (when)	A1.2		■							
235	疑問詞疑問文 (Why …?)	A1.2		■							
236	疑問詞疑問文 (When …?)	A1.2		■							
237	疑問詞疑問文 (Who …?)	A1.2		■							
240	疑問詞疑問文 (What＋名詞 …?)	A1.2		■							
249	機能疑問文 (Can you …?)	A1.2		■							
253	機能疑問文 (Can I …?)	A1.2		■							
73	受動態 (現在)	A1.2		■							
9	指示代名詞 (these／those)＋be：These／Those are	A1.2–A1.3		■	■						
12	指示形容詞 (These／Those＋名詞)	A1.2–A1.3		■	■						

ID	文法項目	CEFR-J レベル	A1.1	A1.2	A1.3	A2.1	A2.2	B1.1	B1.2	B2.1	B2.2
119-1	Please＋否定命令文	A1.2-A1.3		■	■						
162	従属接続詞 that の省略 (hope / know / think)	A1.2-A1.3		■	■						
61	時制・相 (現在進行)	A1.2-A1.3		■	■						
64	時制・相 (過去) (be 動詞)	A1.2-A1.3		■	■						
65	時制・相 (過去) (一般動詞)	A1.2-A1.3		■	■						
69	時制・相 (未来)	A1.2-A1.3		■	■						
32	副詞 (頻度)	A1.2-A2.2		■	■	■	■				
105	動詞 -ing 形	A1.2-A2.2		■	■	■	■				
112	動詞＋動詞 -ing 形	A1.2-A2.2		■	■	■	■				
123	助動詞類 (can)	A1.2-A2.2		■	■	■	■				
141	助動詞類 (will)	A1.2-A2.2		■	■	■	■				
179	関係代名詞 (目的格) の省略	A1.2-A2.2		■	■	■	■				
101	動詞＋to 不定詞	A1.2-A2.2		■	■	■	■				
35	副詞 (否定)	A1.2-B1.2		■	■	■	■	■	■		
57	句動詞 (動詞＋パーティクル＋前置詞＋名詞句・代名詞)	A1.2-B2.2		■	■	■	■	■	■	■	■
17	決定詞 (another)	A1.3			■						
18	much＋不可算名詞	A1.3			■						
22	所有代名詞	A1.3			■						
24	不定代名詞 (-thing / -one / -body)	A1.3			■						
25	不定代名詞・支柱語 (ones)	A1.3			■						
38	比較級 (優勢比較) (-er) (better 等の不規則変化形を含む)	A1.3			■						
103	動詞＋目的語＋to 不定詞	A1.3			■						

ID	文法項目	CEFR-J レベル	A1.1	A1.2	A1.3	A2.1	A2.2	B1.1	B1.2	B2.1	B2.2
110	前置詞＋動詞 -ing 形	A1.3			■						
120	let's	A1.3			■						
152	that 節 (目的語)	A1.3			■						
168	名詞を前置修飾する現在分詞	A1.3			■						
169	名詞を後置修飾する現在分詞	A1.3			■						
170	名詞を前置修飾する過去分詞	A1.3			■						
171	名詞を後置修飾する過去分詞	A1.3			■						
241	疑問詞疑問文 (Which ...?)	A1.3			■						
242	疑問詞疑問文 (Which＋名詞 ...?)	A1.3			■						
245	疑問詞疑問文 (Where ...?)	A1.3			■						
252	機能疑問文 (Would you ...?)	A1.3			■						
262	機能疑問 (How about ...?)	A1.3			■						
263	機能疑問文 (What about ...?)	A1.3			■						
40	最上級 (優勢比較) (-est) (best 等の不規則変化形を含む)	A1.3			■						
76	受動態 (過去)	A1.3–A2.1			■	■					
122	助動詞類 (be going to)	A1.3–A2.1			■	■					
156	副詞節 (if)	A1.3–A2.1			■	■					
183	複合関係代名詞 (what)	A1.3–A2.1			■	■					
200	間接話法 (explain / report / say)	A1.3–A2.2			■	■	■				
202	間接疑問 (decide / explain / know / learn / see / understand / wonder)	A1.3–A2.2			■	■	■				
167	疑問詞＋to 不定詞	A1.3–B1.1			■	■	■	■			
197	S＋V (give / pass / send / show / teach / tell) ＋IO＋DO	A1.3–B1.1			■	■	■	■			

ID	文法項目	CEFR-J レベル	A1.1	A1.2	A1.3	A2.1	A2.2	B1.1	B1.2	B2.1	B2.2
198	S+V (give/pass/send/show/teach/tell) +DO+to+IO	A1.3-B1.1			■	■	■	■			
161	従属節 (as/if/that/when/whether 以外の主な従属接続詞)	A1.3-B1.2			■	■	■	■	■		
172	関係代名詞 (主格) (who)	A1.3-B1.2			■	■	■	■	■		
173	関係代名詞 (主格) (which)	A1.3-B1.2			■	■	■	■	■		
174	関係代名詞 (主格) (that)	A1.3-B1.2			■	■	■	■	■		
87	get+過去分詞	A1.3-B1.2			■	■	■	■	■		
142	助動詞類 (would)	A1.3-B1.2			■	■	■	■	■		
19	little+不可算名詞	A2.1				■					
20	few+複数形名詞	A2.1				■					
23	再帰代名詞	A2.1				■					
118	doによる肯定命令文の強調	A2.1				■					
120-1	let's not	A2.1				■					
127	助動詞類 (have to)	A2.1				■					
157	副詞節 (as)	A2.1				■					
163	形式主語 it+to 不定詞	A2.1				■					
185	関係副詞 (先行詞あり)	A2.1				■					
190	感嘆文 (How+形容詞・副詞)	A2.1				■					
192	感嘆文 (What)	A2.1				■					
206	使役構文 (have/let/make)	A2.1				■					
243	疑問詞疑問文 (Whose …?)	A2.1				■					
244	疑問詞疑問文 (Whose+名詞 …?)	A2.1				■					
249-1	機能疑問文 (Can't you …?)	A2.1				■					

ID	文法項目	CEFR-J レベル	A1.1	A1.2	A1.3	A2.1	A2.2	B1.1	B1.2	B2.1	B2.2
250	機能疑問文 (Could you …?)	A2.1				■					
251	機能疑問文 (Will you …?)	A2.1				■					
254	機能疑問文 (Could I …?)	A2.1				■					
259	機能疑問文 (Why don't you …?)	A2.1				■					
260	機能疑問文 (Why don't we …?)	A2.1				■					
261	機能疑問文 (Why not …?)	A2.1				■					
39	比較級 (優勢比較) (more+形容詞/副詞)	A2.1				■					
41	最上級 (優勢比較) (most+形容詞/副詞)	A2.1				■					
66	時制・相 (過去進行)	A2.1				■					
62	時制・相 (現在完了)	A2.1-A2.2				■	■				
124	助動詞類 (could)	A2.1-B1.2				■	■	■	■		
135	助動詞類 (must)	A2.1-B1.2				■	■	■	■		
139	助動詞類 (should)	A2.1-B1.2				■	■	■	■		
195	S+V (become / feel / go / look / seem / sound) + C (形容詞)	A2.1-B1.2				■	■	■	■		
199	S+V (make) + O+C (形容詞)	A2.1-B1.2				■	■	■	■		
201	間接話法 (tell)	A2.1-B1.2				■	■	■	■		
203	間接疑問 (ask / remind / show / teach / tell)	A2.1-B1.2				■	■	■	■		
56	句動詞 (動詞+名詞句・代名詞+パーティクル)	A2.1-B2.2				■	■	■	■	■	■
26	不定代名詞 (none)	A2.2					■				
31	-thing+形容詞	A2.2					■				
37	同等比較 (as+前置詞/副詞)+as)	A2.2					■				
114	動詞+目的語+動詞 -ing形	A2.2					■				

ID	文法項目	CEFR-J レベル	A1.1	A1.2	A1.3	A2.1	A2.2	B1.1	B1.2	B2.1	B2.2
136	助動詞類 (need (to))	A2.2					■				
251-1	機能疑問文 (Won't you …?)	A2.2					■				
256	機能疑問文 (Shall I …?)	A2.2					■				
257	機能疑問文 (Shall we …?)	A2.2					■				
258	機能疑問文 (Should I …?)	A2.2					■				
37-1	同等比較 (as / so + 前置詞 / 副詞 + as) (否定)	A2.2					■				
121	助動詞類 (be able to)	A2.2-B1.1					■	■			
132	助動詞類 (might)	A2.2-B1.1					■	■			
144	助動詞 + 進行	A2.2-B1.1					■	■			
148	存在の There (助動詞)	A2.2-B1.1					■	■			
153	wh- 節 (目的語) (whether 以外)	A2.2-B1.1					■	■			
158	副詞節 (as soon as)	A2.2-B1.1					■	■			
209	ask / get / tell + 目的語 + to 不定詞	A2.2-B1.1					■	■			
93	意味上の主語を伴う to 不定詞	A2.2-B1.2					■	■	■		
138	助動詞類 (shall)	A2.2-B1.2					■	■	■		
248	疑問詞疑問文 (前置詞 + 疑問詞 …?)	A2.2-B1.2					■	■	■		
70	時制・相 (未来進行)	A2.2-B1.2					■	■	■		
34	副詞 (態度)	A2.2-B2.2					■	■	■	■	■
175	関係代名詞 (目的格) (who)	A2.2-B2.2					■	■	■	■	■
176	関係代名詞 (目的格) (whom)	A2.2-B2.2					■	■	■	■	■
177	関係代名詞 (目的格) (which)	A2.2-B2.2					■	■	■	■	■
178	関係代名詞 (目的格) (that)	A2.2-B2.2					■	■	■	■	■

ID	文法項目	CEFR-J レベル	A1.1	A1.2	A1.3	A2.1	A2.2	B1.1	B1.2	B2.1	B2.2
27	相互代名詞 (each other)	B1.1									
29	代名詞 (others) (the others を除く)	B1.1									
44	too＋形容詞／副詞＋to 不定詞	B1.1									
45	so＋形容詞／副詞＋ (that) 節	B1.1									
49	比較級 and 比較級 (同じ比較級)	B1.1									
51	比較級の強調 (even など)	B1.1									
116	命令文 (be 動詞)	B1.1									
128	助動詞類 ((have) got to)	B1.1									
129	助動詞類 (may)	B1.1									
137	助動詞類 (ought to)	B1.1									
140	助動詞類 (used to)	B1.1									
147	存在の There (完了)	B1.1									
160	副詞節 (so that)	B1.1									
165	形式主語 it＋that 節	B1.1									
181	関係代名詞 (非制限用法)	B1.1									
184	前置詞＋関係代名詞	B1.1									
186	関係副詞 (先行詞なし)	B1.1									
187	関係副詞 (非制限用法)	B1.1									
189	前置詞残留	B1.1									
193	付加疑問 (肯定文に続くもの)	B1.1									
193-1	付加疑問 (否定文に続くもの)	B1.1									
250-1	機能疑問文 (Couldn't you …?)	B1.1									

ID	文法項目	CEFR-Jレベル	A1.1	A1.2	A1.3	A2.1	A2.2	B1.1	B1.2	B2.1	B2.2
252-1	機能疑問文 (Wouldn't you …?)	B1.1						■			
255	機能疑問文 (May I …?)	B1.1						■			
42	劣勢比較	B1.1						■			
79	受動態 (未来)	B1.1						■			
102	動詞＋not＋to不定詞	B1.1						■			
151	that 節 (同格)	B1.1-B2.1						■	■	■	
164	形式目的語 it＋to不定詞	B1.1-B2.1						■	■	■	
188	wh-ever	B1.1-B2.1						■	■	■	
218	wish＋仮定法過去	B1.1-B2.1						■	■	■	
63	時制・相 (現在完了進行)	B1.1-B2.1						■	■	■	
95	in order to不定詞	B1.1-B2.1						■	■	■	
213	分詞構文 (現在分詞・文頭)	B1.1-B2.2						■	■	■	■
215	仮定法過去 (if 節内動詞が過去)	B1.1-B2.2						■	■	■	■
232	倒置 (So＋be / have / do / 助動詞＋人称代名詞)	B1.1-B2.2						■	■	■	■
233	倒置 (Neither / nor＋be / have / do / 助動詞＋人称代名詞)	B1.1-B2.2						■	■	■	■
234	倒置 (Hardly / Little / Never / No sooner / Scarcely / Seldom ….)	B1.1-B2.2						■	■	■	■
28	相互代名詞 (one another)	B1.2							■		
30	代名詞 (the other / others)	B1.2							■		
43	形容詞 / 副詞＋enough	B1.2							■		
46	such (＋a / an) ＋形容詞＋名詞	B1.2							■		
126	助動詞類 (had better)	B1.2							■		
133	助動詞類 (might as well)	B1.2							■		

ID	文法項目	CEFR-J レベル	A1.1	A1.2	A1.3	A2.1	A2.2	B1.1	B1.2	B2.1	B2.2
143	助動詞類 (would rather)	B1.2							■		
154	whether 節	B1.2							■		
159	副詞節 (by the time)	B1.2							■		
166	形式目的語 it+that 節	B1.2							■		
180	関係代名詞 (所有格)	B1.2							■		
208	get+目的語+現在分詞	B1.2							■		
220	as if / though+仮定法過去	B1.2							■		
53	do / does による強調	B1.2							■		
54	did による強調	B1.2							■		
67	時制・相 (過去完了)	B1.2							■		
82	受動態 (助動詞)	B1.2							■		
89	to不定詞の否定 (not+to不定詞)	B1.2							■		
99	be+to不定詞	B1.2							■		
108	being+過去分詞	B1.2-B2.1							■	■	
145	助動詞+完了	B1.2-B2.1							■	■	
210	知覚構文 (原形不定詞)	B1.2-B2.1							■	■	
211	知覚構文 (現在分詞)	B1.2-B2.1							■	■	
68	時制・相 (過去完了進行)	B1.2-B2.1							■	■	
71	時制・相 (未来完了)	B1.2-B2.1							■	■	
74	受動態 (現在進行)	B1.2-B2.1							■	■	
207	have / get+目的語+過去分詞	B1.2-B2.2							■	■	■
216	仮定法過去完了 (if 節内動詞が過去完了)	B1.2-B2.2							■	■	■

ID	文法項目	CEFR-J レベル	A1.1	A1.2	A1.3	A2.1	A2.2	B1.1	B1.2	B2.1	B2.2
217	仮定法現在 (that 節内動詞が原形不定詞)	B1.2–B2.2							■	■	■
50	the+比較級 (...), the+比較級	B2.1								■	
104	動詞+目的語+not+to 不定詞	B2.1								■	
106	not+動詞 -ing 形	B2.1								■	
107	having+過去分詞	B2.1								■	
125	助動詞類 (dare (to))	B2.1								■	
134	助動詞類 (might well)	B2.1								■	
182	疑似関係代名詞 (as)	B2.1								■	
204	強調構文 (前置詞句・副詞強調)	B2.1								■	
205	強調構文 (what を用いた疑似分裂文)	B2.1								■	
212	知覚構文 (過去分詞)	B2.1								■	
224	if 節内の should	B2.1								■	
75	受動態 (現在完了)	B2.1								■	
77	受動態 (過去進行)	B2.1								■	
78	受動態 (過去完了)	B2.1								■	
85	受動態 (give / pass / send / show / teach / tell の間接目的語が主語)	B2.1								■	
86	受動態 (give / pass / send / show / teach / tell の直接目的語が主語)	B2.1								■	
90	完了の to 不定詞	B2.1								■	
91	受動態の to 不定詞	B2.1								■	
100	be about to 不定詞	B2.1								■	
214	分詞構文 (過去分詞・文頭)	B2.1–B2.2								■	■
219	wish+仮定法過去完了	B2.1–B2.2								■	■

ID	文法項目	CEFR-J レベル	A1.1	A1.2	A1.3	A2.1	A2.2	B1.1	B1.2	B2.1	B2.2
222	if only＋仮定法過去	B2.1-B2.2								■	■
223	if only＋仮定法過去完了	B2.1-B2.2								■	■
72	時制・相（未来完了進行）	B2.1-B2.2								■	■
109	having been＋過去分詞	B2.2									■
111	意味上の主語（所有格代名詞）を伴う動名詞	B2.2									■
113	動詞＋not＋動詞 -ing 形	B2.2									■
131	助動詞類（may well）	B2.2									■
221	as if／though＋仮定法過去完了	B2.2									■
228	if it were／was not for …	B2.2									■
229	were it not for …	B2.2									■
230	if it hadn't been for …	B2.2									■
231	had it not been for …	B2.2									■
81	受動態（未来完了）	B2.2									■
34	受動態（助動詞＋完了）	B2.2									■
92	完了・受動態の to 不定詞	B2.2									■
97	so as to	B2.2									■

参考文献

Bachman, L. (2002). Some reflections on task-based language performance assessment. *Language Testing, 19* (4), 453–476.

Brown, H. D. (2014). *Principles of Language Learning and Teaching: A Course in Second Language Acquisition.* Pearson Education.

Carter, R. & McCarthy, M. (2006). *Cambridge Grammar of English.* Cambridge University Press.

Cheng, J. (2018). Real-time scoring of an oral reading assessment on mobile devices, *Proceedings of Interspeech*, 1621–1625.

Cizek, G. J., & Earnest, D. S. (2016). Setting performance standards on tests. In S. Lane, M. R. Raymond, & T. M. Haladyna (Eds.), *Handbook of Test Development* (2nd ed., pp. 212–237). Routledge.

Council of Europe. (2001). *Common European Framework of Reference for Languages: Learning, teaching, assessment.* Cambridge University Press.

Council of Europe. (2005). Reference Level Descriptions for National and Regional Languages: Draft Guide for the Production of RLD.

Council of Europe. (2009). Relating language examinations to the Common European Framework of Reference for Languages: Learning, teaching, assessment (CEFR): A manual. Language Policy Division. Retrieved from https://www.coe.int/en/web/common-european-framework-reference-languages/relating-examinations-to-the-cefr

Council of Europe. (2018). *Common European framework of reference for languages: Learning, teaching, assessment: Companion volume with new descriptors, Provisional edition.* Retrieved from https://rm.coe.int/common-european-framework-of-reference-for.../168074a4e2

Cox, T. L., & Malone, M. E. (2018). A validity argument to support the ACTFL Assessment of Performance Toward Proficiency in Languages (AAPPL). *Foreign Language Annals, 51,* 548–574.

de Jong, N., & Vercellotti, M. L. (2016). Similar prompts may not be similar in the performance they elicit: Examining fluency, complexity, accuracy, and lexis in narratives from five picture prompts. *Language Teaching Research, 20* (3), 387–404.

Doughty, C., & Long, M. (2003). Optimal psycholinguistic environments for distance foreign language learning. *Language, Learning & Technology, 7*

(3), 50–80.

Elder, C., Iwashita, N., & McNamara, T. (2002). Estimating the difficulty of oral proficiency tasks: what does the test-taker have to offer? *Language Testing, 19* (4), 347–368.

Ellis, R. (2003). *Task-based Language Learning and Teaching.* Oxford University Press.

English Grammar Profile (2015). Retrieved from http://www.englishprofile. org/english-grammar-profile

European Commission. (2012). *First European Survey on Language Competences.* Publications Office of the European Union.

Field, J. (2013). Cognitive validity. In A. Geranpayeh & L. Taylor (Eds.), *Examining listening: Research and Practice in Assessing Second Language Listening* (pp. 77–151). Cambridge University Press.

Foster, P., & Skehan, P. (1997). Modifying the task: the effects of surprise, time and planning type of task based foreign language instruction. *Thames Valley Working Papers in English Language Teaching, 4,* 86–109.

Fulcher, G., & Reiter, R. (2003). Task difficulty in speaking tests. *Language Testing, 20* (3), 321–344.

Fulcher, G. (2010). *Practical Language Testing.* Hodder Education.

Green, A. (2012). *Language Functions Revisited: Theoretical and Empirical Bases for Language Construct Definition Across the Ability Range.* Cambridge University Press.

Harsch, C., & Martin, G. (2012). Adapting CEFR-descriptors for rating purposes: Validation by a combined rater training and scale revision approach. *Assessing Writing, 17,* 228–250. doi: 10.1016/j.asw.2012.06.003

Harsch, C., & Rupp, A. A. (2011). Designing and scaling level-specific writing tasks in alignment with the CEFR: A test-centered approach. *Language Assessment Quarterly, 8,* 1–33. doi: 10.1080/15434303.2010. 53557

Hayashi, M., Sasano, R., Takamura, H., & Okumura, M. (2017). Judging CEFR levels of English learner's essays based on error-type identification and text quality measures, *Proceedings of the 18th International Conference on Intelligent Text Processing and Computational Linguistics* (CICLing 2017), 2017.

Hawkins, J. A., & Filipović, L. (2012). *Criterial Features in L2 English: Specifying the Reference Levels of the Common European Framework.* Cambridge University Press.

Hindmarsh, R. (1980). *Cambridge English Lexicon: a Graded Word List for Materials Writers and Course Designers.* Cambridge University Press.

Ishikawa, S. (2013). The ICNALE and sophisticated contrastive interlanguage analysis of Asian learners of English. In Ishikawa, S. (Ed.), *Learner Corpus Studies in Asia and the World, 1,* pp. 91–118, Kobe University.

Iwashita, N., McNamara, T., & Elder, C. (2001). Can we predict task difficulty in an oral proficiency test? Exploring the potential of an information-processing approach to task design. *Language Learning, 51* (3), 401–436.

Johnson, K. (2000). What task designers do. *Language Teaching Research, 4,* 301–321.

Jones, N. (2009). The classroom and the Common European Framework: Towards a model for formative assessment. *Cambridge ESOL Research Notes, 36,* 2–8.

Mestre-Mestre, E.M. (2011). *CEFR & error analysis in second language teaching at university level.* Lambert Academic Publishing.

Minn, D., Sano, H., Ino, M., & Nakamura, T. (2005). Using the BNC to create and develop educational materials and a website for learners of English. *ICAME Journal, 29,* 99–114.

Mulholland, M., Beth Lopez, M., Evanni, K. & Qian, Y. (2016). A Comparison of ASR and human errors for transcription of non-native spontaneous speech, *Proceedings of ICASSP,* 5855–5859.

Nation, I.S.P. (2008). *Teaching ESL/EFL Reading and Writing.* Routledge.

Nation, I.S.P. & Newton, J. (2008). *Teaching ESL/EFL Listening and Speaking.* Routledge.

North, B. (1995). *The development of a common framework scale of language proficiency based on a theory of measurement* (Doctoral dissertation).

North, B. (2014). *English Profile in Practice.* Cambridge University Press.

North, B., Ortega, A., & Sheehan, S. (2010). *A Core Inventory for General English.* British Council/EAQUALS.
http://clients.squareeye.net/uploads/eaquals2011/documents/EAQUALS_British_Council_Core_Curriculum_April2011.pdf

O'Sullivan, B., & Dunlea, J. (2015). *Aptis general technical manual* (Version 1.0). TR/2015/005. British Council. Retrieved from https://www.britishcouncil.org/sites/default/files/aptis_general_technical_manual_v-1.0.pdf

Qian, Y. et al. (2019). Neural approaches to automated speech scoring of monologue and dialogue responses, *Proceedings of* ICASSP, 8112–8116.

Robinson, P. (2001). Task complexity, task difficulty, and task production: Exploring interactions in a componential framework. *Applied Linguistics, 22* (1), 27–57.

Rodriguez, M. C. (2005). Three options are optimal for multiple-choice items: A meta-analysis of 80 years of research. *Educational Measurement: Issues and Practices, 24,* 3–13.

Schmid, H. (1994). Probabilistic part-of-speech tagging using decision trees. *Proceedings of International Conference on New Methods in Language Processing*, 45–49.

Shizuka, T., Takeuchi, O., Yashima, T., & Yoshizawa, K. (2006). A comparison of three- and four-option English tests for university entrance selection purposes in Japan. *Language Testing, 23,* 35–57.

Skehan, P. (1998). *A Cognitive Approach to Language Learning.* Oxford University Press.

Skehan, P., & Foster, P. (1999). The influence of task structure and processing conditions on narrative retellings. *Language Learning, 49*(1), 93–120.

Tono, Y. (2013). Automatic extraction of L2 criterial lexico-grammatical features across pseudo-longitudinal learner corpora: Using edit distance and variability-based neighbour clustering. In C. Bardel, C. Lindqvist and B. Laufer (eds), *L2 Vocabulary Acquisition: Knowledge and Use: New perspectives on assessment and corpus analysis,* (pp. 149–176). EuroSLA monographs. EuroSLA.

Trim, J. L. M. (2009). *Breakthrough.* Cambridge University Press. (http://www.Englishprofile.org/images/stories/ep/breakthrough.doc)

Uchida, S. & Negishi, M. (2018). Assigning CEFR-J levels to English texts based on textual features. In Y. Tono and H. Isahara (Eds.) *Proceedings of the 4th Asia Pacific Corpus Linguistics Conference* (APCLC 2018), 463–467.

van Ek, J. A. & Trim J. L. M. (1991a/1998a). *Threshold 1990.* Cambridge University Press.

van Ek, J. A. & Trim J. L. M. (1991b/1998b). *Waystage 1990.* Cambridge University Press.

van Ek, J. A. & Trim J. L. M. (2001). *Vantage.* Cambridge University Press.

Wigglesworth, G. (2001). Influences on performance in task-based oral assessments. In M. Bygate, P. Skehan & M. Swain (Eds.), *Researching Peda-*

gogic Tasks: Second Language Learning, Teaching and Testing (pp. 186–209). Pearson Education.

石井康毅 (2016).「教科書改訂に伴う文法項目使用状況の変化」『英語教育』2016年2月号, pp. 20-22, 大修館書店.

石井康毅・投野由紀夫 (2016).「CEFR-J Grammar Profile のための文法項目頻度調査」『言語処理学会第22回年次大会発表論文集』, pp. 777-780.

内田　諭 (2017).「English Vocabulary Profile を語彙指導に活用する」『英語教育』2017年2月号, pp. 32-34.

開隆堂「中学で学ぶ英単語」https://www.kairyudo.co.jp/contents/02_chu/eigo/h24/h24-eitango.pdf

小池生夫・高田智子・松井順子・寺内　一・国際ビジネスコミュニケーション協会 (2010).『企業が求める英語力』朝日出版社.

小泉利恵 (2018a).『英語4技能テストの選び方と使い方—妥当性の観点から—』アルク

小泉利恵 (2018b).「ダイアローグ型タスクによるスピーキング能力評価研究の動向—学習者対話型テストを中心に—」In S. Ishikawa (Ed.), *Learner Corpus Studies in Asia and the World* (Vol.3, Papers from LCSAW2017; pp. 27–42). School of Languages & Communication, Kobe University. Retrieved from http://www.lib.kobe-u.ac.jp/kernel/seika/ISSN=21876746.html

小泉利恵・印南　洋・深澤　真 (編著). (2017).『実例でわかる 英語テスト作成ガイド』大修館書店.

国立研究開発法人情報通信研究機構 (2012). *NICT JLE Corpus Version 4.1.*

大学英語教育学会基本語改訂委員会 (2003).『大学英語教育学会基本語リスト JACET List of 8000 Basic Words』大学英語教育学会.

大学英語教育学会基本語改訂特別委員会 (2016).『大学英語教育学会基本語リスト 新 JACET8000』桐原書店.

寺内　一 (2016).「CEFR-J Grammar profile 作成のための教科書分析からの応用—「比較」を例として—」. 投野由紀夫 (著)『学習者コーパスによる英語 CEFR レベル基準特性と活用に関する総合的研究：平成24年度〜平成28年度科学研究費補助金 (基盤研究 (A)) 研究成果報告書』(研究代表者 投野由紀夫)

東京外国語大学佐野　洋研究室 (2005).「文法項目別 BNC 用例集及び文法項目集 (1.0版)」.

東京外国語大学投野由紀夫研究室.『CEFR-J Wordlist Version 1.5』(URL：http://www.cefr-j.org/download.html#cefrj_wordlist より2019年5月ダウンロード)

投野由紀夫 (編著)(2007).『日本人中高生一万人の英語コーパス JEFLL Corpus：中高生が書く英文の実態とその分析』小学館.

投野由紀夫 (編著)(2013).『CAN-DO リスト作成・活用 英語到達度指標 CEFR-J ガイドブック』大修館書店.

投野由紀夫・石井康毅 (2015). 英語 CEFR レベルを規定する基準特性としての文法項

目の抽出とその評価. 言語処理学会第21回年次大会，pp. 884–887.

投野由紀夫・望月　源（2012）. 編集距離を用いた英文自動エラータグ付与ツールの開発と評価.『コーパスに基づく言語学教育研究報告』No. 9. pp. 71–92.

富盛伸夫・ソ・アルム（2014）.「非 EU 言語の学習者アンケート調査からみた CEFR のレベル設定と能力記述文の問題点—特にアジア諸語学習者の事例から—」.『科学研究費助成事業基盤研究（B）研究プロジェクト「アジア諸語を主たる対象にした言語教育法と通言語的学習達成度評価法の総合的研究—成果報告書（2014）. —』.

根岸雅史（2012）.「CEFR 基準特性に基づくチェックリスト方式による英作文の採点可能性」*ARCLE REVIEW*,（6），80–89.

根岸雅史（2017）.『テストが導く英語教育改革 「無責任なテスト」への処方箋』三省堂.

能登原祥之（2016）.「CEFR–J Error Profile の活用法」『学習者コーパスによる英語 CEFR レベル基準特性の特定と活用に関する総合的研究：平成24年度〜平成27年度科学研究費補助金（基盤研究（A））研究成果報告書』（研究代表者 投野由紀夫）』

林　正頼・石井康毅・高村大地・奥村　学・投野由紀夫（2016）.「英語学習者の英作文からの CEFR レベル別基準特性の特定」『学習者コーパスによる英語 CEFR レベル基準特性の特定と活用に関する総合的研究：平成24年度〜平成27年度科学研究費補助金（基盤研究（A））研究成果報告書』（研究代表者 投野由紀夫）』

村野井　仁（2013）.「CEFR–J を用いた文法指導はどうあるべきか？」投野由紀夫（編著）『CAN–DO リスト作成・活用　英語到達度指標 CEFR–J ガイドブック』pp. 273–280. 大修館書店.

文部科学省（2018）.『中学校学習指導要領解説：外国語編』開隆堂出版.

［分析ツールなど］

Audacity.（2018）. Audacity® (version 2.2.0). Retrieved from https://www.audacityteam.org/

CVLA: CEFR-based Vocabulary Level Analyzer (ver. 1.1). Retrieved from http://dd.kyushu-u.ac.jp/~uchida/cvla.html

Google Cloud Text-to-Speech. Retrieved from https://cloud.google.com/text-to-speech/

GSE (Global Scale of English) Teacher Toolkit. (2016).
Retrieved from https://www.english.com/gse/teacher-toolkit/user/lo

索引

[編著者紹介]

投野由紀夫（とうの　ゆきお）
東京外国語大学大学院総合国際学研究院教授・ワールドランゲージセンター長。
専門はコーパス言語学，第二言語語彙習得，辞書学。
CEFR-J 科研第 2・3 期（2008-2015）リーダー。
編著書に『CAN-DO リスト作成・活用 英語到達度指標 CEFR-J ガイドブック』（大修館書店，編著，2013），『英語コーパス研究シリーズ 2 コーパスと英語教育』（ひつじ書房，共編著，2015），*Developmental and Crosslinguistic Perspectives in Learner Corpus Research*（John Benjamins，共編，2012）他多数。

根岸雅史（ねぎし　まさし）
東京外国語大学大学院総合国際学研究院教授。
専門は英語教育学，言語テスト，言語能力評価枠組み。
CEFR-J 科研第 4 期（2016-2019）リーダー。
著書に『テストが導く英語教育改革「無責任なテスト」への処方箋』（三省堂，2017），『コミュニカティブ・テスティングへの挑戦』（三省堂，共著，2007），中学校検定教科書 *New Crown English Series*（三省堂，代表著者）他。

きょうざい　　　さくせい　　　　　せふあーるーじぇい
教材・テスト作成のための CEFR-J リソースブック
©Tono Yukio & Negishi Masashi, 2020　　　　　　　　　　NDC 375／x, 253p／21cm

初版第 1 刷──2020 年 5 月 1 日

編著者───────投野由紀夫・根岸雅史
　　　　　　　とうの ゆき お ねぎしまさ し
発行者───────鈴木一行
発行所───────株式会社 大修館書店
　　　　　　　　〒113-8541　東京都文京区湯島 2-1-1
　　　　　　　　電話 03-3868-2651（販売部）　03-3868-2294（編集部）
　　　　　　　　振替 00190-7-40504
　　　　　　　　[出版情報] https://www.taishukan.co.jp

装丁者───────CCK
印刷所───────広研印刷
製本所───────難波製本

ISBN 978-4-469-24635-3　Printed in Japan